Sammlung Metzler
Band 278

Hugo Aust

Der historische Roman

Verlag J.B. Metzler
Stuttgart · Weimar

Die Deutsche Bibliothek – CIP-Einheitsaufnahme

Aust, Hugo:
Der historische Roman / Hugo Aust.
– Stuttgart; Weimar: Metzler, 1994
(Sammlung Metzler; Bd. 278)
ISBN 978-3-476-10278-2
NE: GT

ISSN 0058-3667
ISBN 978-3-476-10278-2
ISBN 978-3-476-03977-4 (eBook)
DOI 10.1007/978-3-476-03977-4

SM 278

© 1994 Springer-Verlag GmbH Deutschland
Ursprünglich erschienen bei J.B. Metzlersche Velagsbuchhandlung
und Carl Ernst Poeschel Verlag GmbH in Stuttgart 1994

EIN VERLAG DER SPECTRUM FACHVERLAGE GMBH

Inhalt

Wiederholt zitierte Literatur

Feuchtwanger, Lion: Das Haus der Desdemona oder Größe und Grenzen der historischen Dichtung [1961]. Frankfurt/M. 1986.

Geppert, Hans Vilmar: Der ›andere‹ historische Roman. Theorie und Strukturen einer diskontinuierlichen Gattung. Tübingen 1976.

Kebbel, Gerhard: Geschichtengeneratoren. Lektüren zur Poetik des historischen Romans. Tübingen 1992.

Kohpeiß, Ralph: Der historische Roman der Gegenwart in der Bundesrepublik Deutschland. Ästhetische Konzeption und Wirkungsintention. Stuttgart 1993.

Limlei, Michael: Geschichte als Ort der Bewährung. Menschenbild und Gesellschaftsverständnis in den deutschen historischen Romanen (1820-1890). Frankfurt/M. 1988.

Lukács, Georg: Der historische Roman. Berlin (Ost) 1955.

Meyer, Michael: Die Entstehung des historischen Romans in Deutschland und seine Stellung zwischen Geschichtschreibung und Dichtung. Diss. München 1973.

Müller, Harro: Geschichte zwischen Kairos und Katastrophe. Historische Romane im 20. Jahrhundert. Frankfurt/M. 1988.

Sottong, Hermann J.: Transformation und Reaktion. Historisches Erzählen von der Goethezeit zum Realismus. München 1992.

Westenfelder, Frank: Genese, Problematik und Wirkung nationalsozialistischer Literatur am Beispiel des historischen Romans zwischen 1890 und 1945. Frankfurt/M. 1989.

Vorwort

Der historische Roman ist als epische Sonderform zweier Jahrhunderte weitgehend durch seine Stoff- und Themenwahl bestimmt. Er entfaltet sich im ›Dreiländereck‹ der autonomen Poesie, der exakten Geschichtswissenschaft und der legitimierenden Didaktik. Sein Amt liegt darin, Geschichte zu repräsentieren; dies besorgt er in dreifacher Weise: Er verlebendigt Vergangenes, deutet Geschehenes und ist selbst Teil der Geschichte.

Die Entwicklung des historischen Romans von den Anfängen bis zur Gegenwart zu umreißen heißt wohl zunächst, das Wendige seiner Laufbahn hervorzuheben. Zwar begegnen auch hier Konstanten, die dem Geschichtsroman sein markantes Profil geben; doch konsolidieren sie eher den Ruf eines massenhaft verbreiteten Mediums für Unterhaltung und Bildung. Der ästhetische Wert spielt hierbei eine heikle Rolle, denn er ist als Verpackùngsdekor in eben jenen Verwertungszusammenhang verwickelt, dem er als Signatur seiner poetischen Sprachfunktion widerspricht.

Der kurze Abriß sucht die Palette der Möglichkeiten und des Vielfältigen in der Geschichte des historischen Romans auszubreiten. In diesem Sinn geht es mehr um Horizonte und Andeutungen als um Vollständigkeit und geschlossene Systematik. Insbesondere streben die Literaturangaben eine weiterführende, keinesfalls aber erschöpfende Zielsetzung an. Wiederholt Zitiertes findet sich gesammelt in einem vorangestellten Verzeichnis; im übrigen aber sollte das Prinzip der kapitelspezifischen bibliographischen Information gewahrt bleiben: Die auf Namen, Erscheinungsjahr und Seitenzahl reduzierten Angaben innerhalb des Textes verweisen auf die chronologisch angeordneten Primär- bzw. Sekundärbibliographien am jeweiligen Kapitelende; Hinweise auf die benutzten Werkausgaben, sofern sie nicht mit den Erstausgaben identisch sind, stehen in eckigen Klammern am Ende der jeweiligen primärbibliographischen Angaben.

1. Literatur und Geschichte

Wer sich auf den historischen Roman einläßt, arbeitet nicht nur im entlegenen Winkel eines Forschungsfeldes, das als Gattungstheorie mit ehemals spezifisch ontologischem Nährwert zunehmend verödet, sondern gelangt geradewegs zu den fruchtbaren Bodenschichten der Dichtung überhaupt. Denn eben die Diskussion um den Geschichtsroman wirft grundsätzliche Fragen nach Wahrheit, Realismus und Autonomie der Kunst auf, sie berührt die Bedingungen von Erzählbarkeit systematischer, kollektiver und geschichtlicher Prozesse, reflektiert Literatur unter dem Gesichtspunkt ihrer medialen Tauglichkeit für Propaganda, Pädagogik und Unterhaltung und ermißt ihren Wert zwischen Erfolgsbegehren und Verweigerungskraft. So geht es um Wahrheit, insofern sich die Poesie als Welt des Möglichen, Eigentlichen und ›Philosophischen‹ (Aristoteles: Poetik, Kap. 9) einerseits den engen Grenzen des Wirklichen und Tatsächlichen unterwirft, andererseits auf dem Recht zur ›Redefreiheit‹ beharrt und in dieser Spannung sogar höhere Wahrheitswerte zu erwirken sucht. Es geht um Realismus, insofern die dichterische Widerspiegelung gerade geschichtlicher Wirklichkeit vor der wissenschaftlichen Kontrolle bestehen muß und deshalb äußerst behutsam abbildende Darstellungsverfahren anwenden wird. Und es geht um Autonomie, insofern das notorisch Zwitterhafte der Gattung den Anspruch auf ästhetische Eigengesetzlichkeit mindert und die Zweigleisigkeit der historisch-poetischen Schreibweise einen ständigen, nach zwei Seiten gerichteten Rechtfertigungsdruck ausübt. Auch Grundsätze der ›Narrativität‹ stehen auf dem Spiel, insofern das Erzählen durch moderne Poetik und Wissenschaft ins Gerede gekommen, ja sogar verdächtig geworden ist. Wie kaum eine andere Gattung ist der Geschichtsroman den medialen Verwertungsinteressen unterworfen, insofern er sich als idealer Träger und attraktives Kostüm von Wissen, Bildung und Ideologie erweist. Und auch das ist typisch für seine Formengeschichte, daß die ersten Worte über ihn meistens seinem Wert oder Unwert gelten. Vom Beginn seiner Geschichte an führt die Poetik des historischen Romans einen Rechtfertigungskampf gegen den Vorwurf, daß er als ›Zwittergattung‹ im Grunde schlechte Ästhetik sei und mit seiner Überbrückung von Roman und Historie, Erzählung und Drama sowie Wissenschaft und Spannung nur für die Unterhaltungsindustrie tauge.

Den historischen Roman zu definieren fällt leicht und schwer zugleich; leicht, weil die Bestimmung: ein Roman, der Geschichtliches verarbeitet, schon genügt, um die Mehrzahl der Werke (darunter natürlich die Masse der Unterhaltungsliteratur) als Geschichtsromane zu identifizieren; schwer, weil sowohl der Begriff des Geschichtlichen als auch der des Verarbeitens weitreichende Probleme aufwerfen. Geschichte ist – trotz ihrer wissenschaftlichen ›Überwachung‹ und Zubereitung – wahrscheinlich kein fertiger Stoff, den die autarke poetische Romanform nur umzubilden braucht, viel eher scheinen sich beide, Materialimpuls wie Formkraft, im Erzählen, Bauen und Montieren wechselseitig zu beeinflussen und eine Geschichtserzählung hervorzubringen, deren Begriff eigenartig analytisch klingt. Wenn gelten soll, daß der historische Roman Geschehnisse der Vergangenheit mit den Mitteln der Dichtung zu unterschiedlichen Zwecken verlebendigt, so müssen einige Zusatzbestimmungen die problematischen Stellen in dieser Formulierung enger fassen.

1. ›Geschehnisse‹ scheinen Tatsachen und deren Zusammenhänge zu meinen, die in der Welt objektiv vorkommen; ein Streit über Fakten ließe sich demnach dadurch schlichten, daß man hinschaut, wie es sich tatsächlich verhält. Doch gerade diese Form der Vergewisserung (die ohnehin ihre Probleme hat) ist gegenüber vergangenen Ereignissen ausgeschlossen, sie lenkt den Blick nicht auf die unmittelbare Wirklichkeit, sondern auf Quellen und somit wiederum auf Darstellungen. Die Geschehniszentriertheit des historischen Romans wirft also unmittelbar erkenntnistheoretische und geschichtswissenschaftliche Fragen auf.

2. Der Aspekt der Vergangenheit dient dazu, den historischen Roman als realistisches Genre vom Zeit-, Gegenwarts- und Gesellschaftsroman zu unterscheiden. Bei ›Vergangenheit‹ denkt man für gewöhnlich an einen zurückliegenden und in sich abgeschlossenen Ereigniszusammenhang, so daß Selbsterlebtes und Erinnertes als erlebte Vergangenheit eigentlich noch kein historisches Bewußtsein ausmachen. Da es jedoch keine Übereinkunft hinsichtlich eines Maßes von temporaler Distanz gibt (also wie weit ein epischer Stoff tatsächlich von der Gegenwart seines ›Bearbeiters‹ zurückliegen muß, um als historisch gelten zu können), bleibt das präteritale Kriterium unzuverlässig; zudem deutet die immanente Poetik mancher bedeutender historischer Romane darauf hin, daß deren Geschichtlichkeit keine Funktion der entfernten Stoffwahl, sondern ganz im Gegenteil eine Wirkung des Gegenwartsbezugs ist. Da ›Geschichte‹ nicht anders als in Erinnerung, Besinnung und symbolischer Repräsentation ›begegnen‹ kann, klingt der Ausschluß der persönlich erinnerten Vergangenheit seltsam künstlich. »Das Vergangene ist nicht

tot; es ist nicht einmal vergangen« (Christa Wolf: *Kindheitsmuster*) – das könnte als Motto über manchen historischen Romanen stehen.

3. Die ›Mittel der Dichtung‹ zu identifizieren hieße, auf eine allgemeine Poetik zurückgreifen zu können, die es jedoch gerade für die gattungsgeschichtlich relevante Zeit (19. und 20. Jahrhundert) nicht gibt. Gesetzt den Fall jedoch, daß Fiktion und Narrativität wesentliche, konstitutive Kräfte seien, so hört mit dieser Einengung die Schwierigkeit keineswegs auf, da einerseits heute die Wirkung beider Kräfte auch in der Historiographie beobachtet wird, andererseits die Entwicklung des historischen Romans ebenfalls Phasen kennt, die das Fiktionale einzuschränken oder das Narrative durch andere Darstellungsprinzipien zu ersetzen suchen.

4. Selbst der unverfängliche Ausdruck des Verlebendigens spielt im gattungstheoretisch einschlägigen Zusammenhang eine eher heikle Rolle. Er steht im Verdacht, Kostümzauber oder unlautere Leichenfledderei zu betreiben, so daß bedeutende Autoren des Genres sich gerade diese Wirkungsabsicht zu versagen scheinen. Selbst wenn ›Verlebendigung‹ nur als anschaulicher Ausdruck für ›Verständlichmachung‹ dient, bleibt der gattungsgeschichtlich typische Konflikt zwischen ›verstehbarer Geschichte‹, ›Fiktion der Verstehbarkeit‹ und ›Verweigerung von verstehbaren Illusionen‹ erhalten.

Eine ›Poetik‹ des historischen Romans braucht nicht am Nullpunkt zu beginnen. Ungeachtet der Frage, ob sie im Vergleich mit einer allgemeinen Roman-Theorie überhaupt zu gesonderten Bestimmungen gelangen würde, kann sie ihr spezifisches Thema als ›Spitze‹ einer sich kegelförmig zur Basis erweiternden Werktheorie darstellen. In diesem Sinn erweist sich der Geschichtsroman als eine Möglichkeit des historischen Erzählens; dieses wiederum gehört zum umfassenden Kreis der historischen Dichtung, die ihrerseits einen Teil der an Stoffen orientierten Schreibweise darstellt. Die Besonderheiten des historischen Romans resultieren also aus Merkmalen, die unterschiedlichen Ebenen angehören; sein ›spezifisches Gewicht‹ berechnet sich aus der Herkunft der Merkmale im geschichteten Modell des dichterischen Schaffens.

1.1. Der geschichtliche Stoff

Die allgemeinste, elementare Voraussetzung für den historischen Roman liegt in der Entscheidung zwischen freiem und stoffverarbeitendem Schreiben, also zwischen ›Erfinden‹ und ›Finden‹ (Spielhagen), imaginärem und realem oder ›chimärischem‹ und ›gegebenem‹

Stoff (Stifter). Der Rückgriff auf ›Vorgefertigtes‹ (»Tatbestände« im Sinne Droysens 1857, S.188) impliziert noch keinen Realismus (denn es kann sich um konventionelle, ›akademische‹ Stoffe handeln), aber er zeugt vom Einfluß solcher ›Materialien‹ und Wirklichkeitspartikel, die nicht einfach nur ›vorgefallen‹ sind, sondern von anderen bereits ›angefertigt‹, verfaßt wurden (insofern kann gerade der Finder ausgerechnet auf Erfundenes stoßen), und er legt den Grund für eine werküberschreitende Verbindlichkeit, die es erlaubt, die Wahl des Stoffes und die ›richtige‹ Art seiner Behandlung zum ästhetischen Maßstab zu erheben. In der Poetik des historischen Romans wie der historischen Dichtung überhaupt spielen Stoffempfehlungen (einschließlich des Tadels von Stoffentscheidungen) und stoffbezogene ästhetische Urteile eine gewichtige Rolle.

Die Bedeutung gefundener Stoffe für die weitere poetische Arbeit erwächst aus den Erfahrungen des Suchens und Reagierens, aber auch aus der Art der Stoffe selbst, ob sie nämlich ›mythischer‹ oder ›geschichtlicher‹ Natur sind. Diese Unterscheidung verrät eine neuzeitliche Perspektive, unter der die Grenzen zwischen mythischen, sagenhaften (legendären), fiktionalen, zeitgenössischen und geschichtlichen Stoffen bereits selbstverständlich sind. Strukturellfunktional gesehen, kann der mythische Stoff durchaus die Rolle des geschichtlichen übernehmen, wie auch der geschichtliche Stoff Wirkfaktoren des mythischen vermittelt. Die Bedingungen, die einen solchen funktionalen Austausch ermöglichen und untersagen, liegen in dem sich entfaltenden Wirklichkeits- bzw. Geschichtsbegriff und geben dem Ausdruck ›geschichtlicher Stoff‹ den konkreteren Inhalt. Für gewöhnlich steckt schon der Geschichtsunterricht den Kreis möglicher historischer Stoffe ab.

So kennzeichnet der Begriff des geschichtlichen Stoffes eine Schnittstelle zwischen Dichtung und Wissenschaft (bzw. Geschichtsphilosophie), die nicht nur das Schreiben, sondern auch das Lesen von Werken mit geschichtlichen Stoffen vermittelt. Autor wie Leser unterwerfen sich mit der Wahl solcher Stoffe beschränkenden Regeln (Gregorovius: Verwendung historischer Stoffe, 1891, S.56), die sich aber nach Maßgabe der fortschreitenden wissenschaftlichen Erkenntnis auch tiefgreifend ändern können. Der historische Roman verdankt gerade seiner stoffgeschichtlichen Fundierung die Schlüsselstellung in der nationalideologischen, kulturgeschichtlichen, bildungspolitischen und kanonrelevanten ›Verwertungsindustrie‹.

1.2. Geschichte

Wer den historischen Roman charakterisieren will, muß wissen, was ›Geschichte‹ bedeutet. Der Begriff ›Geschichte‹ ist durch seine Ambivalenz von ›Geschehenem‹ und ›Geschichte der geschehenen Taten‹ (Hegel: Die Vernunft in der Geschichte, 1822 ff./1944, S.144 f.) gekennzeichnet; so fallen im (deutschen) Wort die Sache, um die es geht, und ihre Verarbeitung zusammen und legen den Grund für einen andauernden Verwechslungskonflikt. Wer diesen irritierenden Kippeffekt ausschalten möchte, verwandelt ›Historie‹ als Erzählung zum Beispiel in ›Chronik‹ oder gar in ›Annalen‹ und glaubt, in diesen Formen »reine Geschichte« als Aufzählung von ›nackten Tatsachen‹ (vgl. Meyer: Entstehung des historischen Romans, 1973, S.117) betreiben zu können. Wer mit diesem Vexierbild bloß ›spielen‹ möchte, stellt die Spiegelflächen rechtzeitig ein. Das geschieht für gewöhnlich im Vorwort:

> »Die wissenschaftlichen Grundlagen dieser in Gestalt eines Romans gekleideten Bilder aus dem sechsten Jahrhundert enthalten meine in folgenden Werken niedergelegten Forschungen:
> Die Könige der Germanen. II. III. IV. Band. München und Würzburg 1862-1866.
> Prokopius von Cäsarea. Ein Beitrag zur Historiographie der Völkerwanderung und des sinkenden Römertums. Berlin 1865.
> Aus diesen Darstellungen mag der Leser die Ergänzungen und Veränderungen, die der Roman an der Wirklichkeit vorgenommen, erkennen.« (Dahn: Vorwort zu *Ein Kampf um Rom*, 1876)

Um sich des kritischen Merkmals ›Geschichte‹ zu vergewissern, jongliert diese professorale Selbstdarstellung mit drei ›Bällen‹: mit der poetischen Lizenz des Romans, mit dem allgemeinen Interesse an der vergangenen Wirklichkeit und mit der wissenschaftlichen Autorität. Souverän und imposant steht die wissenschaftliche Kompetenz, Wirklichkeit so zu kennen, wie sie tatsächlich war, am Anfang eines ›Spiels‹, das sich als erzählerische Variation eines, und zwar des eigenen wissenschaftlichen Themas ausweist. Geschichte so zu gebrauchen kennzeichnet die Art des Professorenromans, an der auch die Gegenwart nicht rüttelt:

> »Maurice Druon hat mit diesem Werk eine ganz neue Art von historischem Roman geschaffen. Er erfindet nichts, sondern läßt bis in die Details hinein nur die Tatsachen sprechen. Zusammen mit einem Stab wissenschaftlicher Mitarbeiter hat er die Archive und Bibliotheken durchforscht, Urkunden und Berichte ausgewertet, ehe er seinen Roman niederschrieb.« (Klappentext zu Druon: *Die unseligen Könige*, 1957)

Geschichte als Sprache der Tatsachen – seit den ›Konferenzen‹ zwischen Roman und Historik im 18. Jahrhundert steht dieses Thema auf der Tagesordnung. Niemand kommt umhin, unter Geschichte das zu verstehen, was tatsächlich geschehen ist, und zwar nicht nur hinsichtlich eines raum-zeitlich bestimmten Vorfalls, sondern auch hinsichtlich seiner Ursachen, Gründe, Zwecke und Auswirkungen. Niemand aber bleibt gleichzeitig vor der Erfahrung gefeit, daß vieles, was er für gewöhnlich als Geschichte kennt, den Tatsachen und ihren Hintergründen eben nicht entspricht. Manche ziehen daraus den Schluß, daß es solche Tatsachen an sich nicht gibt, sondern alles mehr oder minder ›verpflichtende Rede‹ ist:

»We can compare one clock to another clock; but we cannot compare any clock to time and it makes therefore no sense to ask which of the many clocks we have is *correct*. The same is true of any story, including historical narratives. We cannot glimpse at history. We can only compare one book with another book.« (Munz 1977, S.221, mit Berufung auf Henri Poincaré; vgl. Weimar 1990)

Andere schützen sich vor dieser Zerredung des Faktischen mit der Gewißheit, daß, wer mit seinem Schienbein gegen eine Kante stößt, die ›Dinge selbst‹ und nicht nur Texte über sie erfährt. Solche Such- und Greifbewegungen im Strom des Lebens pflegen dort ihren Halt zu finden, wo im Verbund von Glauben, Wissen und Handeln ›Gewißheit‹ als Moment der Letztbegründung eintritt. Nach Wittgenstein (*Über Gewißheit*, 1969/71) ergibt sich diese Gewißheit nicht durch ein Bündel sicherer Protokollsätze oder allein durch das Prinzip der Überprüfbarkeit, sondern durch eine fortwährende Vermittlung der ungeprüften und auch unprüfbaren Voraussetzungen mit den darauf abgestimmten Handlungen und dem daraus resultierenden Wissen, das seinerseits wiederum auf ungeprüften Voraussetzungen aufbaut (Aust 1987).

Zwischen der banalen Wirklichkeit des zerschundenen Schienbeins und der mangelnden Selbstevidenz des Geschichtssinns liegen Welten. Gerade in diesem Zwischenraum jedoch begegnen gedrängt die Fragen nach dem Warum und Wozu jener Handlungen, die Täter und Opfer miteinander verbinden. Das ›Hypothetische‹, ›Umerzählbare‹, Relativierende des ›pragmatischen Syllogismus‹ (Anscombe: Absicht, dt. 1986; v. Wright: Erklären und Verstehen, dt. 1974) und die Subjektlosigkeit moderner systemischer Zwänge entbinden nicht vom Bedürfnis nach jener ›Konsistenz‹, die es gestattet, Täter zu identifizieren, Opfer zu schützen und Zeugen vorzuladen. Gerade auch die nicht-heroische Darstellung setzt ja die Opfer-Perspektive als den ›archimedischen Punkt‹. Freilich manipuliert auch die pathetische Darstellung mit dem Verteidigungs- und Selbsthilfe-Standpunkt, so daß Mitschuld, Unschuld und Entschuldung gleichermaßen strategische wie substantielle Momente im Prozeß der historischen Konsistenz- bzw. Kontiguitätsbildung darstellen.

›Geschichte‹ als temporale Fassung von ›Wirklichkeit‹ aktualisiert das Realismus-Problem auf erkenntnistheoretischer wie ästhetischer Ebene. Es verschärft die Problemstellung, insofern im Geschichtsbegriff der Anspruch auf relevantes und sanktioniertes Wirklichkeitswissen mitschwingt. ›Geschichte‹ stellt sich als eine ›gewisser gemachte‹ Wirklichkeit dar, als ein System des Zusammenhangs von Vorfällen, Tatsachen, Nachrichten, Quellen und kanonischen Standardwerken, als Kette von Wirklichkeit, wahren Sätzen und institutionalisierten Wahrnehmungs- bzw. Lernwegen.

›Geschichte‹ in einem näheren Sinn ist ein eigenartiger Kollektivsingular, der erst im 18. Jahrhundert gebräuchlich wurde (Koselleck in: Koselleck/Stempel 1973, S.211). Im Begriffsgebrauch schwingt mit, daß die Fähigkeit, den dauernden Fluß der Dinge als Geschichte zu vergegenständlichen, dem Wort die begriffliche Schwere leiht. Nach Koselleck (in: Kocka/Nipperdey 1979) impliziert der Begriff das Vermögen zu »historisieren«, d.h. ein vermeintlich Dauerndes als Vergängliches auszuweisen. Tatbestände und Ereignisse als Geschichte zu interpretieren bedeutet demnach: Vergangenheit als einmalig und unwiederholbar aufzufassen und Zeitfolgen als Prozeß (Fortschritt, Verfall) auszulegen.

Dem neuzeitlichen Geschichtsbegriff liegt der Übergang vom heilsgeschichtlichen zum weltgeschichtlichen Denken zugrunde. Das bedeutet: Nicht Gott, sondern die Menschen handeln, ihre Handlungsziele ändern sich (im Gegensatz zum göttlichen Schöpfungsplan), Geschehenes kann von Nachfolgendem überholt werden, und Ursachen wie Gründe aller Vorfälle liegen im Diesseits. Hinzu kommt der Einfluß rationalistischen Denkens, das sich in Dogmenkritik, Quellenforschung und Faktizität äußert. Ein Meilenstein dieses Geschichtsdenkens begegnet in der von G. Vico formulierten »Wahrheit, die man in keiner Weise in Zweifel ziehen kann: daß diese historische Welt ganz gewiß von den Menschen gemacht worden ist« (1774/1965, S.125). Während Gott in seinen Werken die »Natur« hervorbringt, liegt es allein in der Hand des Menschen, seine »Geschichte« zu gestalten.

Wenn der Mensch es ist, der seine Geschichte ›macht‹, so weiß er eben deshalb auch, was er tut (Vico), und alle anderen Menschen können ebenso sicher in Erfahrung bringen, was ihre Vorgänger tatsächlich getan haben. Das ist der Ausgangspunkt für die Position des Historismus. In ihm bündeln sich individualistische Entwicklungstheorie und positivistisches Wissenschaftsideal. »Der Kern des Historismus besteht in der Ersetzung einer generalisierenden Betrachtung geschichtlich menschlicher Kräfte durch eine individualisierende Betrachtung.« (Meinecke 1959, S.2) Und: »Im Wesen der Individualität, der des Einzelmenschen wie der ideellen und realen Kollektivgebilde, liegt es, daß sie sich nur durch Entwicklung offenbart.« (ebd., S.5) Im Kapitel über Justus Möser faßt Meinecke die »Summe imponierender Errungenschaften des neuen historischen Denkens« zusammen:

»die Methode der empirisch fundierten Intuition [...], die Lehre von der Lokalvernunft der Dinge, die Einsicht in die unwandelbare Dynamik der sachlichen Notwendigkeiten, das Schauen des Typischen und des Individuellen in der Geschichte [...], die Übertragung der Genielehre auf die staatlichen Bildungen, die Entdeckung des wahren Gegenstandes einer Staats- und Nationalgeschichte, das Epopöenprinzip in der Abgrenzung historischer Perioden, das heißt die Bildung neuer großer überindividueller historischer Individualitäten«.(Meinecke 1959, S.330 f.)

Das sind ›Geschichtsperspektiven‹, die den historischen Roman von Beginn an und bis in die Gegenwart beschäftigen. Sie tragen zum ›Glück‹ des historischen Bewußtseins bei, indem sie wie in einem »Riesenfilm« (S. Kracauer, s. Schlaffer 1975) die ganze Vergangenheit unmittelbar vor Augen führen (Dilthey; s. H.u.H. Schlaffer 1975). Golo Mann hat für diese Art des Geschichtsdenkens und -sehens eine Kurzformel vorgeschlagen: »Historismus heißt, menschliche Vergangenheit verstehen wollen.« (G. Mann in: Kocka/Nipperdey, 1979, S.55)

Die Frage, welchen »Nutzen« ein solches Verstehen habe und ob es wirklich dem »Leben« diene, hat bekanntlich Nietzsche (1874) aufgeworfen. Seine kritische Betrachtung des historischen Sinns und der historischen Bildung betrifft nicht nur den zeitgemäßen Historismus, sondern auch dessen liebstes und langlebigstes Kind, den historischen Roman. Gerade unter rezeptionspragmatischen Gesichtspunkten erschließt sich die gesamte Gattungsgeschichte in merkwürdigen Entsprechungen und Verkehrungen der Nietzscheschen Bewertung von Historie, Unhistorie und Überhistorie: Auch die Gattungsgeschichte öffnet die Bühne für grauhäuptige »Antiquare und Totengräber« (Nietzsche 1874/1980, S.262), die den Menschen dazu bringen, »alles sich gefallen zu lassen« (ebd., S.255); zugleich bietet sie Raum für eine »Jugend«, die hellseherisch die »plastische Kraft des Lebens« (ebd., S.281) ins Auge faßt. Reagiert man auf das eine (den ›gebildeten Professorenroman‹) mit der »Kunst und Kraft *vergessen* zu können«, so lenkt das andere den Blick auf das, »was dem Dasein den Charakter des Ewigen und Gleichbedeutenden gibt« (ebd.). Man muß hier nicht nur an die Romane Kolbenheyers denken, obwohl manche Formulierungen Nietzsches auf historische Romane zutreffen, deren Lebensnutzen anderen Menschen das Leben kostet; auch der Subjektivismus des Gegenwartsromans spürt der »Kraft« nach, »das Vergangene zum Leben zu gebrauchen und aus dem Geschehenen wieder Geschichte zu machen«. (Ebd., S.215) Nietzsches ›Gesundheitsideal‹ enthält auch die Wendung gegen »Systeme von Einzelegoismen, Verbrüderungen zum Zweck raubsüchtiger Ausbeutung der Nicht-Brüder« (ebd., S.272).

Die Zahl der Geschichten, die die Geschichte dem Romancier diktiert, ist unbegrenzt; es gibt keine historischen Lebensbereiche, die sich von nichthistorischen abgrenzen ließen (White 1987, S.92). Dennoch wurde immer wieder versucht, typische Fabeln der Geschichte aufzuzählen, die geradezu an die Wirkung einer Ständeklausel oder das ›Rad des Vergils‹ denken lassen. Carlyle z.B. war der Ansicht:

»Denn, wie ich es nehme, ist die allgemeine Geschichte, die Geschichte dessen, was die Menschen der Welt vollbracht haben, im Grunde die Geschichte der großen Menschen die hier wirksam gewesen sind. Sie waren die Führer der Menschen, diese Großen; die Bildner, Muster, und in einem weiten Sinne die Schöpfer von Allem was die Gesammtheit der Menschen überhaupt zu Stande gebracht hat.« (Carlyle: Über Helden, Heldenverehrung und das Heldenthümliche in der Geschichte. Berlin 1853, S.5)

Die biographische Variante des historischen Romans und natürlich das Geschichtsdrama griffen mit Vorliebe auf dieses Muster zurück, nicht so Scott oder Fontane, aber unter anderen Vorzeichen wiederum H. Mann. Den Gegenpol zur Geschichte der Heroen bildet das mentalitätsgeschichtliche Interesse. Hier stehen andere, eher alltägliche Themen im Vordergrund (vgl. Lawrence Stone, 1979, S.14 f.) und ergeben ein neues Bild historischer Tatsachen und Prozesse: Kindheit, Alter, Krankheit, Tod, Sexualität, Familie, Verbrechen und Strafe, Gefühle wie Liebe, Haß, Leidenschaft, Vergleiche zwischen Religion, Wissenschaft und Magie als mögliche Modelle für Wirklichkeit, die kulturelle Bedeutung von Ritualen, Symbolen, Sitten und eschatologischen bzw. apokalyptischen Erwartungen sowie Wandlungen im ökologischen Gleichgewicht zwischen Mensch und Natur. Ein dritter Themenbereich von ›Geschichte‹ sind Systeme und unpersönliche Prozesse, die ein Netz von Determinanten darstellen. In diesem Sinne skizzierte Szondi (in: Koselleck 1973, S. 540 f.) ›Geschichte‹ als »anonymen Prozeß, als Folge von Zuständen und Veränderungen von Systemen«.

Geschichte als Stoff, der zur ›Verarbeitung‹ reizt, begegnet überall, in freier Natur, auf ›historischer Stätte‹, in Archiven und Museen, Urkunden und Büchern, ja sogar auf dem Dachboden. Als ›historisches Material‹ tritt sie in dreifacher Form in Erscheinung: als Überreste, Quellen und Denkmäler (Droysen 1857/1977, S.400). Die Überreste sind die Gelenkstellen zwischen Gegenwart und Vergangenheit. Die Quellen überliefern Interpretationen und Auffassungen von Vergangenheit; sie zeugen von der Fähigkeit, Erinnerungen zu versprachlichen. Die Verbindung von textgewordenem Erinnerungsappell und gegenwärtiger Spur ergibt die Denkmäler. Der geschichtliche Stoff als dichterische Vorlage erweist sich somit als ›Nachschrift‹ der Wirklichkeit.

1.3. Erzählen

Bei Herstellung und Wiederherstellung der Geschichte spielt das Erzählen eine kritische Rolle. Auch hier schlägt das Wort Brücken, die eine eher problematische ›Kommunikation‹ in Bewegung setzen. Linguistisch gesehen können ›Geschichte‹ und ›Ereignis‹ als »Substantivierungen (Hypostasierungen) solcher Erzählsignale wie ›es geschah, daß‹« gelten (Weinrich in: Koselleck/Stempel 1973, S.521). So erweist sich Geschichte als Resultat des Erzählens und gerät in den Verdacht, die fiktionale Mitgift der Erzählung in die Geschichtswissenschaft einzuschmuggeln. Seitdem ist sowohl unter Historikern als auch Dichtern strittig, was Erzählen zum Ziel der Geschichtsdarstellung beitragen kann. Insbesondere stehen die ›Ordnungen des Erzählens‹ zur Diskussion, denen eine falsche, ideologische Manipulation der ›Wirklichkeit‹ vorgeworfen wird.

Um Ausmaß und Gewicht des Vorwurfs ermessen zu können, ist es notwendig, an die elementare Rolle und Leistung des Erzählens vor jedem ästhetischen und wissenschaftlichen Anspruch zu erinnern. Erzählen begegnet nicht nur in Romanen, Botenberichten des Dramas oder Prozessen nach rhetorischem Muster, sondern eigentlich überall im alltäglichen Leben. »Das Geschichten-Erzählen scheint ein Grundbedürfnis des Menschen zu sein.« (Quasthoff 1981, S.287) Gerade erzählend tradiere er »die kollektive Sinngebung, die die kulturelle Identifikation des einzelnen ausmacht.« Als lebenswichtige »soziale Aktivität« (S.288) erfülle das konversationelle Erzählen »kognitive und interaktive Bedürfnisse«: kognitive, insofern »Erlebnisse« mit Hilfe von sprachlich-narrativen Strukturen zu »Erfahrungen« verarbeitet werden, und interaktive, insofern eine Mitteilung von Erfahrungen »soziale Identität« herstelle.

Erzählungen tradieren jedoch nicht nur Sinnstrukturen, sondern sie stellen ein eigentümliches Verfahren ihrer Hervorbringung dar. Wer Geschichten erzählt, gibt eine andere Tatsachendarstellung als derjenige, der sie beschreibt oder analysiert. Spezifische Bedingungen des Erzählens werden faßbar als situativer Abstand, personale Zentrierung, Reihenfolge der Episoden, Motivation der Taten, Finalität des Verlaufs, Geschlossenheit des Geschehens. Vom Zeitpunkt an, da sich Roman und Historiographie im 18. Jahrhundert berührten, spielen diese Darstellungsvorteile gegenüber dem nüchternen Bericht eine ›federführende‹ Rolle: Der Erzähler emanzipiert sich aus der Vorschrift der Annalen und Chroniken, empfiehlt sich als Spezialist für die »historisch-psychologische und damit einfühlend dichtende Methode« (Meyer: Entstehung des historischen Romans, 1973, S.167) und präludiert einen epischen ›Humanismus‹, der bis Ranke unangefochten gelten sollte.

Die geradezu künstlerischen Eigenarten der erzählenden Darstellung in der Geschichtsschreibung hat Droysen (1857/1977, S.229 ff.) ausführlich charakterisiert und eher als »des Ernstes, ja der Keuschheit, die unsere Wissenschaft fordern darf, unwürdig« (S.231) eingeschätzt. Erzählen, so heißt es, suche Buntheit und Reiz der Farben, dramatische Spannung und harmonische Fassung der Teile; es kehre das ex post Rekonstruierte auf den Kopf und stelle seinen Verlauf auf Grund des mimetischen, genetischen Darstellungsprinzips als einen von seinem Anfang her sich entwickelnden Prozeß dar; es unterstelle einen festen, unanfechtbaren Standpunkt der Betrachtung, schaue aus der »Vogelperspektive [...] allen Dingen nur auf den Kopf« (S.235 f.), erwecke dadurch den Schein der Objektivität, obwohl es durchweg subjektive Darstellung betreibe, verfolge einen falschen Realismus der Anschaulichkeit (nach dem Muster der Scottschen Romane) und lasse »die breite, behagliche, nicht kritisch-rationale Art« (S.241) überhandnehmen. Droysens Fazit für die Historik lautet demnach: »Nein, wir bedürfen einer Darstellungsform, in der nicht die Erzählung die Hauptsache ist.«(S.249) Damit hat Droysen ein Problem thematisiert, das bis in die Gegenwart kontrovers diskutiert wird. Gegen eine narrative und für eine deskriptive Geschichtsschreibung plädierte Szondi (in: Koselleck/Stempel 1973); als eifrigster Verfechter des erzählenden Historikers trat Golo Mann auf (in: Kocka/Nipperdey 1979); für eine Synthese zwischen theoriezentriertem Vorgehen und Narratio sprach sich Wehler (in: Kocka/Nipperdey 1979) aus. Dabei zeigte sich stets, daß die Entscheidungen für Analyse, Erzählung oder ›Stil‹-Mischung vom zugrundeliegenden Geschichtsbild abhängen (Geschichte als sozialer, wirtschaftlicher Prozeß, als »wahrer Roman«, so Veyne (1971/90), oder »Reich zwischen Dichtung und Wirklichkeit«, so Fellmann in Koselleck/Stempel 1973).

Die Wiederentdeckung und erneute Aufwertung der Erzählfunktion als grundlegendes Mittel zur Vermeidung von ›Agrammatismus‹ bei der Ordnung von Ereignissen verdankt die Geschichtswissenschaft in jüngster Zeit Hayden White (1980/1987/1990). Ausgehend von der Überzeugung, daß zwischen »realistischen« und »fiktionalen Diskursen« kein ontologischer Unterschied hinsichtlich ihres realen bzw. imaginären Referenten besteht, interpretiert White die Erzählung »als ein besonders effektives System der diskursiven Sinnproduktion, mit dessen Hilfe dem Individuum nahegelegt wird, eine spezifisch ›imaginäre Beziehung zu seinen realen Daseinsbedingungen‹ einzugehen« (White 1990, S.8). Demnach liegt im Erzählen die Kraft zum ›Worten der Welt‹ oberhalb der eigentlichen Syntax. Erzählen heißt, ein Ereignis auf ein Zentralthema (»central subject«) zu konzentrieren, es nach Anfang, Mitte und Ende zu ›interpunktieren‹ (›teleologische Schilderung‹), die Peripetie seines Verlaufs zu identifizieren, menschliche Akteure einzuführen (›Humanismus‹, Subjekt-Schöpfung), mit ihnen einen Spielraum für freien Willen und Verantwortung einzurichten, Sinn zu produzieren durch die Wahl eines Geschichten-Typs (Epos, Tragödie, Farce etc.) und das Ganze mit einer Erzählstimme (»narrative voice«) zu durchtönen (White 1980, S.11). Unschwer lassen sich hier die grundlegenden Kategorien der aristotelischen Poetik wiedererkennen: die Lehre von den Einheiten der Handlung und der Zeit und die Regeln zum Bau der Fabel (Ganzheit, Geschlossenheit, ›Glücksumschlag‹). Resümierend stellt White fest, daß jedes Erzählen – ob im Roman oder im wissenschaftlichen Werk – Gesetz, Gesetzmäßigkeit, Legitimität oder noch allgemeiner Autorität und sogar Moral (ebd., S.26) impliziere. Der eigentliche Grund für den Wert des erzählenden Verfahrens bei der Repräsentation von Ereignissen läge in einem Begehren, dem zufolge diese Ereignisse den Zusammenhalt und Reichtum, die Unversehrtheit und Rundung eines solchen Lebensbildes aufweisen mögen, wie es nur die Einbildungskraft erzeugen könne (ebd., S.27).

Einen weiteren Vermittlungsversuch in der Erzählen-Beschreiben-Debatte skizziert Jürgen Kocka (in: Eggert u.a.1990). Er stellt dem »bloßen«, »einfältigen«, »süffigen Erzählen«, wie es der historische Roman für gewöhnlich betreibe, das Erzählen aus dem Geist einer modernen Roman-Poetik entgegen und bereitet so die Schlichtung einer fachinternen Kontroverse vor, die am jeweiligen Gegner nur das Negative vermerkt: Einfältig erzählen heißt demnach:

- Wahrung einer »chronologischen Grundstruktur«,
- »ohne selbstreflexive Erörterung der Fragestellungen, theoretische Implikationen, Selektionsentscheidungen, Erkenntnisgrenzen und -perspektiven«
- »Konzentration auf die Darstellung beschreibbarer Ereignisse, verstehbarer Handlungen oder rekonstruierbarer Erfahrungen unter Geringschätzung analysierbarer Strukturen und Prozesse«,
- »Anschaulichkeit statt Begrifflichkeit«.

Insofern dieses Erzählen also Struktur- und Prozeßgeschichte, Analyse, Theorie und Reflexion ausschließe, tauge es wenig für das historische Fach. Allerdings sei diese Erzählpraxis ebensowenig repräsentativ für die moderne Roman-Poetik, in der seit Joyce und Döblin ganz andere Erzählprinzipien wirkten:

- Multi-Perspektivität,
- Selbstreflexivität,
- Eingeständnis der Wissensgrenzen des Erzählers,
- Collage-Technik.

Bei aller Problematik solcher schematisierten Gegenüberstellungen – Döblin schreibt ja keineswegs ›begrifflich‹, und ›Anschaulichkeit‹ fehlt ihm ebensowenig – ergibt sich ein komplexes Bild der erzählerischen Möglichkeiten für Weltdeutung und Prozeßanalyse, für wertkonstituierende Identifikationsangebote und ›entsichernde‹ Strukturkritik.

Am Beispiel: Süffiges Erzählen klingt wie: »Es war ein winterlicher, feuchtkalter Tag.« Modernes Erzählen vollzieht sich dagegen so: »Wir haben unsern Lesern immer gern die Tageszeit geboten, aber so schwer wie diesmal ist uns das noch nie gemacht worden.« Beide Erzählstile finden sich am Eingang zu Raabes *Höxter und Corvey* und bezeugen in ihrem spannungsvollen Miteinander die Flexibilität des Erzählens noch vor der Schwelle zur Moderne. Oder an einem Beispiel aus der Gegenwart:

»Ein biographischer Roman würde beschreiben, wie die jungen Körper sich freimachen und so weiter, aber nicht alle Menschen ziehen sich vor der Vereinigung aus: Rock hoch, Hose auf und bums. Schoß der französische Gegner in jener Nachtstunde unfreiwillig Salut, weil nun eine weltgeschichtliche Erscheinung gezeugt wurde? (Dieter Kühn: *N*. 1970, S.11)

Die Stelle illustriert zugleich die Paradoxie des Bemühens, Vergangenheit in Form der Geschichtsschreibung bzw. -erzählung zu imitieren bzw. zu verdoppeln (oder zu verlebendigen) und deutet auf Dantos Diskussion der Unerreichbarkeit des ›vollkommenen Berichts‹ hin (vgl. Danto 1965/74, S.190).

1.4. Historische Dichtung

Erzählen bzw. historisches Erzählen sind keine Privilegien der Poetik, sondern Möglichkeiten der allgemeinen Sprachtätigkeit und Darstellungsverfahren der Geschichtswissenschaft. Dennoch spielt der Zusammenhang zwischen imaginärer und realer Redeform eine zentrale Rolle. Wenn die Historik bis Droysen im Bann des historischen Romans gestanden hat (Stierle in: Kocka/Nipperdey 1979, S.108), so wird deutlich, welchen Einfluß die ›Zwittergattung‹ ausüben konnte, wie wenig sie ›nur‹ als imaginäre Phantasie wirkte. Dennoch steht bereits am Anfang ihrer Geschichte der spezifisch poetische Anspruch. Er macht sich in einer Instanz geltend, die nicht nur für die narrative Literatur zuständig ist, sondern auch und vor allem die dramatische betrifft.

Über ›historische Dichtung‹ hat Klemperer schon früh (1923) einen Aufsatz verfaßt, der noch heute mit Gewinn zu lesen ist. Klemperer unterscheidet fünf ›Spezialisten‹ und somit fünf Möglichkeiten, »einen historischen Vorgang nachzuerzählen« (Klemperer 1923, S.371), wobei er unter ›historischem Gegenstand‹ all das versteht, »was durch sein Vorfallen unmittelbaren Einfluß auf das Schicksal eines Volksganzen gehabt hat.« (S.372) Der ›Chronist‹ berichtet unverknüpft, »was er an Tatsachen weiß und für Tatsachen hält« (S.371), der ›Kritiker‹ überprüft die »Dinge auf ihre Tatsächlichkeit«, der ›Philosoph‹ ergründet ihren Zusammenhang, der ›Dichter‹ will die geschichtlichen Dinge »gestalten und beseelen« und der ›Politiker‹ rückt alles auf das Spielfeld seiner Zweck-Kalkulationen. Das Amt des Dichters beginnt erst dort problematisch zu werden, »wo es eine ›ganz wahre‹, eine exaktere Geschichtsschreibung gibt als die der Dichtung verschmolzene« (S.376); denn nur so treten sich Dichter und historischer Stoff in ausgebildeter Selbständigkeit, ja Fremdheit gegenüber und verlangen nach einer ausgleichenden Synthese.

Ausgehend von der ästhetischen Überzeugung, daß Dichtung »bildhafter Ausdruck des Ich-Gefühles« sei (Klemperer 1923, S.376 in Anlehnung an B. Croce), interpretiert Klemperer das Phänomen ›historische Dichtung‹ in einer Kräfte-Triade von Autor, Stoff und Form. Der spezifisch historische Stoff spannt die Beziehung zur Autor-Position aufs äußerste und drängt nach einer Lösung des so entstehenden Konflikts zwischen expressiver ›Freiheit‹ des dichterischen Ich und der widerständigen Bestimmtheit der geschichtlichen Wirklichkeit (ebd., S.377). Klemperer begreift dieses Verhältnis (»Ich-Ausdruck im bestimmten – unabhängig vom Dichter und vorher bestimmten – Nicht-Ich« ebd., S.382) als eine »Fessel« für den Dichter (später ist auch von der »Datenmauer der Bestimmtheit des

Wann?, Wo? und Wie?« die Rede), die er sich »in drei verschiedenen Stärkegraden schmieden« kann (ebd., S.377): entweder als ›kulturelles Schildern‹, sei es daß die Geschichte nur den Hintergrund für private Schicksale bildet (z.B. Alessandro Manzonis *Die Verlobten*), sei es daß die privaten Helden am Rand auch mit »großen Gestalten der Zeit« in Verbindung treten, oder als »erfüllte historische Dichtung« (ebd., S.378), in der die historische Persönlichkeit ganz im Vordergrund steht (z.B. Alfred de Vignys *Cinq-Mars*). Klemperer denkt an diese ›eigentliche‹ Form der historischen Dichtung, wenn er im weiteren drei Arten unterscheidet (ebd., S.387): die ›Ich-Unterstellung«, bei der der Autor in naiver Selbstverständlichkeit die eigene Gegenwart der entfernten Vergangenheit unterstellt und dennoch glaubt, ihrer Eigenart genau zu entsprechen (s. Calderons und Shakespeares historische Helden), sodann die »Ich-Angleichung«, die gerade im Wissen um die »fremde Individualität« der Vergangenheit sehnsuchtsvoll das eigene Ich ins fremde einsenkt (Romantik), und schließlich – als die wertvollste Form – die »Ich-Messung«, die in einer Art Äquilibration die Zeitpole und Personen-Gegensätze ausbalanciert (z.B. Schillers *Wallenstein* oder C.F. Meyers Novellen).

Klemperers systematischer Abriß macht deutlich, daß noch vor der Ausdifferenzierung in die einzelnen literarischen Formen (Geschichtsdrama, Ballade, historische Novelle und Geschichtsroman) eine Ebene liegt, auf der sich Eigenarten und Grundprobleme der historischen Dichtung thematisieren und systematisieren lassen. Das triadische Modell stellt einen dienlichen Ansatz zur Fixierung unterschiedlicher Möglichkeiten der historischen Schreibweise dar, auch wenn es im Lichte semiotischer Analyse (Relation: Zeichen – Begriff – Referent) oder auf dem Hintergrund des Bühlerschen Organonmodells (Darstellung, Ausdruck, Appell) bedeutend tiefer, grundsätzlicher angesetzt werden könnte. Zu bedenken wäre auch, daß vieles, was Klemperer über die Behandlung historischer Stoffe schreibt, eigentlich auch für zeitgenössische gilt. Sein Sichtungsversuch macht aber besonders deutlich, wie sehr das Konzept einer historischen Dichtung von grundlegenden dichtungstheoretischen Annahmen abhängt und deshalb von jedem Wandel in der ästhetischen Theorie betroffen wird.

Die Zahl der literarischen Formen, die zur historischen Dichtung zählen, ist beachtlich: Epos, Sage, Reimchronik, Geschichtsdrama, Festspiel, historisches Volkslied, Ballade, politisches Lied, Anekdote, historische Novelle; hinzukommen die historisierenden Formen der Biographie (historische Belletristik) und Autobiographie, des Schlüsselromans und Reiseberichts. Der Kreis läßt sich erweitern durch den Einbezug anderer Künste (Historienmalerei, Historienfilm); ja selbst Feste und historische Umzüge gehören zum Umfang der historisierenden kultur-ästhetischen Praxis.

1.5. Das historische Drama

Das Geschichtsdrama (Sengle 1952, Keller 1976, Neubuhr 1980, Hinck 1981, Koch 1983) hat nicht nur den Weg zum historischen Roman gewiesen (Goethes *Götz von Berlichingen* als Träger einer neuartigen Geschichtsvorstellung und als ›Lehrstück‹ für den angehenden Romancier Scott), sondern kann auch als Prototyp für Möglichkeiten und Grenzen der historischen Dichtung überhaupt gelten. Werner Keller (1976) hat die Poetik dieser dramatischen Sonderform bündig entworfen: Im Zentrum steht der produktive Konflikt zwischen den Stoff-Daten der Historie und der schöpferischen Autonomie. Es lohnt sich durchaus, diesen Konflikt auszutragen, da gerade historische Stoffe eine Reihe von Vorteilen mit sich führen: Bekanntes darf vorausgesetzt werden (Entlastung der Exposition), Glaubwürdigkeit und Wahrscheinlichkeit lassen sich mit dem bloßen Hinweis auf das bereits Geschehene einlösen (Lessing), die ausufernde Phantasie findet im geschichtlich Vorgegebenen »Bestimmung« und »Begrenzung« (Schiller, Grillparzer); und nicht zuletzt erweist sich die Geschichte selbst als größte Dichterin (Plutarch), deren Dramaturgie dem Autor eine Fülle von Konflikten, Kollisionen, Krisen, Peripetien und Katastrophen anbietet und ihm auf Grund ihrer Handlungsvorgaben gestattet, sich auf Verknüpfung und Motivation zu konzentrieren und in der Kette der faktischen Zwänge die nicht verwirklichten, utopischen Möglichkeiten zu erkunden. Bei der Lösung des Konflikts zwischen Geschichte und Dichtung spielen die Begriffe der dichterischen Freiheit (beim imaginativen Umgang mit historischen Stoffen), der »Amalgamierung« von Ereignis und Deutung (Goethe) und des »poetischen Logarithmus« (Hebbel) eine Schlüsselrolle, dazu bestimmt, im historisch Singulären eine Exemplarik des Typischen, Konstanten oder Musterhaften zu erwirken. Keller charakterisiert die Aufgabe des historischen Dramatikers in doppelter Hinsicht als ›triadische‹ Verpflichtung: Zwar handle er von der Vergangenheit, meine aber eigentlich die Gegenwart und nehme sogar Zukünftiges vorweg; sodann stelle er zwar das Historische ›objektiv‹ dar, brächte aber auch seine Subjektivität und die seiner Zeit ins Spiel und handle zugleich appellativ um der anderen willen. Seine Arbeit am historischen Stoff aktualisiert das gesamte Spektrum verwandelnder Operationen (Auswahl, Anordnung, Sinngebung, Zusatz, Veränderung) und steht im Dienst einer zu evozierenden Dialektik von Aktualisierung des Vergangenen und Historisierung des Gegenwärtigen.

Das historische Drama geht (insbesondere im 19. Jahrhundert) andere, vermeintlich ›höhere‹ Wege als der Geschichtsroman (und lenkt sich damit freilich selbst in die Sackgasse); auch bleibt es dank seiner Stilhöhe vor dem Vorwurf der Geschichtsverfälschung bewahrt, der den historischen Roman als wirklichkeitsgleiche ›Prosa-Gattung‹ immer wieder trifft. Dennoch umkreist seine Poetik dieselben Probleme darstellungs- und wirkungsästhetischer Natur wie die Theorie des Geschichtsromans.

1.6. Historisches Erzählen

›Historisches Erzählen‹ bedeutet, Geschichten zu erzählen, die wiedererkennbare Geschichte voraussetzen. Es stellt dar, was bereits geschehen ist (genauer: was bereits als geschehen mitgeteilt wurde), es berichtet, was trotz Geschichtswissens unbekannt geblieben oder sich nur verderbt erhalten hat, erinnert einerseits an Bedeutendes, andererseits an Vergessenes oder Verdrängtes und vergegenwärtigt, was grundsätzlich abwesend bleibt, weil es bereits ›gewesen‹ ist. Hinter diesen erzählerischen Aufgaben stehen verschiedene Interessen und Absichten, und demnach unterscheiden sich auch die angewandten Mittel.

Das ›rückblickende‹ Interesse erwächst in der Begegnung mit Überresten, Fragmenten, Ruinen und Wunden, die neugierig machen, wie denn das Ganze, Unversehrte und Heile aussah; es entzündet sich am gefeierten oder desolaten Ergebnis, das in beiden Fällen zur Frage lockt, wie es eigentlich dazu kam; es entspringt der ins Auge fallenden Ausnahme, Abart und Widrigkeit, hinter denen doch eine verantwortliche Regel liegt; es meldet sich im Blick auf die komplexe Gegenwart an, die nur mit Hilfe eines zurückliegenden Modells wahrnehmbar wird; und es bildet sich unter dem herrschenden Redeverbot aus, das die wahren Erzählungen verschließt und nur Schlüsselgeschichten (unzensiert) passieren läßt.

»Mit Historie will man was.« (Döblin 1936, S.172) Gleiches gilt von ihrer Erzählung. Ihr berühmtester und sehr berüchtigter Zweck heißt, zeigen zu wollen, »wie es eigentlich gewesen« ist (Ranke: Geschichte der romanischen u. germanischen Völker, SW 33/34, S.XII). Er liegt in der Natur der Sache, insofern ›erzählen‹ nicht ›erfinden‹ und ›Geschichte‹ zunächst ›Geschehenes‹ bedeuten. Dennoch handelt es sich um einen Zweck, über den sich streiten läßt: ob nämlich etwas ›so‹ oder ›anders‹ oder ›gar nicht‹ geschehen ist. Ein solches Schreibziel klingt nach ›Historischer Schule‹, gilt aber auch in der ›Freizeit‹ des in seine Wirklichkeit verstrickten Menschen und wird in jedem Fall mit strengen Noten bedacht: »You great poets should show it as it is – ugly and horrible, not beautiful and serene.« – »Were I to sing as you would have me, the town would tear the poet in pieces, and burn his book by the hands of the common hangman.« (Thackeray: *The History of Henry Esmond, Esq.*,1852/1969, S. 231 f.) Gerade also die Praxis der Aufklärung steht unter öffentlicher Oberaufsicht und hängt von deren Approbation ab. Das in diesem Sinn zugelassene ›So‹ betrifft nicht nur Tatsachen, sondern auch Zusammenhänge. Kausale, motivationale und finale Erklärungen sowie Urteile und Wertungen sind mitgemeint bzw. stellen einen gesonderten Zweck des Erzählens dar, der mit dem faktischen Zweck sogar konkurriert – dann nämlich, wenn das Interesse für das ›So‹ tabuisierte Inhalte zu Tage fördert, die dann von dem ›gebotenen So‹ überschrieben werden.

Ob und wie sich etwas verhält, mag vielleicht nur als akademisches Frageinteresse gelten verglichen etwa mit dem Bedürfnis, Geschehenes zu feiern oder zu betrauern. Der historische Roman der Siege und Niederlagen, Täter und Opfer, Gewinne und Verluste, der ›Spinner‹ und ›Abwickler‹ bewegt sich zwischen Hymne und Elegie, Festspiel und Satire, Lösungsdrama und Tragödie, schönem Schein und Propaganda; Propaganda insbesondere auch deshalb, weil selbst Freude- wie Trauerfeiern Nachgeschichten und Handlungsfolgen haben.

Wo der Leser nicht ›vaterländisch‹ betroffen, nicht in die eigene Vergangenheit verwickelt ist, kann er die Geschichtsfahrt als Abenteuerreise genießen. Er ›verabschiedet‹ sich von seiner Gegenwart, zuweilen sogar fluchtartig, und sucht die erlittenen Entbehrungen im Phantasia-Park der Historie zu vergessen und zu kompensieren. Der Unterhaltungszweck des historischen Erzählens steht hoch im Kurs, da er die Erholung vom Alltag guten Gewissens als exotisch verlockende Fremderfahrung verbuchen kann.

Die faktisch exakte Vergangenheit, der aufgeklärte Hintergrund, die bloßgelegten Triebkräfte und das spannende Ereignis – das sind nicht nur Endzwecke, sondern zuweilen auch bloße Mittel für einen Spiegel, der in geschichtlicher Tönung die Gegenwart reflektiert. Der parabolische Zweck des historischen Erzählens liegt in diesen großräumig gezogenen Vergleichen zwischen Damals und Jetzt, Früher und Später.

Die Mittel zur Bearbeitung geschichtlicher Ereignisse unterscheiden sich nicht von anderen Stoffverarbeitungen; sie fallen nur deshalb leichter auf, weil das Material aus dem ›historischen Steinbruch‹ bewußter und greifbarer ist, als das aus der Werkstatt der Einbildungskraft. Geschichtliche Stoffe episch zu bearbeiten heißt demnach: aus der unendlichen Fülle des Vorgefallenen (und Überlieferten) Geeignetes auszuwählen, im Wirbel der Ereignisfolgen eine Spur zu ziehen, Tatsachen abzubilden, Vorerzähltes nachzuerzählen, Quellen, Annalen und Chroniken zu verlebendigen und auszuschmücken, Lücken (»Gedächtnislücke[n] des Geschichtsschreibers« Gütersloh: *Sonne und Mond*, 1962, S.568) zu füllen, nicht Überliefertes oder nicht Überlieferbares mitzuteilen, Widriges zu verändern und Verborgenes zu offenbaren.

Literatur

Vico, Giambattista: Die neue Wissenschaft über die gemeinschaftliche Natur der Völker. Nach der Ausgabe von 1744 übers. u. eingel. v. Erich Auerbach. Berlin 1965.

Hegel, Georg Wilhelm Friedrich: Die Vernunft in der Geschichte [1822 ff.]. Hrsg.v. Georg Lasson. Leipzig 1944.

Droysen, Johann Gustav: Historik [1857, 1857/58, 1882]. Hrsg. v. Peter Leyh. Studienausgabe, Stuttgart-Bad Cannstatt 1977.

Nietzsche, Friedrich: Vom Nutzen und Nachteil der Historie für das Leben [1874]. In: F.N., Werke in sechs Bänden. Hrsg.v. Karl Schlechta, München 1980, Bd. 1, S. 209-285.

Gregorovius, Leo: Die Verwendung historischer Stoffe in der erzählenden Literatur. München 1891.

Klemperer, Victor: Die Arten der historischen Dichtung. In: DVjs 1(1923), S. 370-399.

Vietor, Karl: Der Dichter und die Geschichte [1928]. In: Geschichtsdrama, hrsg.v. E. Neubuhr, 1980, S. 361-380.

Belzner, Emil: Historie und Dichtung. In: Jahrbuch der Akademie der Wissenschaften und der Literatur in Mainz, 1956, S. 297- 302.

Sengle, Friedrich: Das historische Drama in Deutschland. Geschichte eines literarischen Mythos [1952]. 3. Aufl., Stuttgart 1974.

Meinecke, Friedrich: Die Entstehung des Historismus. Hrsg.v. Carl Hinrichs. München 1959 (= F.M., Werke, Bd. 3).

Danto, Arthur C.: Analytische Philosophie der Geschichte [1965]. Aus d. Engl. v. Jürgen Behrens, Frankfurt/M. 1974.

Heitmann, Klaus: Das Verhältnis von Dichtung und Geschichtsschreibung in älterer Theorie. In: Archiv für Kulturgeschichte 52(1970), S. 244-279.

Iser, Wolfgang, Schalk, Fritz (Hrsg.): Dargestellte Geschichte in der europäischen Literatur des 19. Jahrhunderts. Frankfurt/M. 1970 (= Studien zur Philosophie und Literatur des neunzehnten Jahrhunderts, Bd. 7).

Veyne, Paul: Geschichtsschreibung – Und was sie nicht ist [1971]. Aus d. Franz.v. Gustav Roßler, Frankfurt/M. 1990.

Koselleck, Reinhart / Stempel, Wolf-Dieter (Hrsg.): Geschichte – Ereignis und Erzählung. München 1973 (= Poetik und Hermeneutik, Bd. 5).

Mann, Golo: Geschichtsschreibung als Literatur. In: Literatur und Dichtung. Versuch einer Begriffsbestimmung. Hrsg.v. Horst Rüdiger, Stuttgart 1973, S. 107-124.

Weber, Heinz-Dieter (Hrsg.): Geschichte, Geschichtsschreibung und Deutschunterricht. In: Der Deutschunterricht 26,6(1974).

Schlaffer, Hannelore u. Heinz: Studien zum ästhetischen Historismus. Frankfurt/M. 1975.

Keller, Werner: Drama und Geschichte. In: Beiträge zur Poetik des Dramas. Hrsg.v. W.K., Darmstadt 1976, S. 298-339.

Weber, Heinz-Dieter (Hrsg.): Fiktion und Geschichtserfahrung im Roman. In: Der Deutschunterricht 27,3(1975).

Munz, Peter: The Shapes of Time. A New Look at the Philosophy of History. Middletown 1977.

Kocka, Jürgen / Nipperdey, Thomas (Hrsg.): Theorie und Erzählung in der Geschichte. München 1979 (= Beiträge zur Historik, Bd. 3).

Stone, Lawrence: The Revival of Narrative: Reflections on a New Old History. In: Past & Present 85(1979), S. 3-24.

Turner, Joseph W.: The Kinds of Historical Fiction: An Essay in Definition and Methodology. In: Genre 12(1979), S. 333-355.

Neubuhr, Elfriede (Hrsg.): Geschichtsdrama. Darmstadt 1980.

Schiffer, Werner: Theorien der Geschichtsschreibung und ihre erzähltheoretische Relevanz (Danto, Habermas, Baumgartner, Droysen). Stuttgart 1980.

White, Hayden: The Value of Narrativity in the Representation of Reality. In: Critical Inquiry 7(1980), S. 5-27.

Hinck, Walter (Hrsg.): Geschichte als Schauspiel. Deutsche Geschichtsdramen. Interpretationen. Frankfurt/M. 1981.

Hutton, Patrick H.: The History of Mentalities: The New Map of Cultural History. In: History and Theory. Studies in the Philosophy of History 20(1981), S. 237-259.

Quasthoff, Uta M.: Zuhöreraktivitäten beim konversationellen Erzählen. In: Dialogforschung. Hrsg.v. Peter Schröder, Hugo Steger. Düsseldorf 1981, S. 287- 313.

Quandt, Siegfried / Süssmuth, Hans (Hrsg.): Historisches Erzählen. Formen und Funktionen. Göttingen 1982.

Koch, Gertrud M.: Zum Verhältnis von Dichtung und Geschichtsschreibung. Theorie und Analyse. Frankfurt/M. 1983.

Lämmert, Eberhard: Geschichten von der Geschichte. Geschichtsschreibung und Geschichtsdarstellung im Roman. In: Poetica 17(1985), S. 228-254.

Aust, Hugo: Gewißheit und Interpretation. Fragen im Anschluß an Ludwig Wittgensteins ›Über Gewißheit‹. In: Wörter. Schätze, Fugen und Fächer des Wissens. Festgabe für Theodor Lewandowski zum 60. Geburtstag. Hrsg.v. H. Aust. Tübingen 1987, S. 173-189.

Niethammer, Lutz: Posthistoire. Ist die Geschichte zu Ende? Reinbek 1989.

Rossi, Pietro (Hrsg.): Theorie der modernen Geschichtsschreibung. Frankfurt/M. 1987.

Ricoeur, Paul: Zeit und Erzählung. 3 Bde., München 1988/89/91.

Williams, Gerhild Scholz: Geschichte und die literarische Dimension. Narrativik und Historiographie in der anglo- amerikanischen Forschung der letzten Jahrzehnte. Ein Bericht. In: DVjs 63(1989), S. 315-392.

Eggert, Hartmut / Profitlich, Ulrich, Scherpe, Klaus R. (Hrsg.): Geschichte als Literatur. Formen und Grenzen der Repräsentation von Vergangenheit. Stuttgart 1990.

Lämmert, Eberhard: »Geschichte ist ein Entwurf«: Die neue Glaubwürdigkeit des Erzählens in der Geschichtsschreibung und im Roman. In: The German Quarterly 63(1990), S. 5-18.

Rüsen, Jörn: Zeit und Sinn. Strategien historischen Denkens. Frankfurt/M. 1990.

Stark, Gary D.: Vom Nutzen und Nachteil der Literatur für die Geschichtswissenschaft: A Historian's View. In: The Germanic Quarterly 63(1990), S. 19-31.

Weimar, Klaus: Der Text, den (Literar-)Historiker schreiben. In: Eggert u.a. (Hrsg.): Geschichte als Literatur, 1990, S. 29- 39.

2. Der historische Roman und seine Formen

Was ein historischer Roman ist, ändert sich mit dem, was ›Geschichte‹ bedeutet und Erzählkunst vermag. Der Kreis jener Merkmale, die ein Werk als historischen Roman identifizieren, wird demnach eher eng bzw. sehr unscharf gezogen sein. Zuverlässige Merkmale begegnen hier kaum und bezeichnen da, wo sie treffen, eher ›schematisierte‹ Exemplare. Was können schon *Ein Kampf um Rom* und *Vor dem Sturm* gemeinsam haben, das einem Gattungsbegriff zugute käme? Und über die Gemeinsamkeit von *Witiko* und *Henri Quatre* läßt sich streiten, obwohl wahrscheinlich gerade solche Berührungen (Flauberts *Salammbô* wurde bereits sowohl mit Stifters Roman als auch mit Döblins *Wallenstein* verglichen und könnte demnach als ›tertium comparationis‹ zwischen 19. und 20. Jahrhundert dienen) den Begriff des historischen Romans epochenübergreifend und auf anspruchsvollem Niveau konstituieren.

2.1. Erkennungszeichen des historischen Romans

Historische Romane geben sich zu erkennen, selbst wenn sie keine historischen Romane sein wollen:

»Dies ist kein historischer Roman. Jede Ähnlichkeit mit Personen, die gelebt haben, jede Übereinstimmung der Namen, Orte, Einzelheiten kann bloß auf zufälligem Zusammentreffen beruhen, und der Verfasser lehnt dafür im Namen unveräußerlicher Rechte der Einbildungskraft die Verantwortung ab.« (Louis Aragon: *Die Karwoche*. Übers. v. Hans Mayer, 1973, S.7)

Noch in der Negation erhält sich, was für die Gattung typisch, wenn auch ästhetisch von wenig Belang ist: Für gewöhnlich senden historische Romane Geschichtssignale aus; das sind Daten, Namen (von Personen, Stätten, Ereignissen, Epochen), kultur- und sittengeschichtliche Einzelheiten, amtliche Dokumente. Sie alle drücken zeitliche Differenz und Distanz aus, selbst wenn sie nicht in die Vergangenheit, sondern in die Fiktion ›versetzen‹. Sie wirken im Beziehungsdreieck von Lesersituation, Werkentstehung und erzählter Zeit. Grenzfälle sind Fiktionen, die sich als Chroniken ausgeben (Meinholds *Maria Schweidler*) oder Zeitromane, die historischen

Wert annehmen (Fontane, H. Mann). Solche Zeit-Zeichen sind im Text an beliebiger Stelle verstreut; aber sie begegnen typischerweise oft schon im Titel, im Untertitel bzw. in der Gattungskennzeichnung, in der Buchausstattung (Klappentext, Abbildungen auf Außen- und Innenseite des Buchdeckels wären hier zu nennen, obwohl sie selten vom Autor stammen), im Vorwort und am Romananfang.

Daten zeigen nicht nur die Zeit an, sondern sie zeugen auch von ihrem Ort im ›symbolischen Feld‹ der Erzählung: Die Angaben »1988, August [...] 1497 [Frakturdruck]« (Krausser: *Melodien* 1993) bezeichnen nicht nur die Zeitdifferenz, sondern führen sie vor Augen (vgl. auch Berlings Drucktypen-Spiel). Die Kopfzeile »Port-au-Prince, den 23. September 1897« (H.Ch. Buch 1984, S.85) verkürzt die episch-historische Distanz zur Gegenwärtigkeit des brieflichen Schriftverkehrs. »Bei ihm zu Hause, in Jerusalem, ist dieser Monat Tischri auch in seiner letzten Woche noch sehr heiß; aber hier in Rom heißt er September, und heute jedenfalls atmet es sich frisch und angenehm.« (Feuchtwanger: *Der jüdische Krieg* 1932, S.8) – hier entsteht die Zeitangabe ›spontan‹ aus der erlebten Perspektive des Rom-Besuchers. Historische Datierung als Kamera-Fahrt in die vergangene Zeitszene praktiziert Ebers: »In dieser Mondnacht durchschnitt 528 Jahre vor der Geburt des Heilandes eine Barke die beinahe strömungslose kanopische Mündung des Nils« (Ebers: *Eine Ägyptische Königstochter*, 1864). Zeitmessung und Zeitgefühl im Fluß historischer Erinnerung -1984, 1736, 1916, 1984 – veranschaulicht Hasler (*Der Riese im Baum*, 1988) mit den Drehungen des Urzeigers »in sinnloser Schnelle«. Es macht einen Unterschied, wer die Zeit nennt: der Erzähler, die Figur, das Erlebnis- oder Lesebewußtsein. Zeit stiftet die Ordnungen der Tatsachen und ihrer Folgen; wo diese Ordnungen schwinden, gerät die Zeit aus den Fugen und bringt eine eigene Art des historischen Romans hervor (Claude Simon: *Die Schlacht bei Pharsalos*, 1969).

Wie typisch also die Variationen in der erzählerischen Wahl von Zeitregistern sein mögen, sie sind für den historischen Roman keineswegs notwendig. In Döblins *Wang lun* (1915) gibt es kein einziges Datum; die in eckigen Klammern rekonstruierten Datierungen von Dokumenten in den *Iden des März* gehören zu Wilders »Phantasie über gewisse Erzeugnisse« (1948/57, S.7).

Daten erweisen sich nicht nur als Gegebenheiten, von denen der Erzähler ausgeht, sondern auch als Probleme, die herausfordern oder gar zum »Zeitbogenspiel« (Elisabeth Plessen: Schwierigkeiten, 1980, S.344) verführen. Sie verflüssigen sich in den vielschichtigen Überblendungen des Bewußtseinsstroms (Simon) oder werden ›familiär‹

(»Zur Zeit der vierten Befruchtung Maria Letizias durch Carlo Maria geht es dramatisch zu: Freiheitskampf«, Kühn: *N*, 1970 S.10). So gehört nicht nur das Leben zu den Daten, sondern auch die Daten zum Leben. Freilich: Zur Zeit der Krise des Erzählens drohen sie altmodisch zu werden wie die Anführungszeichen um die wörtliche Rede.

Nicht nur Ziffern enthalten Zeitangaben. Das gesamte Spektrum an Namen, Begriffen und kulturhistorischen Details besitzt Zeitwert: »Naso« (Christoph Ransmayr), »Buonaparte« (Lew Tolstoj), »Chlanis« (Georg Ebers), »Brunzkachel« (Adolf Muschg) deuten zeitliche Abstände an, kennzeichnen Epochen, ermöglichen die Identifizierung der Vergangenheit. Wo explizite oder implizite Zeitsignale fehlen, greift das gattungsgeschichtliche Interesse selbst dort ins Leere, wo die Gattungsbezeichnung einen »historischen Roman der Gegenwart« verspricht und Geschichte allegorisiert (Albert Paris Gütersloh: *Sonne und Mond*, 1962).

Der historische Roman als zeitunterscheidende Erzählung hat es auch mit der temporalen Individualisierung von Sprache zu tun. Selbst wenn der neuzeitliche Erzähler ›hermeneutisch‹ die durch Jahrhunderte getrennten Horizonte sprachlich verschmilzt, bleibt er doch bestrebt, seine Figuren auf ihre Zeitweise reden zu lassen. Mit Scott rückt der Dialekt als zeiträumliche Erfahrung in den Vordergrund. »Was fällt der aber um Gottes Willa ei', Bärbele, [...] was fällt der ei, daß de am Wertich da nuia rauta Rock zum Spinna anziehst?« (Hauff: *Lichtenstein*, 1826, S.135 f.) So etwa tönt die neu entdeckte alte Welt, deren muntere Plauderhaftigkeit der Erzähler notfalls auch in Fußnoten »übersetzt«. Der Dialekt als sprachliche Form der historischen Differenz steht im Dienst der pittoresken Verlebendigung und der Aktivierung vaterländisch-regionaler Identität. Zur ›inneren Sprachform‹ aller Figuren ausgedehnt, ergibt das Spiel mit regionalgeschichtlichen Sprachvarietäten einerseits frappante Täuschungen (Meinhold) oder Chroniknovellen (Storm, Raabe, Fontane), andererseits manierierte Epen der deutschen Seele (Kolbenheyers »elementare Wahrhaftigkeit« bzw. »Unmittelbarkeitserlebnis«, 1936, S.473 f.) oder geradezu Totgeburten (vgl. Fontanes Kritik an der Sprechweise der Freytagschen »Ahnen«; vgl. Leitner: Sprachliche Archaismen, 1978). Aus naturalistischer Sicht erweist sich das Bemühen um historische Redetreue als sinnlose Anstrengung: »Wie kann man einen Römer oder einen Kreuzfahrer wirklich realistisch reden lassen – als Sohn der Neuzeit? Und gelingt dies, so hat die unendliche darauf verwendete Mühe vom rein Dichterischen abgelenkt.« (Bleibtreu: Der historische Roman, 1887, S.22) Schon Manzoni bezweifelte, ob die historisch authentische Sprache einer »vergilbten und verschmierten Handschrift« noch Leser finden werde, und entschloß sich dazu, die im übrigen sehr schöne Geschichte »rein sprachlich neu [zu] gestalten« (*Die Verlobten*, übers.v. E.W. Junker, 1962, S. 9). Noch für Plessen stellt die Überwindung der »Aktensprache« das größte Hindernis für den erzählerischen Kontakt mit Menschen aus der ferneren Vergangenheit dar.

Einen aufschlußreichen Einblick in den Ernst des Zeitspiels gewährt das Phänomen des Anachronismus. Vielleicht ist er das zuverlässigste Kriterium für die Scheidung zweier Formen des historischen Romans: des antiquarischen und des spiegelbildlichen. Stifter hat es verdrossen, im kulturhistorischen Detail fehlgegriffen zu haben, obwohl er wußte, daß es nicht darauf ankam. Eine Legion von Fußnoten und Anmerkungen von Hauff über Scheffel und Ebers bis zu Krausser bezeugt den Ehrgeiz der Epiker um historische Treue, parate Quellenbelege und erhellende Kommentierung. Dagegen stehen die vielen Zeitbrüche: die »Heil«-Rufe im *Henri Quatre*, die Fernsehantennen im *Kohlhaas*, die dröhnenden »Liebesfilme« in der *Letzten Welt*. Der Anachronismus ist ein zuverlässiges Mittel gegen die realistische Täuschungssucht des historischen Romans; er bewahrt vor dem Rausch der gegenwartsvergessenen Versenkung in die Vergangenheit und wirkt als Denk- und Mahnmal, das daran erinnert, im Bann der vergehenden Gegenwärtigkeit in die Zukunft vorauszusehen. Er kennzeichnet eine besondere Art der Verlebendigung und Weckung von zeitübergreifenden Zusammenhängen und stellt das wägende Prinzip zwischen Damals und Jetzt dar.

Die »Rhetorik des Damals-und-Heute« (Demetz: Formen des Realismus, 1964, S.14) verfügt über geschmeidigere Formen als den Anachronismus, der die Versetzung in die Vorzeit stört, wenn er Brücken schlägt; aus dem Mund des Erzählers, der über den Zeiten schwebt, klingt der Zeitvergleich ›harmonischer‹:

> »In den Waldbergen von Fiesole findet heutzutage der Wanderer, der von Florenz heranzieht, rechts von der Straße die Ruinen eines ausgedehnten villenartigen Gebäudes. [...] Üppig wuchert das Unkraut auf dem Wiesgrund, wo dereinst der schöne Garten in Zier und Ordnung prangte: nichts davon hat sich erhalten als das breite Marmorbecken eines längst vertrockneten Brunnens, in dessen kiesigem Rinnsal sich jetzt die Eidechse sonnt.
> Aber in den Tagen, von denen wir erzählen, sah es hier viel anders aus.«
> (Dahn: *Ein Kampf um Rom*, 1876, I,173)

Geschichte wird hier erfahrbar als Bewegung und Veränderung, eingefaßt im Rahmen eines ort- und zeitkundigen Erzählers; unter seiner Leitung lassen sich in der Gegenwart jene Trümmer erwandern, unter deren Natur-Firnis die ehemalige Kultur ruht, und jene Brunnenspur entdecken, die in die verschüttete Tiefe der Geschichte führt. Die Vermittlung des Damals mit dem Heute kündet allerdings nicht nur von der zeitschaltenden Souveränität des Erzählers, sondern kann auch zu einem Problem anwachsen, das der Erzähler allein nicht mehr bewältigen kann:

»Was Beauvais war, an diesem Zwanzigsten des Monats März 1815, ist heute vielleicht schwer vorstellbar und schmerzlich für die Erinnerung. Der Verfasser gibt seine Zurückhaltung auf und erbittet die Mitarbeit des Lesers. Nichts nämlich oder fast nichts hat der letzte Krieg von dem übriggelassen, was ehemals Reiz und Schönheit dieser Stadt ausmachte. Man muß die Augen schließen vor hastig errichteten Serienbauten und Behausungen von heute, vor den unbebauten Stellen, den Lücken in einem Stadtplan, der da und dort provisorisches Bauwerk aufweist, schnurgerade Straßen, alle Vergangenheit zerstört, Jahrhunderte menschlicher Anschwemmungen, die Spuren von Denken und Lebeweise, Schauplatz verschwundener Lebewesen... nichts bleibt von diesem langen Lebensmoment Frankreichs [...]« (Aragon: *Die Karwoche*, 1958/73, S. 208).

An die Stelle der renaturalisierenden Zeit rückt der Mechanismus der Wiederaufrichtung, die Spuren der Vergangenheit werden nicht von der Natur überwachsen, sondern von Menschen überbaut, und die Kunde vom Einst läßt sich nicht erzählen, sondern nur im Appell an die Vorstellungskraft des Lesers als ›negative‹ Mitteilung weitergeben.

Da der historische Roman auf die Vergangenheit zurückblickt, kann er – gleichsam als Effekt – realistische Zeitromane mit zukunftsgewissen Voraussagen hervorbringen. Ohnehin läßt sich ja nur das erzählen, was man von seinem Ergebnis und also von seiner Zukunft her kennt (Danto: Analytische Philosophie, 1965/74). Die Vision im *Lichtenstein* stellt das sagenhafte Medium für das erzählerische Gegenwartsbewußtsein dar. Im Grunde besitzt alles historisch Erzählte prognostische Wirkung, oder – anders gewendet – jeder Geschichtsroman zeugt vom Interesse seines Autors, die eigene Zeitgeschichte in der Art eines analytischen Dramas aus ihrer Vorgeschichte zu entwickeln.

Zum Bild des historischen Romans gehört das Vorwort, auch wenn nicht alle Romanciers davon Gebrauch machen. Scott nutzte die Gelegenheit zur Errichtung poetologisch-arabesker Propyläen; Wilhelm Hauff, Willibald Alexis, Joseph Victor von Scheffel, Adalbert Stifter, Werner Bergengruen, Lion Feuchtwanger (*Waffen für Amerika*), Alexander Kluge und Peter Sloterdijk schickten ihren Werken gleichfalls Einleitungen, Vorworte, Präambeln oder Vorsprüche voraus; Th. Fontane, C.F. Meyer, A. Döblin, H. Mann, St. Nadolny und Ch. Ransmayr dagegen unterließen solche Vorspanne.

»Man weiß sehr gut, daß Leser und Leserinnen, besonders wenn sie Erheiterung suchen, die Vorreden nicht lieben.« (Heinrich Zschokke: *Der Freihof von Aarau*, 1824). Wo sie dennoch begegnen, zeugen sie vom didaktischen Eifer, die geschichtlichen Voraussetzungen leserfreundlich zu exponieren, von der Seriosität des wissenschaftlichen Studiums, der poetischen Verantwortung für die ›ideale Einschmelzungsarbeit‹ und von der Lust, mit Masken zu spielen und zu verwirren.

In der Poetik des Romans spielt die erste Seite oder auch schon der erste Satz eine bedeutende Rolle: »Der Anfang ist immer das entscheidende«, und: »Bei richtigem Aufbau muß in der erste[n] Seite der Keim des Ganzen stecken«, erklärt Fontane (Sämtliche Werke, Hanser-Ausg. IV/III, 23,101). Gleiches gilt – vielleicht sogar in verstärktem Maße – vom historischen Roman, weckt er doch chronologische Erwartungen, die schon der Anfang einlösen kann; einem Zeitschalter vergleichbar, ›knipst‹ oft schon der erste Satz das Licht im Geschichtsraum an und beleuchtet, was sich hier alsbald zu regen beginnt. Auch pflegt er in der Form eines »zweischenkligen« Satzes (Geppert 1976, S.21) eine Brücke zwischen Gegebenem und Erfundenem zu schlagen und so den Daten eine poetische Funktion zu verleihen. Es gibt typische und weniger typische Anfänge: »Es war Weihnachten 1812, Heiliger Abend« (Fontane: *Vor dem Sturm*, 1878) einerseits, »Pst!« (Muschg: *Der Rote Ritter*, 1993) andererseits: Gefragt, welches der typischere Einsatz für das historische Genre ist, werden wohl viele auf die erste Version tippen. Unvorgreiflich einer statistischen Untersuchung läßt sich vorerst in der Tat feststellen, daß mehrere Romanciers so beginnen: Tieck (*Vittoria Accorombona*, 1840), Scheffel, Laube, Mühlbach (*Berlin und Sanssouci*, 1854), von François (*Die letzte Reckenburgerin*, 1871), Dahn (*Ein Kampf um Rom*, 1876). Vereinzelt fühlt man sogar die Hand, die der Erzähler um die Schulter des Lesers legt, um ihn gelinde in den Vergangenheitsraum einzuführen: »Wenn Du aus einem langen, bangen Kiefernwalde kommst, der von oben aussieht wie ein schwarzer Fleck Nacht, welchen die Sonne auf der Erde zu beleuchten vergessen, und nun fangen sich die hohen Bäume zu lichten an[...], da wird Dir wohl zu Mut ums Herz.« (Alexis: *Die Hosen des Herrn von Bredow*, 1846-48; vgl. auch den Erzähleingang in de Vignys *Cinq-Mars*) Andere Autoren vermeiden solche einladenden Auftakte: Man beginnt situativ mitten drin wie Sealsfield (*Der Vierey und die Aristokraten*, 1835): »Die Siesta war vorüber«, Kesten (*Ferdinand und Isabella*, 1936): »Der König war missmutig« und Franke (*Mordverläufe*, 1973): »Dem waren sie alle ausgesetzt« oder szenisch-dialogisch wie Alexis (*Ruhe ist die erste Bürgerpflicht*, 1852): »›Und darum eben‹, schloß der Geheimrat« und Eveline Hasler (*Ibicaba*, 1985): »Dieser Traum, Barbara, von der Veredelung des Menschen«; man setzt antithetisch-leitmotivisch ein wie Heinrich Mann (*Henri Quatre*, 1935): »Der Knabe war klein, die Berge ungeheuer«, dokumentarisch-akten-mäßig wie Alexander Kluge (*Schlachtbeschreibung*, 1964): »Diens-tag, 10. November 1942: In St. Stoßtrupptätigkeit« oder ganz per-sönlich wie Elisabeth Plessen (*Kohlhaas*, 1979): »Ich schreibe diese Geschichte, ich habe sie so gesehen«. Ob die Varianten der Anfangs-register typologische und gattungsgeschichtliche Relevanz besitzen, mag fraglich bleiben. Die angedeutete Werk-Gruppierung kann viel-leicht darauf hinweisen, daß sich der ›moderne‹ Roman dem gemäch-lichen ›Es war‹-Stil bewußt versagt und lieber ›andere‹ Eingänge wählt; dazu gehören wohl nicht die jederzeit beliebten bildstramatischen Einsätze, sondern eher ›gebrochene‹ Erzählversuche (Peter Härtling, *Hölderlin*, 1976: »Am 20. März 1770 wurde Johann Christian Fried-rich Hölderlin in Lauffen am Neckar geboren – ich schreibe keine Biographie.«). Für eine verläßliche Unterscheidung symptomati-scher Einsätze wäre es allerdings notwendig, die Vernetzung des An-fangs mit dem Ganzen zu verfolgen: Fontanes Anfang muß trotz gleichlautender Formulierung keinen Mühlbach- oder Dahn-Ro-man einleiten, und Edgar Hilsenraths Wiederaufnahme der mär-chenhaften Formel »Es war einmal ein letzter Gedanke« (*Das Mär-chen vom letzten Gedanken*, 1989) ergibt einen der originalsten hi-storischen Romane der Gegenwart. – Eine Typologie der Anfänge historischer Romane wird – sofern sie sich entwickeln läßt – nicht identisch sein mit einer ästhetischen Kritik; dennoch darf unter der Voraussetzung der repräsentativen Rolle des Anfangs ein Zusam-menhang zwischen epischem Geschichtseinstieg und ästhetischem Rang vermutet werden.

Die punktuelle Symptomatik des Anfangs wiederholt sich am Ende. Beide Roman-Stellen tragen denselben Horizont, unter dem Eröffnung, Erweckung, Begrüßung und Einführung ebenso stattfin-den wie Schließung, ›Einschläferung‹, Verabschiedung und Entlas-sung. Der Kunstgriff der Rundung fällt bei Scheffel ins Auge: Mit der brausenden und zischenden Erdwerdung der Vorgeschichte kor-respondiert der über »Staub und Asche« (*Ekkehard*, 1855, II,209) wegbrausende Jahrhundertflug der Nachgeschichte. Fontane (*Vor dem Sturm*, 1878) spannt den Erzählhorizont von Weihnachten zum Spiel- und Begräbnispark. Döblin (*Wallenstein*, 1920) beginnt mit Siegerfreude und schließt mit sieggewissem Truppenanmarsch. Klu-ge (*Schlachtbeschreibung* 1964) setzt mit einem Dokument über »Stoßtruppentätigkeit« ein und endet mit einem Zeugnis über die Truppenstimmung: »oft sind die Beteiligten so müde, daß sie gar nicht hinsehen.« (Das Ende der Letztfassung, 1978, erinnert an Döblins Finale.) Muschg (*Der Rote Ritter*, 1993) schließt seine Geschichte mit demselben »Pst!«, das sie eröffnete. Gerade das Romanfinale enthüllt Art und Sinn des Geschichtsendes: den glücklichen oder tragischen Abschluß des Vergangenen, den erfreulichen oder katastrophalen Anfang des Gegenwärtigen, die tröstende oder beängstigende Dauer des Immerwährenden oder Unabschließbaren, den Wiederaufrichtungsmechanismus des vermeintlich ›Erledigten‹, den gewürfelten Zustand des eigentlich so gut Geplanten.

Fußnoten und Anmerkungen prägen das Bild des historischen Romans von den Anfängen bis zur Gegenwart. Unmittelbar fällt hier ins Auge, daß diese Romanform aus der Wechselbeziehung zwischen Geschichtswissenschaft und epischer Kunst hervorgeht. Das Prozeßbild dieses episch-wissenschaftlichen Zwitters stellt sich dar als schweifender Blick von ›oben nach unten‹ bzw. fingerfertiges Blättern ›von vorne nach hinten‹ und macht im selben Buchraum erfahrbar, was die akademische Lehre geflissentlich trennt: die künstlerische Phantasie von der positivistischen Kenntnis, die epische Breite von der bibliographischen Kurzschrift, die muttersprachliche Lebensfülle von der lateinischen Faktizität, das vergnügliche, vorwärtsdrängende Lesen von dem aufhaltenden, augenverderblichen Studieren.

Für den historischen Roman mit Fußnoten und Anmerkungen lieferte Scott das Vorbild. Doch erschöpft sich seine Annotationspraxis keineswegs im Nachweis der authentischen Momente im erzählten Geschehen; und wo dies geschieht, folgt daraus nicht automatisch, daß der historisch gewissenhafte Erzähler gerade durch die Wahl seiner Versicherungsmittel die eigene Geschichte als Fiktion »entlarvt« (Demetz: Formen des Realismus, 1964, S.17). Der Unterschied bleibt im ›polyphonen‹ Gebilde Scottscher Prägung durchaus erhalten, und es hat wenig Sinn, die Fußnoten dichtungslogisch gegen die Erzählung auszuspielen. Vielmehr bilden sie im so intendierten epischen Kräftespiel jene Waagschale des Realen und der Realien, deren Gewicht auf der anderen Seite durch die poetischen Motti austariert wird und so den Balanceakt des historischen Erzählens erzeugt. Scott ›würfelt‹ mit Fußnoten und Anmerkungen aus unterschiedlicher Feder, z.B. der des Autors und seines Laurence Templeton (*Ivanhoe*); er benutzt sie für Wort- und Sacherklärungen ebenso wie für weitausholende Exkurse; selbst vor einer Fußnote für die Anmerkung scheut er nicht zurück. Anachronismen werden verteidigt, historische Unwahrscheinlichkeiten dem Manuskript-Autor in die Schuhe geschoben, Anspielungen entschlüsselt und der Leser fürsorglich gelenkt.

Auch Alexis läßt z.B. in *Walladmor* (1824) seine Fußnoten einer zweifachen Quelle entspringen, wie die Siglen »D.A.« und »A.d.Ü.« anzeigen. Die Palette der kommentierenden Ein- und Nachreden fällt hier in der Parodie noch bunter aus: Neben den üblichen Erläuterungen und Quellenbelegen stehen leserbesorgte Bestätigungen (»So lautet wirklich, geneigter Leser, ein altes, Wälsches Gesetz.« II,223), redaktionelle Hinweise (»Um nicht zu ermüden, habe ich die Reden des Wälschen Edelmannes in schlichtem Hochdeutsch wiedergegeben;« II,182), Kritik am Dichter (»es ist zu verwundern, daß der gewandte Dichter der Dichtung keinen romantischen Schwung durch eine Umarbeitung der Englischen Uebersetzung gegeben hat.« III,18), Aufforderungen (»Gütigster Recensent! Du wirst diese merkwürdige Entdeckung in Deiner Kritik doch nicht dem Leser in voraus verrathen« III,297) und emphatischer Kommentar; so folgt etwa als Reaktion auf die Figurenrede »Aus Merseburg, der Hauptstadt des Harzes« die eher logographisch zu nennende Fußnote »!! A.d.Ü.« (II,174) Ganz im Dienst der Ausmalung der »Bilder des öffentlichen und häuslichen Lebens in Mexiko« stehen die »Noten und Erklärungen« in Sealsfields *Der Virey und die Aristokraten oder Mexiko im Jahre 1812.* Sie konstituieren die ›Interferenz-Poetik‹ mehrsprachiger Werke (vgl.a. Tolstoj) und inszenieren ›unterm Strich‹ den interkulturellen, transatlantischen Vergleich.

Eine spezifisch wissenschaftliche Fratze der Anmerkungen zeigt sich eigentlich erst in Scheffels *Ekkehard.* Für sich fast schon »ein kleines Buch« füllend (Fontane, Hanser-Ausg. III/I,405), tritt das wörtliche Zitat in lateinischer Fachsprache in den Vordergrund; routiniert abgekürzte Quellenangaben wenden sich an die Lesekompetenz des Gelehrten. Scheffel erinnert an einen literaturwissenschaftlichen Bilderstürmer, der den »Koloß seitheriger Wissenschaft« (I,99) niederreißt, ohne sich jedoch von der akademischen Orthodoxie exkommunizieren zu lassen. Im Gegenteil bringt die dunkle Folie der Gelehrsamkeit die epische Vergangenheitsvision zum Leuchten. – Um Beweise, die ›auf dem Fuße‹ folgen, geht es auch dem Archäologen Georg Ebers, wenn er die »Errungenschaften ernster Studien in ein von der Phantasie gewebtes Gewand kleidet« und die »Resultate seiner Forschungen einer möglichst großen Anzahl von Gebildeten in der das allgemeine Interesse am meisten ansprechenden Form zugänglich« macht (Vorwort zur 2.Aufl. von *Eine Ägyptische Königstochter*).

Sich heute über den Irrweg einer Realismus-Doktrin zu mockieren, die alert ihre Waffe ›bei Fuß‹ hält, ist nicht schwer, zumal die ästhetisch anspruchsvollsten historischen Romane des 19. Jahrhunderts, *Witiko, Jürg Jenatsch, Vor dem Sturm* und *Das Odfeld*, ohne diese Strategie auskommen. Dennoch verschwindet die Kommentierung nicht spurlos aus dem Genre. Gewiß sucht man bei Döblin, Feuchtwanger und Kesten vergeblich danach; und ob Heinrich Manns »Moralité«-Nachschriften in den gegenwärtigen Zusammenhang passen, ist eher fraglich. Vielleicht aber haben sich Kommentierungsbedürfnis und -angebot auch nur gewandelt. Ein moderner Klassiker des Genres, Christoph Ransmayrs *Die letzte Welt*, bietet dem Interessierten »Ein Ovidisches Repertoire«; ein Glossar findet sich in Gisbert Haefs *Karthago* und Hilsenraths *Das Märchen vom letzten Gedanken*. Hans Dieter Stövers populärer Roman *Agon oder Der Ring des Demetrios* (1989) präsentiert dem am »politischen Rahmengeschehen« (S.575) interessierten Leser ein kommentiertes Personenverzeichnis, in dem er konsequent nach »h«- und »f«-Figuren (d.h. historischen und fiktiven) unterscheidet; hinzukommen Landkarten, Begriffslexikon, Zeittafel und Bibliographie. Es gibt sogar einen Roman, der eigentlich nur aus Fußnoten ›alter Art‹ besteht, nunmehr aber »gegen den Strich« gelesen werden will und das aktuelle Bild vom ›anderen‹ historischen Roman prägt: Alexander Kluges *Schlachtbeschreibung*.

So erweist sich die Anmerkungspraxis im historischen Roman als lehrreiche Schnittstelle zwischen poetologischem Kalkül, wissenschaftlicher Enzyklopädie und didaktischer Pflege des Leseverständnisses. Strukturell gesehen stellt der kommentierende Apparat eine authentische Werkkomponente dar; er übt eine Brückenfunktion zwischen ästhetischer Fiktion, gemeinter Wirklichkeit und zeitgenössischem Publikum aus. Erzähltechnisch gesehen erweist er sich als heikles Mittel, dessen Anwendung nicht immer gelingt. Im Leseprozeß gilt er als fakultative Werkseite, insofern sie überschlagen werden kann.

Der Geschichtsroman erzählt von politischen Handlungen der Vergangenheit, die mehr oder minder mit privaten Handlungen einer erfundenen Geschichte verknüpft sind. Seine Handlungen sind mehrfach bedingte Prozesse und ergeben ein historisches Geschehen, in dem Öffentliches und Privates, Politisches und Persönliches, Wandelbares und Konstantes, rationales Kalkül und leidenschaftlicher Affekt zusammenwirken. Geschichte wird dadurch zum Integral unterschiedlicher ›Werte‹, sie gewinnt ihre konkrete Position im Koordinatenraum von Historischem, Ahistorischem und Fiktivem. Die sogenannte geschichtliche Tat entstammt demnach keinem geschlossenen Katalog historischer Akte, aus dem sie der Erzähler abschreibt, sondern sie entsteht dadurch, daß der Erzähler eine ›Leerstelle‹ konkretisiert, d.h. mit erzählerischen Informationen über Motivation, Mittelwahl, Resultat, Wirkung und Bewertung füllt.

Hiernach bemißt sich das Eindimensionale des heroisch-abstrakten Romans gegenüber dem Polyvalenten des realistisch-konkreten. Zwischen ›einfarbiger‹ und ›bunter‹ Version liegt das ideologiegeschichtliche Gefälle des historischen Romans. Gerade im ›dramatischen‹ Roman steht damit die ›Einheit‹ der Handlung zur Disposition.

2.2. Formen des historischen Romans

In der Geschichte des historischen Romans treten unterschiedliche Ausprägungen der epischen Sonderform in Erscheinung. Inhaltliche, intentionale und formale Kriterien ergeben ein buntes Spektrum von Subtypen, deren besondere Merkmale den allgemeinen Gattungsbegriff zuweilen prägten. Schon bei Scott begegnet die Formendifferenzierung auf Grund des temporalen Distanzkriteriums: Hier repräsentiert der *Waverley*-Typus die Vorgeschichten-Version (»novel«), während der *Ivanhoe*-Typus (»romance«) die Version der Fern- und Frühgeschichte darstellt. So spaltet sich schon zu Beginn die Gattungsgeschichte in zwei Linien, deren eine die eher realistisch-zeitgeschichtliche Richtung einschlägt, während die andere sich zum exotisch entlegenen Zeitraum zurückwendet. Vorausgesetzt, daß beide Formen einen Gegenwartsbezug enthalten, so kann von der ersten gelten, daß sie ihre Beziehung metonymisch knüpft (Vorgeschichte als Teil der Gegenwart), während die andere den Zusammenhang eher metaphorisch herstellt (Frühgeschichte im Vergleich mit der Gegenwart).

Die flexible, verkürzbare Zeitdistanz gegenüber der Gegenwart rückt den historischen Roman unwillkürlich in die Nähe des Zeitromans (vgl. Lukács 1955). Als Generationenroman oder Familienchronik öffnet er grundsätzlich die geschlossene Vergangenheit zur aktuellen Gegenwart hin. Ähnliches gilt für die Autobiographie oder Memoirenliteratur. Im Zeitgeschichtsroman (vor allem zwischen den beiden Weltkriegen, vgl. den Kriegsroman) und im Roman der Vergangenheitsbewältigung (in den 50er und 60er Jahren) erscheint Geschichte so nahe und bedrängend, daß sie, gemessen am Distanz- und Geschlossenheitskriterium, kaum noch das Thema für einen historischen Roman zu geben vermag; dennoch sollten Romane wie George Saikos *Der Mann im Schilf* (1955) nicht jenseits, sondern als eine moderne Variante diesseits der Gattungsgeschichte angesiedelt werden.

Scotts Romane wurden von der Kritik als ›Volksromane‹ wahrgenommen, die an Stelle eines individuellen Schicksals (in der Art des *Wilhelm Meister*) die Geschichte von Gruppen, Stämmen, Völkern und ›Landschaften‹ erzählen. Die Scott-Nachahmer übernahmen nicht immer dieses ›demokratische‹ Modell, so daß sich auch auf Grund des Protagonisten-Kriteriums eine formengeschichtlich bedeutsame Differenzierung abzeichnet: dem historischen ›Vielheitsroman‹ steht der gleichfalls historische ›Individualroman‹ gegenüber; neigt der erste zum ethnographischen oder auch kulturgeschichtlichen Typus (s.a. den stadtgeschichtlichen Roman Flauberts, Langewiesches, Haefs oder den epochengeschichtlichen Ricarda Huchs), so nähert sich der andere der biographischen Form.

In der Art des Geschichtsbildes liegt ein weiteres Kriterium für die Ausdifferenzierung in Subformen: Mythische Prähistorie und sagenhafte Überlieferung stellen neben der eigentlichen Geschichte das breite Themenspektrum dar, das der historische Roman wegen des fast überdehnten Distanzkriteriums zwar nur als Grenzfall bewältigt, doch ohne seine Identität gänzlich aufzugeben: So gehört zur Gattungsgeschichte auch die mythologisierende und sagenhafte Formvariante (vgl. *Die Kronenwächter*, die *Joseph*-Tetralogie, *Der Rote Ritter*). Bekannter wurde die Einteilung in heimische und Weltgeschichte. Sie legte den Grund für den ›vaterländischen Roman‹, dessen Bild in Kritiken und Poetiken zeitweise zur einzig legitimen Form der epischen Geschichtsdichtung erhoben wurde (während die Weltgeschichte Sache der Tragödie sei). Aus der anglistischen Gattungsforschung stammt der Vorschlag, die Romane auf Grund unterschiedlicher Typen des Geschichtsverstehens zu gruppieren (Mengel: Geschichtsbild, 1986, S. 47 ff.); demnach ließen sich Geschichtsromane des Fortschritts (Scott: *Waverley*), des Zyklus (Dickens: *A Tale of Two Cities*) und der Kontingenz (Conrad: *Nostromo*) unterscheiden.

Unter dem Gesichtspunkt der Darstellungsintention gliedert sich der historische Roman in eine rekonstruktive und eine parabolische Variante. Die rekonstruktive zielt auf eine möglichst authentische Wiederherstellung einer früheren geschichtlichen Person, Epoche oder Welt; ihre prototypische Extremform begegnet im Professorenroman, der von der antiquarischen Neigung Scotts über die archäologischen Ambitionen eines Ebers bis zu Ecos semiotischer Gelehrsamkeit oder Kraussers musikgeschichtlichem Studium seine mehr oder minder faszinierende Spur zieht. Die parabolische Form sucht in der Geschichte den Spiegel für die Gegenwart; ihre historischen Studien lassen sich mit ›Putzmitteln‹ vergleichen, die dem Spiegel die klarste Reflexion abgewinnen wollen.

Formale Kriterien zur Unterscheidung von Subtypen liegen in

den Mitteln der Verknüpfung von Historie und Roman. Die Geschichte des historischen Romans zeugt keineswegs nur vom Bemühen um eine fugenlose Verschmelzung der wissenschaftlich-poetischen Teildisziplinen. Im Gegenteil scheint von Anfang an die Entscheidung zwischen einem illusionistischen und desillusionistischen Romantypus zur Disposition zu stehen. In neuerer Zeit wurde dies als typologischer Unterschied zwischen ›üblichem‹ und ›anderem‹ Roman bezeichnet und als Verdeckung bzw. Markierung des »Hiatus von Fiktion und Historie« (Geppert 1976) charakterisiert.

Literatur

Demetz, Peter: Formen des Realismus: Theodor Fontane. Kritische Untersuchungen [1964]. Frankfurt/M. 1973, S. 16 f.
Hirschmann, Günther: Kulturkampf im historischen Roman der Gründerzeit 1859-1878. München 1978, S. 85-87.
Aust, Hugo: Dichter-Kommentar. Am Beispiel der Fußnoten- und Anmerkungspraxis im historischen Roman. In: Kommentierungsverfahren und Kommentarformen. Hamburger Kolloquium der Arbeitsgemeinschaft für germanistische Edition 4. bis 7. März 1992, autor- und problembezogene Referate. Hrsg.v. Gunter Martens, Tübingen 1993, S. 93-98.

3. Forschungsfeld: Historischer Roman

3.1. Bibliographisch-didaktische Richtlinien

Die Menge der Titel, auf die sich der Begriff des historischen Romans anwenden läßt, ist – noch ohne die Grenzfälle der ›historischen Belletristik‹ – unabsehbar. Schon deshalb bedarf es gerade auf diesem Feld einer Vergewisserung über den authentischen Umfang. Nun bildet der Geschichtsroman seit längerem einen Schwerpunkt in den Bemühungen um einen (schulischen, leihbibliothekarischen oder allgemeinen) Lektürekanon. So gibt es nicht nur Primärbibliographien, die – zumeist stoffgeschichtlich – die Titel (zum Teil aller Nationalliteraturen) auflisten, sondern auch im engeren Sinn empfehlende Kanones der (z.B. fünfzig) besten Werke und ›Führer‹, die der Jugend das Angemessene vorschreiben (Nield 1902, Baker 1914; Bock/Weitzel 1922, Luther 1943, Stössel 1954, Logasa 1963, MacGarry 1963). Um nur ein Beispiel zu nennen: Nield (1902) führt in seiner 281 Autoren umfassenden Liste folgende deutschsprachige Autoren auf: Alexis (4 Titel), Auerbach (*Spinoza*), Dahn (4), Ebers (12), Eckstein (3), Fontane, Franzos, Freytag (neben den *Ahnen* auch *Soll und Haben*), Hauff, L. Hesekiel, Laube, Meyer (*Der Heilige, Jürg Jenatsch*), Mühlbach (2), Reuter, Samarow, Scheffel, Sudermann. Unter den 50 repräsentativen Romanen werden zwei deutsche Romane hervorgehoben: *Eine Ägyptische Königstochter* und *Ekkehard*. Auch der gewaltige Führer Bakers (1914/1968) ändert wenig an diesem Bild (Fontane und Meyer fehlen hier sogar, während Dahn, Ebers, Mühlbach und Samarow weiterhin den deutschsprachigen Anteil repräsentieren).

Für wissenschaftliche Zwecke sind die Primärbibliographien von Reisenleitner (Mittelalterrezeption, 1992, für die Zeit v. 1780-1850), Sottong (Transformation, 1992, für 1817-60), Eggert (1971, für Realismus), Hirschmann (1978, für Gründerzeit), Westenfelder (1989, für 1890-1945,) und Vallery (Führer, 1980, für 1933-45) unentbehrlich. Den umfassendsten quellen-bibliographischen Überblick erarbeitet derzeit das Innsbrucker Projekt über den ›Historischen Roman von seinen Anfängen [1780] bis 1945‹ (Leitung: Johann Holzner und Wolfgang Wiesmüller). Auf der Grundlage dieser (elektronisch gespeicherten) Daten wird es möglich werden, zuverlässige Aussagen über regionale Präsenz, Anteil am Buchmarkt, Erfolgskurve, ästhetisches Gewicht und Geschmackswandel der Gattung zu machen: So zeichnet sich beispielsweise ein erster Höhepunkt der Gattungsgeschichte bereits in den frühen 90er Jahren des 18. Jahrhunderts ab. Die Auswertung von Gattungsbezeichnungen verspricht einen authentischen Einblick in die Geschichte des Selbstverständnisses.

Gesondert sei hier noch auf die anthologischen Projekte hingewiesen: Walther Stein (ca. 1917) rief während des 1. Weltkriegs seine *Bilder deutscher Vergangenheit* ins Leben (ein »Programm von gewaltigen Ausmaßen« S.14) und ließ sein Vorhaben von historischer ›Prominenz‹ begutachten und fördern: Als erste Titel, die »die Höhepunkte deutscher Geschichte und deutschen Werdens festhalten wollen« (S.12), erschienen: Zschokkes *Der Freihof von Aarau*, Hauffs *Lichtenstein*, Alexis' *Der Werwolf*, Brachvogels *Der Fels von Erz* und Kurz' *Schillers Heimatjahre*. Stein wollte sein Unternehmen als mobilisierende Pädagogik verstanden wissen:

»Die staunenswerte Tatsache, daß unser so schwer bedrohtes Volk in dem gewaltigen Völkerringen der Gegenwart trotz der beispiellosen Uebermacht seiner Feinde und trotz der Ausdehnung über ganz Europa und darüber hinaus nicht im Widerstand erlahmt, erklärt sich keineswegs aus seiner robusten physischen Veranlagung oder seiner kriegerischen Neigung. Der Sieg über unsere Feinde wird sich vielmehr je mehr und mehr als ein Sieg der deutschen Seele, des ewig grünenden deutschen Idealismus erweisen.« (Stein 1917, S.3)

Der Schule bleibt deshalb weiterhin die Pflege der vaterländischen Gesinnung anvertraut; als ihr wirkungsvollstes Medium (anschaulich, realistisch, psychologisches Verständnis weckend, Leitbilder setzend, begeisternd) erweist sich der historische Roman.

»Weltgeschichte in Romanen« präsentiert Frischauer (1977); *Uarda, Aspasia, Salammbô, Ben Hur, In hoc signo, Ingo, Ekkehard, Ivanhoe, Rienzi, Ulenspiegel, Gustav Adolfs Page, Das Halsband der Königin* und *Germinal* stellen die epischen Stationen einer geschichtskundlich orientierten Lektüre von der Zeit »Vor Christi Geburt« bis zur »Neuzeit« dar. So soll eine atemberaubende Lektion entstehen, der sich niemand versagt:

»Abenteuer der Weltgeschichte im Auf und Ab der Jahrhunderte, ewiger Kampf des Menschen um die Beherrschung der Erde! Dem Dunkel erwachsen Kulturen und gehen ins Dunkel zurück, Kriege werden geführt, Reiche entstehen und versinken wieder. Und dazwischen der Alltag der Jahrtausende und die unaufhörliche Sehnsucht des einzelnen nach endlich befriedetem Dasein: Nach dem besseren Leben.
Wo wäre das alles lebensvoller geschildert als durch die hellseherische Wiedergabe der erschütternden Ereignisse in großen historischen Romanen, deren Verfasser im Haupt- und Nebenberuf zumeist Altertumsforscher und

fachmännische Gelehrte der Zeitabschnitte waren, die sie im visionären Rückblick überzeugend gestalteten! Sie ergänzten nüchterne Tatsachen der Wissenschaft mit tiefem Einfühlungsvermögen durch Dichtung, wo allein die Phantasie ein lebendiges Bild zu schaffen vermag.« (Frischauer 1977, I,5)

Die Annäherung von Historie und Dichtung wiederholt sich im Bereich der historischen Jugendromane als Ineinander von geschichtlicher Unterhaltung und sachkundlichem Unterricht. Auch hier dominieren die thematischen Interessen (Ott) und erweisen abermals die Lebenskraft der Horazischen Union von Nutzen und Spaß.

Literatur

Verzeichnis der poetischen (epischen, romantischen, dramatischen, lyrischen) Werke in deutscher Sprache, die sich auf deutsche Nationalgeschichte und Sagen gründen, oder doch im Kostüme altdeutscher Sitten gedichtet sind. In: Journal von und für Deutschland, hrsg.v. Siegmund Freyherrn von Bibra, 9(1792), S. 553-571.

Ueber die verschiedenen deutschen Gedichte, die sich auf die Geschichte von Hermann oder Arminius gründen. In: Journal von und für Deutschland 9(1792), S. 765-775.

Verzeichnis verschiedener Erzählungen und Dialogen Deutscher Schriftsteller, die sich auf das griechische und römische Alterthum beziehen, oder doch in dem Kostume derselben gedichtet, und seit dem Jahre 1753 erschienen sind. In: Deutsche Monatsschrift (Berlin) 1793, Bd. 2, S. 248-256.

Nield, Jonathan: A Guide to the Best Historical Novels and Tales [1902]. 3. Aufl. New York 1904, 5. Aufl. 1929.

Baker, Ernest A.: A Guide to Historical Fiction [1914]. Repr. New York 1968.

Bock, Hermann, Weitzel, Karl: Der historische Roman als Begleiter der Weltgeschichte. Leipzig 1922. Erster Nachtrag 1925. 2. Nachtrag 1931.

Luther, Arthur: Deutsche Geschichte in deutscher Erzählung [1940]. 2., erw. Aufl. Leipzig 1943.

Stössel, Dora: Bibliographie. In: Der historische Roman. Veröffentlichung der Bücherkundlichen Arbeits- und Auskunftsstelle für die Erwachsenenbildung in Schleswig- Holstein. Rendsburg 1954, S. 19-28.

MacGarry, Donald D., White, Sarah Harriman: Historical Fiction Guide. Annotated Chronological, Geographical, and Topical List of Five Thousand Selected Historical Novels. New York 1963.

Logasa, Hannah: Historical Fiction. Guide for Junior and Senior High Schools and Colleges, also for General Reader. 8. Aufl., Philadelphia 1964.

Frischauer, Paul (Hrsg.): Weltgeschichte in Romanen. 4 Bde, Gütersloh 1977 (Lizenzausgabe).

Holzner, Johann, Wiesmüller, Wolfgang (Projektleiter): Projekt: Der historische Roman von den Anfängen bis 1945. Universität Innsbruck.

Stein, Walther: Der historische Roman. Seine Bedeutung für Bildung und Erziehung. Eine Denkschrift. Leipzig o.J. [1917].

Luthner, Marie: Der historische Roman als Mittel geschichtlicher Bildung in den Schulen. Diss. München 1937.

Ott, Elisabeth: Historische Romane für Kinder und Jugendliche. Die römische Geschichte und die Französische Revolution im Spiegel der historischen Kinder- und Jugendliteratur der Jahre 1960 bis 1983. Frankfurt/M. 1985.

Scharioth, Barbara: Die Demontage des Helden im historischen Jugendroman. Beispiele von Dietlof Reiche, Willi Fährmann und Tilman Röhrig. In: Neue Helden in der Kinder- und Jugendliteratur. Ergebnisse einer Tagung. Hrsg.v. Klaus Doderer, Weinheim 1986, S. 39-46.

3.2. Forschungsgeschichte

Verglichen mit der anglistisch-amerikanistischen Situation hat sich die germanistische Gattungsforschung eher zurückhaltend ihres Gegenstandes angenommen. Trotz einer Reihe bedeutender Einzelstudien fehlen noch immer übergreifende monographische Darstellungen oder Interpretationssammlungen, die den Gattungsverlauf repräsentativ nachzeichnen: Zu nennen sind das Werk von Georg Lukács (1955), die systematisch-typologische Studie von Hans Vilmar Geppert (1976), beide komparatistisch angelegt, und die ebenfalls typologisch orientierte Arbeit von Schiffels (1975). Darüber hinaus informieren nur Handbuchartikel (Majut 1960), kürzere Aufsätze oder einführende Überblickskapitel in Spezialstudien über die gattungsgeschichtlichen Bewegungen. Wollte man auf dem Boden der derzeit verfügbaren Fachliteratur eine ›ideale‹ umfassende Gattungsmonographie herstellen, die neueren Ansprüchen genügt, so müßte man eine Art Werkkette aus Einzelstudien bilden, z.B. Sottong (1992) – Limlei (1988) – Westenfelder (1989) – Müller (1988) – Kohpeiß (1993). Die höchste Aufmerksamkeit hat nicht etwa der historische Roman des 19. Jahrhunderts oder des Realismus gefunden, sondern der Geschichtsroman im Umkreis der Exilliteratur. Methodengeschichtlich gesehen spielt die Studie von Eggert (1971) eine Schlüsselrolle, insofern sie zum ersten Mal systematisch das ›Massenmedium‹ historischer Roman mit empirisch-statistischen Verfahren analysiert. Bislang fehlen noch Studien über die Kritik und Theorie des historischen Romans (einschließlich der Quellendokumentation) nach dem Muster von Steineckes (1975) romanpoetologischen Kapiteln über die Restaurationszeit; zwar wird gelegentlich auf eine Magisterarbeit hingewiesen (Walter Pache: Die Theorie des historischen Romans in Deutschland. München 1965), die jedoch gegenwärtig nicht greifbar ist; ausdrücklich sei hingegen auf die ältere, aber wichtige und viel zu wenig bekannte Dissertation von Rees (1940) hingewiesen.

Die Erkundung der Gattungsgeschichte dreht sich um zwei Achsen: Die eine betrifft das ›leidige‹ Verhältnis von Geschichtswissenschaft und Poesie, die andere die ›Flurbereinigung‹ auf dem üppig wuchernden Feld der historischen Massenunterhaltung, die Sichtung des Bodens, auf dem ein authentisches Wissen über die Gattung errichtet werden kann. Der ›Fakultäten‹-Streit betrifft die undurchsichtige Praxis der mannigfaltigen Übergriffe; er entzündet sich zumal an der Leistung des Erzählens. Die ›Baulandgewinnung‹ betreibt Grundlagenforschung im Auftrag der ästhetischen Wertung und ideologiekritischen Aufklärung.

Die Forschungsgeschichte des historischen Romans geht aus seiner jeweils zeitgenössischen Kritik und Theorie hervor; das gilt für Julian Schmidt und Rudolf von Gottschall wie für Georg Lukács, sie waren sowohl Literaturkritiker als auch Verfasser akademischer Literaturgeschichten und übten zeitweilig normativen Einfluß aus.

Erste monographische Arbeiten entzünden sich am aktuellen Bild des historischen Romans. So stellt die Schrift von Gregorovius (1891) in weiten Teilen eine kritische Auseinandersetzung mit dem ›Vererbungsmodell‹ aus Freytags *Ahnen* dar. Abgesehen von den autoren- und werkbezogenen Themen scheint zunächst das trivialliterarische Umfeld der historischen Gattung ins Auge zu fallen (Müller-Fraureuth 1894). Mielkes erfolgreiche Roman-Geschichte ([4]1912, [5]1920) zeigt den historischen Roman als wiederkehrendes Genre der unterschiedlichen Epochen im 19. und frühen 20. Jahrhundert.

Von Grolmans literarästhetischer Essay (1929) bemüht sich darum, den historischen Roman als »Versuch, eine erdachte und vielleicht gedichtete Romanhandlung in einen Rahmen einzuspannen, der mehr oder weniger archivalisch vom Dichter erforscht und mit Historischem vom Künstler geschmückt ist« (Grolman 1929, S.589) aus der Zwickmühle zwischen Kino und historischer Belletristik herauszulösen. Die kritische Wägearbeit, deren Eichmaß in der Dichtung als dem »Selbst des Eigengesetzlichen« und der »Ewigkeit des Symboles« (Ebd., S.605) liegt, führt zu einer eher negativen Bilanz angesichts der Fülle von ›schematischen‹ Gebilden, die ihren inneren »Widerspruch zwischen der historischen Gattung und dem Wesen und Bedürfnis des Künstlers« (ebd., S. 588) nur in der Art des »Panoramaunternehmens« als Maskenspiel und »ästhetische Täuschung« (ebd., S. 594 f.) bewältigen können. Das odysseische »Hinabsteigen in die Klüfte der Historie, allwo die Schatten huschen und warten, bis sie wieder durch Einen zur Bedeutung gebracht werden könnten« (ebd., S.588), muß – mit wenigen Ausnahmen (*Witiko, Salammbô, Der Heilige, Der Teufel*) – als gescheitert gelten, denn es habe nur »puppige Theaterfiguren« hervorgebracht: »wenn sie reden, dann ists Feuilleton, und wenn sie handeln, dann ist es Kino und Krampf«. (Ebd., S.592)

Kaum beachtet wurde bis heute die Dissertation von Rees (1940). Sie stellt die erste umfassende Monographie des deutschsprachigen Geschichtsromans dar. Im Mittelpunkt steht die ›Theorie‹ des historischen Romans, doch ist seiner Geschichte gleichfalls ein Kapitel gewidmet. Rees ließ sich von Bernbaums Theorie-Revue (1926) anregen und ermittelte, was die bedeutenden, im *Reallexikon* (1. Aufl.) kanonisierten Literaturkritiker und Literarhistoriker über die Gattung zu sagen wußten; freilich mußten ihm gerade dadurch wichtige Quellen (Alexis, Menzel) entgehen. Für Rees beginnt die Geschichte des historischen Romans im Barock, sie erreicht zur Zeit der Romantik (also noch vor dem Scott-Einfluß) bereits eine erste Blüte, entfaltet sich dann in der Scott-Nachfolge kontinuierlich von Hauff und Alexis bis zu Stifter und C.F. Meyer als ihren Klassikern und erlebt (nach dem naturalistischen Leerlauf) ab 1905 mit den Werken Ricarda Huchs und E.G. Kolbenheyers abermals eine Renaissance. Rees weiß außer Huch und Kolbenheyer noch andere Autoren der Gegenwart zu nennen (einerseits Brod, Döblin, Th. Mann, A. Neumann und Feuchtwanger, andererseits Beumelburg, Blunck und Gmelin, gerade Heinrich Mann fehlt jedoch), die er als Beleg für die hohe Popularität der Gattung anführt. Die brisanten politischen Implikationen der Gattungsgeschichte werden lapidar mit dem Hinweis erledigt, »that authors of all grades of ability and shades of political opinion have cultivated the historical novel.« (Rees 1940, S.63)

Wehrlis »Übersicht« (1940/41) reicht vom barocken Geschichtsroman bis zu den nationalsozialistischen und mythologischen Werken der Kriegszeit; sie bietet eine Gattungsrevue in Miniaturformat, strebt aber eigentlich eine Typenlehre an, in der ›historische Belletristik‹, ›kulturhistorischer Roman‹ und ›Geschichtsdichtung‹ geschieden werden. So entsteht eine komplexe Poetik des historischen Erzählens, die ihre Differenzierung nach Maßgabe des Gestaltungsziels, der eingegangenen Geschichtsbindung und der möglichen ästhetischen Gefährdung vornimmt: Die historische Belletristik hat es mit der menschlichen Person (»Weltgeschichte« als »Abenteuer eines Einzelnen«, Wehrli 1940/41, S.96) zu tun, gewinnt aus der »Einheit des Lebensfadens« (ebd., S.95) ihr tektonisches Prinzip und setzt ihre typischen Darstellungsmittel (»intimer Blickpunkt, Anekdote, Detail, Leitmotiv«, ebd., S.96) zum Zweck imaginativer und emotionaler Wirkung ein; ihre Gefahr liegt in »Tendenz, Oberflächlichkeit, Effekthascherei.«(ebd., S.108) Der historische Roman Scottscher Provenienz (für Wehrli ein »Kind der Romantik« und durch Tieck und Arnim ›vorbereitet‹, S.97) sucht im 19. Jahrhundert die Anschaulichkeit einer sinnlich erfahrbaren (kollektiven) Kulturhistorie (im Bedarfsfall wissenschaftlich fundiert), mobilisiert jedoch im 20. Jahrhundert wieder die romantisch-volkhaften Kräfte zur Ausbildung nationaler, völkischer, rassistischer und mythischer Geschichtsbilder (Kolbenheyer, Gmelin, Inglin, Schmid-Noerr); als Fehlformen vermag Wehrli hier nur »Flucht in Romantik, Ästhetizismus und antiquarische Behaglichkeit« (ebd., S.108) zu nennen. Die Geschichtsdichtung schließlich (der Bogen reicht vom Barockroman über *Witiko* und *Jürg Jenatsch* bis zur christlichen Dichtung le Forts und Bergengruens) spürt dem »religiösen Rätsel des geschichtlichen Menschen und der geschichtlichen Schöpfungsordnung« S.107) nach; sie droht »zum sittlichen Exempel und zur idealen Monumentalität« (S.109) zu erstarren. Wehrli unterstreicht den typologischen Anspruch seines Entwurfs und schließt ihre Interpretation als »Rangordnung des künstlerischen Wertes« aus.

Georg Lukács' Monographie über den *Historischen Roman*, schon 1937 in Moskau veröffentlicht, aber erst 1955 in deutscher Sprache erschienen, zählt zu den bedeutendsten Arbeiten über das Genre, wenn sie nicht gar die wichtigste ist (vgl. Lützeler in: Roberts/Thomson 1991, S.35). Gewiß führt der marxistische Ansatz (gerade auch unter dem akuten Einfluß von Stalins Terror-Regime; Heller in: Roberts/Thomson 1991, S.21) zur parteikonformen und dogmatischen Verhärtung des Erkenntnisprozesses, auch lassen sich auf dem Hintergrund der gewaltig angewachsenen Spezialliteratur (Lukács behandelt ja nicht nur deutschsprachige Werke) viele Lücken, Fehlurteile und Irrtümer nachweisen; dennoch stellt der Versuch, den historischen Roman als europäisch-nordamerikanisches Phänomen zu begreifen, eine faszinierende Leistung der Literaturkritik und wissenschaftlichen Forschung unter schwersten Bedingungen dar. Das Bild vom historischen Roman, wie Lukács es mit dem Geltungsanspruch für nahezu anderthalb Jahrhunderte entwirft, ist durch den Namen Walter Scotts gekennzeichnet. Unabhängig davon, welchen Stellenwert Lukács' Scott-Auffassung in der wandlungsreichen Scott-Forschung einnehmen kann, darf gelten, daß seine kanonische Entscheidung für das Verständnis des historischen Romans aller Sprachen wegweisend ist. Zwar hat man Lukács vorgeworfen, daß ihn gerade seine Bindung an Scott gehindert habe, den modernen historischen Roman wahrzunehmen. Doch läßt sich wohl kaum die Behauptung beweisen, daß eine Scott-Lektüre das Verständnis des *Henri Quatre* oder der *Schlachtbeschreibung* ausschließe.

Nach Lukács läßt sich der historische Roman, der dem Muster Scotts folgt, im Koordinatenfeld der Begriffe Geschichte und Realismus kennzeichnen: Darstellungsziel ist es, das »Geradeso-Sein der historischen Umstände und Gestalten mit dichterischen Mitteln zu beweisen.«(S.38) Der Gegenstand der Darstellung liegt in der »Ableitung der Besonderheit der handelnden Menschen aus der historischen Eigenart ihrer Zeit.« (S.11) Die Methode für eine solche Darstellung liefert der »große realistische Gesellschaftsroman des 18. Jahrhunderts« (S.24). In näherer Kennzeichnung des Darstellungsgegenstandes geht es um »große Krisen des gesellschaftlichen Lebens« (S.30), die in jener Vergangenheit stattfanden, die als »Vorgeschichte der Gegenwart« (S.49) gelten darf. Der Begriff der Krisengröße wird präzisiert durch den Hinweis auf die »Umwälzungen des Volkslebens« (S.44), die Frage, wie Krisen entstehen, findet ihre Antwort in einer hegelnahen Konzeption von historischer Notwendigkeit (S.55 f.). Die zentrale Rolle der Volkstümlichkeit hat für die Figurenwahl und Figurenkonstellation des historischen Romans entscheidende Folgen. In Anlehnung an Otto Ludwigs Begriffsbildung erkennt Lukács im »mittelmäßigen« oder »mittleren Helden« das tragende Kompositionsprinzip des historischen Romans. Dieser Held heißt deshalb mittelmäßig, weil er »mit beiden Lagern [der Konfliktparteien] in eine menschliche Verbindung« gerät (S.30), weil er weiterhin eine »unbedeutende« erfundene Hauptfigur gegenüber der »bedeutenden« historischen Nebenfigur darstellt und weil er schließlich dem Dichter die Möglichkeit gibt, »gestalterisch jene ungeheuren menschlich heldenhaften Möglichkeiten aufzudecken, die im Volke ununterbrochen latent vorhanden sind, die bei jeder großen Gelegenheit, bei jeder tiefen Erschütterung des gesellschaftlichen oder des näheren persönlichen Lebens ›plötzlich‹ mit ungeheurer Wucht an die Oberfläche treten.« (S.48) Sowohl die Handlungsgestaltung als auch die Figurenwahl stehen demnach unter dem Einfluß der Volkstümlichkeitsvorstellung. Lukács bestimmt ›Volkstümlichkeit‹ in dreierlei Hinsicht: als »Echtheit und Erlebbarkeit der historischen Atmosphäre« (S.44), die es erlaubt, die »uns angehende, uns bewegende Entwicklungsetappe der Menschheit nach[zu]erleben« (S.37), als Inhalt der »großen Umwälzungen der Geschichte« und als »Gesamtheit des nationalen Lebens in ihrer komplizierten Wechselwirkung zwischen ›Oben‹ und ›Unten‹«.

Eine kritische Auseinandersetzung mit Lukács wird die gattungsgeschichtliche Monographie nicht aus dem übrigen Werk herauslö-

sen können. Geschichtsauffassung, Gesellschaftsbild, Realismus-
konzept und Romantheorie sind neuralgische Knoten eines ästhetischen Systems mit grundlegendem Anspruch. Seine Rezeptionsge-
schichte läßt sich hier nicht aufrollen. Hingewiesen sei nur auf den
Essay von Agnes Heller (in: Roberts/Thomson 1991), die trotz ihres
kritischen Zugriffs den *Historischen Roman* für das beste Werk von
Lukács hält. Es verbinde geschichtsphilosophische Fragen nach Geschichte, Modernität, menschlicher und epochaler Größe mit for-
mengeschichtlichem Interesse am Wesen von Roman, Novelle und
Tragödie (Heller in: Roberts/Thomson 1991, S.20). Heller legt die
romanpoetologisch relevanten Verknüpfungslinien zwischen der
frühen, vor-marxistischen *Theorie des Romans* und der im Geiste der
antifaschistischen Volksfront-Politik verfaßten Gattungsmonographie frei; sie rekonstruiert die dreifache Bedeutung von ›historisch‹
(jedes Kunstwerk – der Roman im Sinne Hegels – Scotts Roman),
arbeitet die Vieldeutigkeit des Begriffs ›mittlerer Held‹ heraus und
lenkt die Aufmerksamkeit auf die im Begriff angelegte, gefährlich
verquere Ethik, der zufolge eine ethisch hochwertige Figur (Morton
in *Old Mortality*) als mittelmäßig und ein gemeiner Mörder (Burley)
als hochwertig ausgewiesen wird. Sie glaubt darin einen historisch
bedingten Hang zur ›Umwertung‹ zu erkennen: »Precisely at the
time when ›The Historical Novel‹ was written, two diabolical ›he-
roes‹ were bringing death and devastation upon the world.« (Ebd.,
S.32) Heller analysiert schließlich Quellen und Facetten von Lukács'
Vorstellung über Volkstümlichkeit (»Russian and Hungarian popu-
lism, nineteenth-century German paternalism« und Herders Volks-
geist); für Lukács scheine ›Volk‹ einen besonderen Menschenkreis zu
meinen, eine Art vor-proletarische Klasse aus klugen, tapferen, aber
einfachen, ungebildeten Menschen, zu denen aber auch die schottischen Clans und insbesondere alle Frauen gehören (ebd., S.29 f.).

In der Zeit zwischen Lukács und Geppert – das sind immerhin
zwanzig Jahre – steht die Gattungsforschung nahezu still. Eine Reihe
von Einzeluntersuchungen wäre geeignet, das Bild vom Geschichtsroman zu modifizieren (Demetz und Wruck über Fontane, Killy
über Raabe, Gast über Alexis). Die einzige Neuerung mit paradig-
matischem Anspruch stellt Eggerts Studie (1971) dar. Am Beispiel
des Epochenausschnitts 1850 bis 1875 werden zum ersten Mal auf
authentischer (breiter) Grundlage Poetik, Ideologie und Distributi-
on eines ›Massenmediums‹ sichtbar. In einer glücklichen Vereinigung
des rezeptionstheoretischen Ansatzes (unter Einschluß statistischer
Verfahren) mit exemplarischen Interpretationen entsteht ein ver-
läßliches Bild der Gattungsgeschichte als Forum »bürgerlicher Be-
wußtseins- und Ideologiebildung« (Eggert 1971, S.124).

Nach Lämmert (1973) praktiziert der historische Roman, insofern er dem Grundsatz »der sinnlichen Vergegenwärtigung vergangener Begebenheiten und Personen« (Lämmert 1973, S.510) huldigt, das »zusammenhängende, ordnende, wissende Erzählen« (S. 511) zu einem Zeitpunkt, da in der allgemeinen Romantheorie (vgl. F. Schlegel) bereits das Unmögliche einer ganzheitlichen, vollständigen, einheitlichen und gegenwartsrelevanten Repräsentation der Welt im epischen Medium reflektiert wird. Lämmert hebt hervor, daß der historische Roman somit als Modell für Geschichtsverständnis überhaupt dient und daß diese Funktion zu charakteristischen Zeiten hervortritt (»daß zusammenhängendes Erzählen von sinnvoll abschließbaren Geschichten der Vergangenheit nach 1848 wie auch als Reaktion auf den Zusammenbruch aller Gegenwartshoffnungen im Exil nach 1933 Medium ist, einem tief gestörten Geschichtsverständnis Fassung zu geben.« S.510) Da Lämmert im Erzählen ein beweisloses Behaupten erkennt (»daß rein narrative Sätze Behauptungen ohne Begründung reihen«, S.511 f.), sieht er im Tatsachenroman die zukunftsträchtige Einlösung des epischen Auftrags, Welt total zu repräsentieren.

Daß der ›klassische historische Roman‹ Scottscher Prägung eine Fülle von Variationsmöglichkeiten eröffnet, die sich bis in die Gegenwart ausspielen lassen, zeigt Schiffels (1975) in seiner als Typologie angelegten Arbeit über die Formen des historischen Erzählens (also einschließlich der Novellenform). Viele bekannte und weniger bekannte Werke werden als Modelle für die abgetönten Formen des Zeit- und Kriegsromans vorgestellt. Für Schiffels liegt das entscheidende Kennzeichen für das historische Erzählen in jenen Texten, »die Geschichte und Geschichtlichkeit überhaupt thematisieren oder als bestimmenden Inhalt aufweisen« (Schiffels 1975, S.177); dieser weitgefaßte Begriff gestattet es, auch »erzählende Utopie und Science Fiction« in die Typologie einzuschließen.

Eine Wende in der Gattungsforschung stellt ohne Zweifel Hans Vilmar Gepperts Monographie (1976) über den »anderen« historischen Roman dar. Die Arbeit besticht durch ihren theoretisch ausgefeilten Zug, sie faßt das bisher gesammelte Wissen bündig zusammen, formuliert eine frappant neue Sicht ihres Gegenstands und regt dadurch zu weiteren Untersuchungen an. Am Anfang steht die Auseinandersetzung mit der ›communis oppinio‹. Diese besagt, daß jeder Geschichtsroman eine dichterische Verlebendigung der Vergangenheit bewirkt, das Allgemein-Menschliche aus dem Wandelbar-Geschichtlichen herausarbeitet und das Bild der Vergangenheit als Spiegel für die Gegenwart benutzt. Nach Geppert entsteht durch diese vertraute ›Poetik‹ die übliche Form des historischen Romans, die zu

Recht im Verdacht der Trivialität steht und auf den völkischen und faschistischen Roman (Geppert 1976, S. 152) vorausdeutet. Ihr stellt Geppert den Umriß einer anderen Romanform entgegen. Das Kriterium für diese romantypologische Opposition liegt in einem fiktionslogischen (von Ingarden her entwickelten) Konzept, dem »Hiatus von Fiktion und Historie« (Geppert 1976, S. 34 ff.). Vorausgesetzt, daß Fiktion und Historie kategorial geschieden sind, so folgt aus der fiktiven Darstellung geschichtlicher Ereignisse, daß diese Fiktion ›falsch‹ funktioniert (Aspekt der ›Mitdarstellung‹) und daß sie in ihrer verkehrten Rolle als Geschichtsschreibung ihr eigentliches fiktives Wesen selbst verrät. Der historische Roman kann mit dieser ihm grundsätzlich widerfahrenden Selbstbloßstellung in entgegengesetzter Weise umgehen: Er kann sie zu verdecken suchen; dann entsteht der ›übliche‹ historische Roman. Er kann sie aber auch deutlich akzentuieren; das kennzeichnet die Art des ›anderen‹ historischen Romans. Hier liegt die Basis für Gepperts dichotome Romantypologie, deren Merkmale sich etwa so entgegensetzen lassen:

»üblicher historischer Roman«	»anderer historischer Roman«
Objektivitätsillusion	fruchtbare Dichotomie von Zeichen und Gegenständen
Disziplin des Einsinnigen	emanzipierende Umerzählbarkeit
ideologisches Schließen	Offenheit der Sinnansprüche
Selbstevidenz	durchsichtiges, reflektiertes Experiment
illusionäre Schließung der sprachlichen Entwerfungs- und Mitdarstellungsfunktion	problembewußte Öffnung dieser Funktionen
Kontinuität der dargestellten Ereignisse	abhebbare Verflechtung von Phantastischem und Historischem, Privatem und Öffentlichem
räumliche Zentren, stabile Zeitverhältnisse, eindeutige Rollenverteilung	Distorsion der dargestellten Welt in ihren verschiedenen Formen
souveränes Erzählen	Relativierung des Erzählers bzw. des erlebend erschließenden Subjekts
gleichsinniges, kollektives Einverständnis der Leserschaft	selbständig urteilender, aktiv lesender, ergänzender, mitreflektierender Leser
ernst	spielerisch (s.v.a. S.148-50)

Es zeichnet sich (selbstverständlich) ab, daß die besseren historischen Romane (von den *Kronenwächtern* über *Odfeld* und *Wallenstein* bis zur *Schlachtbeschreibung*) alle dem ›anderen‹ Romantyp entsprechen, während die üblichen zwar gerne gelesen, aber desto heftiger gescholten werden müßten (*Lichtenstein, Die Hosen des Herrn von Bredow, Ein Kampf um Rom*); die Typologie erhält dadurch einen literarästhetisch normativen Zug, der nicht immer plausibel wirkt: Müssen wirklich *Witiko* (der bei Geppert keine Rolle spielt) oder *Vor dem Sturm* andere Romane sein, damit sie ihren Spitzenrang in der Gattungsgeschichte behalten? Oder wie anders sind die *Geschäfte des Herrn Julius Cäsar*, wenn trotz Umerzählbarkeit und Perspektivenwechsels der hier dargestellte Kampf gegen die Seeräuber als »Konsolidierung des Sklavenhandels« und die »Durchsetzung der ›Demokratie‹ als Erweiterung des Einflusses der Banken verstanden« werden »muß«? (Geppert 1976, S.201) (Wenn dies ein marxistisch inspiriertes Werk sein soll, kann es dann überhaupt ein ›anderer‹ Roman sein?) Hängt es gar am Geschick des Interpreten, ob ein Roman sich als üblich oder anders erweist? Wie zuverlässig ist die begriffliche Dichotomie? Wenn Fiktion und Historie »kategorial unterschieden« (ebd., S.34) sind, dann kann es doch eigentlich keine »Übersetzung historischer in fiktive ›Geschichten‹« (ebd., S.141) geben, denn in diesem Fall wären sie ja kategorial gleich, nämlich beide ›Sprache‹. Das anschließende Tolstoj-Beispiel zeigt einen reflektierenden Erzähler, der ganz genau weiß, was der Berichtsatz: »der Krieg brach aus« bedeutet; wäre er eine Figur im umerzählbaren Roman, so bliebe doch zumindest vorstellbar, daß dieselbe Rede-Instanz auch eine Geschichte vom heiligen, heldenhaften Krieg erphantasiert oder glaubwürdig zu Worte kommen ließe; das aber geschieht nicht. Zu vermuten ist also, daß auch der andere Roman Grenzen seines Spielraums zieht, um seiner nützlichen Rotation die solide Achse zu geben. Gegen eine Verabsolutierung dieses ›Hiatus‹ wendet sich neuerdings Limlei (1988) und erkennt für den historischen Roman des 19. Jahrhunderts eine eher gegenläufige Tendenz:

»Nicht das polare Nebeneinander von Historie und Dichtung, sondern die spezifische Vermittlungsabsicht zwischen geschichtlicher Welt und individualisiertem Entwurf; nicht der Hiatus zwischen Realität und Fiktion, sondern die wie immer problematische Absicht ihrer Verschränkung innerhalb eines dynamischen und zielgerichteten Handlungsverlaufs, können als die signifikanten Besonderheiten des historischen Erzählens bezeichnet werden.« (Limlei 1988, S.25)

Limlei legt die bislang umfassendste Interpretation der historischen Romane des 19. Jahrhunderts vor (berücksichtigt werden *Lichtenstein, Der falsche Woldemar, Ekkehard, Die Ahnen, Witiko, Ein Kampf um Rom, Jürg Jenatsch, Vor dem Sturm* und *Das Odfeld*).

Harro Müller (1988) unternimmt es in der Einleitung zu seinen vier Interpretationen, der Geppertschen Typologie einen historischen Zug zu verleihen und sie gleichzeitig so anzulegen, daß Überschneidungen im selben Werk möglich bleiben; auch hier lassen sich die Merkmale weitgehend polar entgegensetzen (wenn auch für den gegenwärtigen Zusammenhang keine absolute Symmetrie angestrebt wurde):

»traditioneller Typus«	»moderner Typus«
personell-individuelle Triebkräfte	systemische Prozesse
Subjektzentrierung	Subjektdezentrierung
biomorphe Stilisierung	
Psychologisierung der Geschichte	
Privatisierung der Geschichte	
universalgeschichtliches Kontinuum	
Geschichte	Geschichten-Pluralisierung prinzipiell umerzählbar
mimetisch abbildende Sprache	konventionelle Beziehung
klar gegliedert	
kausal aufschlüsselbar	
vorwiegend narrativ	
diachronische Schilderung	
Sinn-Totalität	
symbolische Deutung der Geschichte	allegorisches Deutungsverfahren
Identität	Differenz
Homogenität	Heterogenität
Kontinuität	Diskontinuität
Linearitätskonzepte	
Identitätspräsuppositionen	Differenzannahmen reflexive Verfahren metahistorisch Verfahren konstruktives Experiment

Im Gegensatz zu Döblin oder Lukács deutet Humphrey (1986) den historischen Roman als ein spezielles Genre und sieht in ihm einen wesentlichen Beitrag zur Historie. Den Zeitbegriff zugrundelegend, arbeitet er folgende Merkmale der Gattung heraus: Zeitkonflikt, Zusammenprall gegensätzlicher Zeitalter, geographisch-temporale Gegensätze, Reisemotiv, Motiv des Frontenwechsels, der Umbesinnung und des Schwankens, Erlebnis der Veränderung, Einfühlung in die Vergangenheit, Relativität (Pluralität) der Zeit(en), Interpretation von Berichten und ihre Entstehung .

An Geppert anknüpfend und doch mit dem Ehrgeiz, »zu differenzierteren Ergebnissen zu gelangen«, interpretiert Kebbel (1992) – inspiriert durch Paul de Mans *Allegorien des Lesens* – den »Hiatus« als ein »Paradoxon« und versucht zu zeigen, »an welchen Stellen im System des Textes die spezifische Form der Geschichtserzählung sich gegen sich selbst wendet und so das immer schon vorhandene Paradoxon akzentuiert.« (Kebbel 1992, S.16) Selbstreflexivität wird zum Leitfaden der Lektüre, die insbesondere drei Autoren (Scott, Brecht, Pynchon) gilt. Als Resultat zeichnet sich ein »Spielraum des historischen Romans« (ebd., S.19) ab: »Was Gepperts ›anderen‹ Typus auszeichnet, [...] ist grundsätzlich in jedem historischen Roman zu finden.« (Ebd., S.19)

Eine der anregendsten Arbeiten ist jüngsten Datums. Sottong (1992) setzt die durch Eggert eingeführte Fragestellung fort, indem er auf ein möglichst großes, von literaturkanonischer Entscheidung noch nicht eingeengtes Textkorpus zurückgreift. Methodisch unterscheidet er sich von Eggerts statistischem Zugang, indem er das Verfahren der semiotischen Textanalyse anwendet und so eine umfassende Liste äquivalenter und oppositiver Merkmale gewinnt, mit deren Hilfe er Werke gruppieren und gattungsgeschichtlich relevante Phasen textnah ermitteln kann. Sottong schickt der eigentlichen Untersuchung einen Definitionsvorschlag voraus, der sich zwar um mengentheoretisch gewappnete Exaktheit bemüht, aber doch nur Bekanntes wiederholt. Demnach lasse sich ein »narrativer literarischer Text« genau dann unter »Historisches Erzählen« subsumieren, wenn er drei Bedingungen erfüllt: wenn er in einer Zeit handelt, die vor seiner Entstehungszeit liegt, wenn sich diese beiden Zeiten in mindestens einer Hinsicht unterscheiden und wenn der Text »implizite oder explizite geschichtstheoretische Aussagen« (Sottong 1992, S.14-18) enthält. – Sottongs Ergebnisse erhellen nicht nur eine bestimmte Phase in der Geschichte des historischen Romans (manches Handbuchwissen muß demnach revidiert werden), sondern ergeben auch eine heuristische Plattform für die Untersuchung weiterer Epochen bzw. die typologische Differenzierung. So läßt sich der zentrale Gegensatz von Homogenität und Heterogenität, den Sottong als Kriterium der Epochalisierung verwendet, einerseits mit dem typologischen Gegensatz von üblichem und anderem Roman (Geppert 1976), andererseits mit dem (makro-)historischen Gegensatz von traditionellem und modernem Typus (Müller 1988) vergleichen. Wer die Betrachtung des Geschichtsromans nicht in der Art einer allgemeinen Werkinterpretation ausführen möchte, sondern gattungsspezifische Kriterien sucht, der findet bei Sottong vielfältige und dienliche Anregungen.

Gregorovius, Leo: Die Verwendung historischer Stoffe in der erzählenden Literatur. München 1891.

Du Moulin Eckart, Richard Graf: Der historische Roman in Deutschland und seine Entwicklung. Eine Skizze. Berlin 1905.

Mielke, Hellmuth: Der deutsche Roman. 4. Aufl., Dresden 1912.

Floeck, Oswald: Der historische und ethnographische Roman. In: O.F., Skizzen und Studienköpfe. Beiträge zur Geschichte des deutschen Romans seit Goethe. Wien 1918, S. 73-98.

Nußberger, M.: Historischer Roman. In: Reallexikon der deutschen Literaturgeschichte. Hrsg. Wolfgang Stammler, Paul Merker, Berlin 1925/26, Bd. 1, S. 502-510.

Bernbaum, Ernest: The Views of the Great Critics on the Historical Novel. In: PMLA 41(1926), S. 424-441.

Grolman, Adolf v.: Über das Wesen des historischen Romanes. In: DVjs 7(1929), S. 587-605.

Rees, Emory Keith: German Criticism of the Historical Novel from 1800 to the Present. Diss. University of Illinois 1940 (Microfilm Stadt- u. Univ.-Bibliothek Frankfurt/M; s.a. Abstract: Urbana 1940, 23 S.).

Wehrli, Max: Der historische Roman. Versuch einer Übersicht. In: Helicon 3(1940/41), S. 89-109

Lukács, Georg: Der historische Roman. Berlin (Ost) 1955.

Nussberger, Max, Kohlschmidt, Werner: Historischer Roman. In: Reallexikon, 2. Aufl., Bd. 2, 1958, S. 658-666.

Majut, Rudolf: Der deutsche Roman vom Biedermeier bis zur Gegenwart. In: Deutsche Philologie im Aufriß, 2. überarb. Aufl., hrsg.v. Wolfgang Stammler, Berlin 1960, Bd. 2, Sp. 1395-1406, 1518-1532, 1766-1781.

Demetz, Peter: Formen des Realismus: Theodor Fontane. Kritische Untersuchungen [1964]. Frankfurt/M. 1973.

Eggert, Hartmut: Studien zur Wirkungsgeschichte des deutschen historischen Romans 1850-1875. Frankfurt/M. 1971.

Lämmert, Eberhard: Zum Wandel der Geschichtserfahrung im Reflex der Romantheorie. In: Geschichte – Ereignis und Erzählung. Hrsg.v. R. Koselleck, W.-D. Stempel, München 1973, S. 503- 515.

Baumgarten, Murray: The Historical Novel: Some Postulates. In: Clio 4(1975), S. 173-182.

Schiffels, Walter: Geschichte(n) Erzählen. Über Geschichte, Funktionen und Formen historischen Erzählens. Kronberg/Ts. 1975.

Geppert, Hans Vilmar: Der ›andere‹ historische Roman. Theorie und Strukturen einer diskontinuierlichen Gattung. Tübingen 1976.

Humphrey, Richard: The Historical Novel as Philosophy of History. London 1986.

Limlei, Michael: Geschichte als Ort der Bewährung. Menschenbild und Gesellschaftsverständnis in den deutschen historischen Romanen (1820-1890). Frankfurt/M. 1988.

Müller, Harro: Geschichte zwischen Kairos und Katastrophe. Historische Romane im 20. Jahrhundert. Frankfurt/M. 1988.

Westenfelder, Frank: Genese, Problematik und Wirkung nationalsozialistischer Literatur am Beispiel des historischen Romans zwischen 1890 und 1945. Frankfurt/M. 1989.

Gallmeister, Petra: Der historische Roman. In: Formen der Literatur in Einzeldarstellungen. Hrsg.v. Otto Knörrich, 2., überarb. Aufl., Stuttgart 1991, S. 160-170.

Roberts, David / Thomson, Philip (Hrsg.): The Modern German Historical Novel. Paradigms, Problems, Perspectives. New York 1991.

Kebbel, Gerhard: Geschichtengeneratoren. Lektüren zur Poetik des historischen Romans. Tübingen 1992 (= Communicatio. Studien zur europäischen Literatur- und Kulturgeschichte, Bd. 2).

Matschiner, Arno: Historischer Roman. In: Literatur Lexikon. Hrsg.v. Walther Killy, Bd. 13, Gütersloh 1992, S. 401-404.

Sottong, Hermann J.: Transformation und Reaktion. Historisches Erzählen von der Goethezeit zum Realismus. München 1992.

Kohpeiß, Ralph: Der historische Roman der Gegenwart in der Bundesrepublik Deutschland. Ästhetische Konzeption und Wirkungsintention. Stuttgart 1993.

Anglistisch-amerikanistische Fachliteratur:

Binkert, Dora: Historische Romane vor Walter Scott. Diss. Zürich, Berlin 1915.

Sheppard, Alfred Tresidder: The Art & Practice of Historical Fiction. London 1930.

Füger, Wilhelm: Die Entstehung des historischen Romans aus der fiktiven Biographie in Frankreich und England. Unter besonderer Berücksichtigung von Courtilz de Sandras und Daniel Defoe. Diss. München 1963.

Wolff, Erwin: Zwei Versionen des historischen Romans: Scotts ›Waverley‹ und Thackerays ›Henry Esmond‹. In: Lebendige Antike. Symposion für Rudolf Sühnel. Hrsg.v. Horst Meller, Hans-Joachim Zimmermann. Berlin 1967, S. 348-369.

Fleishman, Avron: The English Historical Novel: Walter Scott to Virginia Woolf. Baltimore 1971.

Tippkötter, Horst: Walter Scott. Geschichte als Unterhaltung. Eine Rezeptionsanalyse der Waverley Novels. Frankfurt/M. 1971.

Iser, Wolfgang: Möglichkeiten der Illusion im historischen Roman. Sir Walter Scotts ›Waverley‹. In: W.I., Der implizite Leser. Kommunikationsformen des Romans von Bunyan bis Beckett. München 1972, S. 132-167.

Baumgarten, Murray: The Historical Novel: Some Postulates. In: Clio 4(1975), S. 173-182.

Gamerschlag, Kurt: Sir Walter Scott und die Waverley Novels. Eine Übersicht über den Gang der Scottforschung von den Anfängen bis heute. Darmstadt 1978.

Müllenbrock, Heinz-Joachim: Der historische Roman des 19. Jahrhunderts. Heidelberg 1980.

Palomo, Dolores: Toward a Poetics of the Historical Novel. In: Cahiers romaines d'études littéraires 3(1981), S. 71-80.

Schabert, Ina: Der historische Roman in England und Amerika. Darmstadt 1981.

Aldridge, A. Owen: Some Aspects of the Historical Novel after Lukács. In: Literary Theory and Criticism. Festschrift Presented to René Wellek, Bd. 2, Bern 1984, S. 677-687.

Borgmeier, Raimund, Reitz, Bernhard (Hrsg.): Der historische Roman I: 19. Jahrhundert. Der historische Roman II: 20. Jahrhundert. Heidelberg 1984.

Mengel, Ewald: Geschichtsbild und Romankonzeption. Drei Typen des Geschichtsverstehens im Reflex der Form des englischen historischen Romans. Heidelberg 1986.

Dekker, George: The American historical romance. Cambridge 1987.

4. Geschichtlicher Abriß des historischen Romans

Die Entwicklung des historischen Romans ist gekennzeichnet durch Wandlungen in der Themenwahl (Zeiträume, Lebenswelten, Figurenprofile), Spielräume der Verwertung (Geschichte als Vorgeschichte mit aufsteigender bzw. fallender Tendenz, Beispiel, Information, Sensation und Exotik), Veränderungen der Rezeptionsangebote (Verstehen, Erklären, Verherrlichen und Kritisieren von Handlungen und Begebenheiten, Demonstration von Suchwegen und Einstellungsproblemen) und Wechsel der erzählerischen Verfahren (erzählen – montieren, orientieren – verwirren, suggerieren – distanzieren). Keiner der genannten Faktoren ist gattungsspezifisch, so daß die gattungsgeschichtliche Linie immer durch ›externe‹ Zusammenhänge mitbestimmt wird. Dennoch verschärft der eigentümliche Wirklichkeitsanspruch des historischen Romans und sein bildungspolitischer Kurswert (vor allem in betont nationalen Zusammenhängen) die Effekte der allgemeinen literatur- und romangeschichtlichen Faktoren, so daß als gattungsspezifische Besonderheit am dichterisch verarbeiteten Geschichtsstoff eine gesteigerte Symptomatik für grundsätzliche literaturpolitische und geschmackssoziologische Strömungen erscheint; nicht umsonst wird mit dem Begriff des historischen Romans allenthalben die Wert- und Zwitterhaftigkeit assoziiert.

Über die Entwicklung des historischen Romans im deutschsprachigen Raum zu berichten, kann nicht mehr als einen Notbehelf darstellen. Eigentlich verläuft die Gattungsgeschichte in weltliterarischen Dimensionen, und wo sie sich national- oder regionalspezifisch verengt, treten die internationalen und überregionalen Bezüge (ganz abgesehen von der ›übersetzenden‹ Kommunikation) immer wieder hervor. Durch Scott geriet gesamteuropäisch und transatlantisch eine epische Sonderform in Bewegung. Es gibt heute kaum eine Nationalliteratur, die das Form-Modell des historischen Romans nicht irgendwie adaptiert hätte: In Ungarn sind historische Romane ebenso vertraut (Jókai: *Siebenbürgens goldne Zeit*, 1851) wie in Rumänien (Sadoveanu: *Reiter in der Nacht*, 1952), Albanien (Kadaré: *Die Festung*, 1972), Georgien (Abaschidse: *Lascharela*, dt. 1975), Estland (Kross: *Der Verrückte des Zaren*, 1978). Griechische (Kazantzakis: *Freiheit oder Tod* 1953), serbische (Andric: *Die Brücke über die Drina*, 1945), tschechische (Jirásek: *Die Hundsköpfe*, 1884), polnische (Sienkiewicz: *Quo vadis?*, 1895/96), finnische (Waltari: *Sinuhe der Ägypter*, 1945), dänische (Jacobsen: *Frau Marie Grubbe*, 1876), spanische (Larreta: *Don Ramiro*, 1908) und portugiesische (Saramago: *Das Memorial*, 1982) Romane sind für eine international ausgreifende Gattungsgeschichte nicht weniger interessant, als die englischen, französischen, italienischen, russischen und nordamerikanischen Titel; auch in Lateinamerika spielen Geschichtsromane, Familiensagas und Chroniken eine wichtige Rolle.

4.1. Historische Romane vor und neben Scott

Romane mit geschichtlichen Stoffen sind nahezu so alt wie der Roman selbst. Xenophon soll den ersten historischen Roman geschrieben haben. Das Alte Testament enthält eine Vielzahl ›geschichtlicher‹ Bücher. Heliodor flicht in die *Aitiopika* Geschichtliches ein (Feuchtwanger: *Haus der Desdemona*, 1961, S. 30). Die phantastischen Ritterromane des späten Mittelalters enthalten historische ›Splitter‹. Joan Martorells altkatalanischer Roman *Tirant lo Blanc* (1490; dt. 1990) gibt (und verkehrt) ›nachschlagbare Geschichte‹. Thüring von Ringoltingens *Melusinen*-Bearbeitung (1456) kann bereits als »eine Art historischen Romans« (Roloff 1969 im Nachw. der Reclam-Ausg., S.158) verstanden werden.

Die epischen Haupt- und Staatsaktionen im 16. und 17. Jahrhundert präsentieren antike und germanische Vergangenheit als Kostüm für Liebesgeschichten im Geschmack der eigenen Entstehungszeit bzw. als Rollenspiel für große Zeitgenossen (Feuchtwanger, S. 30 f). Cholevius (1866) nannte sie tatsächlich »historische Romane«, als er den Plan faßte, die »Fortbildung des historischen Romans im 18. Jahrhundert« (Cholevius 1866, S. X) um dessen Vorgeschichte im 17. zu erweitern und somit Werke zu retten, über die Literaturgeschichten hinweggehen, weil niemand die Mühen der Lektüre auf sich nimmt. Nach Cholevius ging der historische Roman aus den »Amadisbüchern« hervor; unter dem Einfluß des »griechischen Romans« befreite er sich vom »phantastischen Idealismus« (ebd., S.11) und wandte sich dem Historisch-Heroischen zu. Damit öffnete er sich den Weg zu »Natur und Wahrheit« (ebd., S.8). Im Unterschied zu den Franzosen (Calprenède, Scudéry) hätten die Deutschen »das Menschenleben selbst in's Auge« gefaßt und »den Geschichtsroman zum Spiegelbilde der moralischen Welt« (ebd., S.9) erhoben. Ja selbst ein »Sinn für das Vaterland« (S.11) lasse sich feststellen. Cholevius vermerkte durchaus die Eigenart der Barockromane, geschichtliche

Überlieferungen der eigenen Gegenwart anzupassen (ebd., S.14), doch beeinflußte das nicht seinen Begriffsgebrauch. Für Wehrli (1940/41) macht sich im historisierenden Barockroman eine »dichterische Theodizee der Geschichte« geltend; es gehe um den Versuch, »eine Art Modell der wesentlichen Geschichte zu konstruieren«: »das erzählte Geschehen ist die Verkleidung eines zweiten, aktuelleren Ereignisses aus der Geschichte oder der zeitgenössischen Gesellschaft. Historische Dichtung wird hier im buchstäblichen Sinn ›Pseudohistorie‹.« (Wehrli 1940/41, S.104) Zu denken gibt, daß Wehrli diese Art der ›Geschichtsdichtung‹ mit der christlich-modernen von Bergengruen oder le Fort vergleicht (ebd., S.108).

Der berühmte Romankritiker Gotthard Heidegger (1698) kannte bereits diese ›historischen Romane‹ und warf ihnen vor, was sie zeitlebens hören werden:

»Es seyn einige Romans, die den Zettel auß wahrhafften Historien entlehnen / wie der *Arminius, Cleopatra, Statira* &c. aber indem sie ihn mit erlognen Umständen durchweben / oder auch wahrhaffte Historien under alten Nammen / mit falschen Circumstanzen beymengen / wie der ›Arminius‹, werden sie vil schlimmer / als die vorigen [Romans] / denn sie machen die wahrhaffte Geschichten zu Lügen / sie liegen nicht allein / sonder affrontieren auch höchlich die unschuldige Wahrheit / und indem sie mit ihrem Lügenschmier dieselbige verstellen / und / was einem nachsinnenden Gemüth / das ärgste und unerleidlichste ist / fälschen und erstücken sie auß eignem Stör-Kopff die Eventus und Verläuffe [...]« (Heidegger 1698, S.73 f.).

Die wissenschaftliche Gattungsgeschichte hat diese Versuche zu einer ›vorzeitigen‹ Ahnengalerie des Genres ausgestrichen. Auch der neueste Handbuchartikel (Matschiner 1992) weiß nichts von einem historischen Roman vor Scott. Mag auch der Barockroman die Schwelle zur historischen Epik im modernen Sinn nicht überschritten haben und deshalb allenfalls ›pseudo-historisch‹ heißen, so ist doch schon seit längerem bekannt, daß auf jeden Fall das 18. Jahrhundert einen wichtigen Beitrag zur Theorie und Praxis des historischen Romans geleistet hat. Schon Gervinus (1853) machte auf Stiltendenzen aufmerksam, die auf eine Zeit vorausdeuten könnten, in der

»es endlich besser gelang, die Zeitcharaktere zu individualisieren durch Kompositionen, Charaktere und Färbungen, die nach ernsteren geschichtlichen Studien im Geist der Zeiten gedacht und entworfen waren, und die so das dürre Gerippe der historischen Ueberlieferung mit dem runden Fleische der Dichtung umgaben.[...] Am ernsthaftesten und wissenschaftlichsten hat in Deutschland den Geschichtsroman Wieland im Aristipp (1800) behandelt« (Gervinus 1853, S.326; vgl. zu Wielands Anteil Kind 1956)

Nach einer Reihe eher unbeachtet gebliebener Spezialstudien (Pantenius 1904, Braune 1925, Schreinert 1941) leistete ein Aufsatz von Lieselotte Kurth (1964) in dieser Hinsicht Pionierarbeit, und die Dissertation von Michael Meyer (1973) stellte den Zusammenhang monographisch und auf breiter Quellengrundlage dar. Demnach setzte sich um die Jahrhundertmitte die Forderung nach einer wissenschaftlichen Form der Geschichtsschreibung durch (nach Kurth 1964, S.339: Ansätze zu einer genetischen Interpretation des Vergangenen, Theorie des Milieus, zuverlässige Darstellung). Kein Historiker darf sich seitdem der Grundregel entziehen: »Er muß die Sache so vorstellen, wie sie geschehen ist« (Johann Friedrich Burscher, nach Kurth 1964, S.340); seine oberste Tugend heißt Klugheit, womit das quellenkritische Vermögen gemeint ist. Zugleich rückt die Kardinalfrage der Gattungspoetik, »die Frage nach dem grundsätzlichen Verhältnis zwischen objektiver verläßlicher Historiographie und fiktiver historischer Erzählung« (ebd., S.342) in den Vordergrund. An dieser Diskussion beteiligt sich auch die Literaturkritik, indem sie die barocke Art der Kostümkulisse tadelt und anläßlich ›moderner‹ historischer Romane (z.B. Johann Heinrich Gottlob von Justis *Geschichte des Psammitichus*, 1759) die Vorteile historischer Stoffe und der durch sie bedingten wirklichkeitsnahen Darstellung diskutiert. Schon Kurth weist – wie nach ihr ausführlicher Meyer – auf die zentrale Rolle der Romane von Benedikte Naubert und Leonhard Wächter (Veit Weber) hin, die mit ihrer immanenten Werkpoetik (Bild vergangener Sitten und Gebräuche, eher mittlere Hauptfiguren, Betonung des allgemein Menschlichen, Tendenz zu nationalgeschichtlichen Stoffen, Vermischung von Historiographie, Chronik und Erfindung) einerseits auf die Romantik, andererseits auch nach England gewirkt haben. So kommt Kurth zu dem Ergebnis: »Der moderne historische Roman ist kein Phänomen, das plötzlich und ohne Vorbereitung in Erscheinung trat.« (S.362)

Die in der zweiten Jahrhunderthälfte einsetzende geschichtswissenschaftliche Diskussion und ihre Folgen für Theorie und Praxis des historischen Romans bzw. ›historischen Gemäldes‹ der letzten beiden Jahrzehnte stehen im Mittelpunkt der Dissertation von Michael Meyer. Auf breiter Quellenbasis entfaltet der Autor den Streit um die wissenschaftliche Notwendigkeit der ›Erfindung‹ und die poetische Legitimität des historischen Erzählens. Das Überraschende der Ergebnisse liegt darin, daß wir hier Argumenten begegnen, die bereits an Hayden Whites Position erinnern. Den kargen Annalen und Chroniken nämlich, die nur Fakten aneinanderreihen, wird eine psychologisch durchwirkte ›historische Malerei‹ entgegengestellt, die dem Ideal des historischen Romans entspricht, obwohl sie

Geschichtsschreibung sein möchte. Die Grundlage für eine solche Gleichschaltung des wissenschaftlichen und fiktionalen Erzählens liegt in einer ›Theorie der pragmatischen Geschichtsschreibung‹, wie sie in den 60er Jahren des 18. Jahrhunderts von der Göttinger Historiker-Schule entwickelt wurde. Gemäß ihrer Vorstellung kann wahre Historiographie nur aus dem Prinzip »anschauend gemachter Erzählung« entstehen:

»Der Wirkung nach sind [...] anschauend gemachte Erzählungen des Dichters und des Geschichtschreibers einerley; von beyden wird, wenn sie ihren Gegenstand recht behandeln, bey dem Leser ideale Gegenwart der erzählten Dinge und durch Hülfe derselben Rührung des Herzens, Neigung zur Tugend, Vergnügen u. dgl. gewirket.« (Gatterer 1767; zit. n. Meyer 1973, S.121)

›Evidenz‹, also »Vergegenwärtigung, Verlebendigung von vergangenen Stoffen« (Meyer 1973, S.123), war somit oberstes, gemeinsames Prinzip. Ungewiß scheint hier allenfalls zu bleiben, wer wen angeregt hat: Entstand der Roman aus der pragmatischen Geschichtsschreibung, oder entfaltete sich diese aus traditionell epischen Grundsätzen? Meyer plädiert für einen Mittelweg und nimmt die Wirkung einer gemeinsamen Quelle an: »die Bemühung um eine bessere Erkenntnis der menschlichen Psyche und ihre Übertragung in eine wissenschaftlich gesicherte Beschreibung der Natur des Menschen, die allein Voraussetzung für eine wirksame Erziehung des Menschengeschlechts im Sinne der Aufklärung sein konnte.« (Ebd., S.124) Die Vergleichbarkeit zwischen wissenschaftlicher Darstellung und geschichtlichem Roman nimmt auf Grund der einsetzenden quellenkritischen Diskussion sogar noch zu. Die Entdeckung, daß selbst Quellen fingiert sind und daß gerade auch die Beobachterperspektive und mit ihr der Chronist, der bislang als zuverlässigster Zeuge für vergangene Ereignisse galt, die Fakten verwandle und verfälsche, bestärkte die Verteidiger der ›Zwittergattung‹ in ihrer Zuversicht, das ›Recht‹ der Erfindung im Umgang mit Fakten und ihren besonderen Wahrheitswert auch gegenüber der wissenschaftlichen Konkurrenz behaupten zu können. Stefan Heyms Ethan (*Der König David Bericht*) wird die Passion des historischen ›Reporters‹ am eigenen Leib erfahren. Und auch die Erzählerin des Kohlhaas wird Ähnliches entdecken: »Ich hatte gedacht, sie [die Chroniken] händigten mir die reine Wahrheit aus, die ich dann für immer in mein Notizbuch übertragen könnte.« Dabei nehmen sie »alle Freiheiten eines Romanautors in Anspruch« und sind nichts anderes als »phantastische moralindurchsetzte Räuberpistolen, sie kegeln mit Personen, Namen, Jahren.« (Plessen: *Kohlhaas*, 1979, S.135 f.)

Schillers Absichtserklärung im Vorwort zu seiner *Geschichte des*

Abfalls der vereinigten Niederlande kann geradezu als Prolegomena für den kommenden historischen Roman gelesen werden:

»Meine Absicht bei diesem Versuche ist mehr als erreicht, wenn er einen Theil des lesenden Publikums von der Möglichkeit überführt, daß eine Geschichte historisch treu geschrieben seyn kann, ohne darum eine Geduldprobe für den Leser zu seyn, und wenn er einem andern das Geständniß abgewinnt, daß die Geschichte von einer verwandten Kunst etwas borgen kann, ohne deswegen nothwendig zum Roman zu werden.« (Nationalausgabe, Bd. 17, S.9)

Die Idee einer lesbaren »wahren Geschichte«, die das Kunstpublikum mit der Fachwelt vereint, stellt die Geburtsstunde des historischen Romans dar und ruft zugleich seine Kritiker auf den Plan (»weil Historisches und Unhistorisches als zwei einander ganz entgegengesetzte Elemente nie ein harmonisches Ganzes bilden können.« Karl Morgenstern 1820, zit.n. Steinecke 1975, Bd. 1, S.44)

Die historischen Romane des späten 18. Jahrhunderts, die aus diesem Geist geschrieben wurden (Feßler, Meißner, V. Weber, B. Naubert), sind längst vergessen. Dennoch lösten sie zu ihrer Zeit in Deutschland wie auch in England Wirkungen aus, die bis ins erste Drittel des 19. Jahrhunderts reichen. Noch Eichendorff wird »Frau Naubert« als »vielleicht die objektivste aller dichtenden Frauen« nennen (Werke und Schriften, hrsg.v. G. Baumann, IV,838). In der Frühzeit der Scott-Rezeption 1819 gelten Feßler und Meißner als Begründer des historischen Romans (Carl Nicolai; Meyer 1973, S.195), und auch Wienbarg (1835) weiß Veit Weber als Vorgänger Scotts anzuführen (Meyer 1973, S.235). Scott selbst hat nachweislich Nauberts *Herrmann von Unna* (1788) und *Alf von Dülmen*(1790) gelesen (Meyer 1973, S.208 f.) und konnte bei ihr bereits sein eigenes episches Verfahren ›lernen‹, bei dem ein fiktiver, mittlerer Held die geschichtlichen Begebenheiten und Figuren vermittelt. Diesen Zusammenhang bemerkten die Zeitgenossen durchaus (ebd., 1973, S.209 mit Hinweis auf eine Quelle von 1827); Schreinerts Habilitationsschrift über die »Begründerin des deutschen nationalhistorischen Romans« (Schreinert 1941, S.98) beschrieb ausführlich Prinzip und Wirkung des Naubertschen »Zweischichtenromans« (ebd., S.101) und identifizierte Arnim als »Schüler der Dichterin, deren Liebe zur Vergangenheit bei ihm durch das völkische Erlebnis in leidenschaftliche Liebe zur nationaldeutschen Vergangenheit gewandelt und veredelt ist.« (Ebd., S. 100 f.)

Literatur

Romane

Naubert, Benedikte: Walther von Montbarry, Großmeister des Tempelordens. 2 Bde., Leipzig 1786.

Wächter, Leonhard: Sagen der Vorzeit. Berlin 1787 ff.

Kotzebue, August von: Ildegerte, Königin von Norwegen. Historische Novelle. Reval 1788.

Meissner, August Gottlieb: Spartacus. Berlin 1792.

Fessler, Ignaz Aurel: Attila, König der Hunnen. Breslau 1794.

Vulpius, Christian August: Majolino. Ein Roman aus dem sechzehnten Jahrhundert. 2 Bde., Leipzig 1796.

Arnim, Achim von: Die Kronenwächter. Erster Band: Berthold's erstes und zweites Leben. Berlin 1817

Sekundärliteratur

Heidegger, Gotthard: Mythoscopia Romantica: oder Discours Von den so benanten Romans [...] Zürich 1698, Faks.Ausg. hrsg.v. Walter Ernst Schäfer, Bad Homburg v.d.H. 1969.

Gatterer, Johann Christoph: Vom historischen Plan, und der darauf sich gründenden Zusammenfügung der Erzählungen. In: Allgemeine historische Bibliothek. Hrsg.v. J.Ch. Gatterer, 1. Bd., Halle 1767, S. 15-89.

Nachtigal, Johann Konrad Christoph: Ueber Geschichtschreiber und Dichter, als Quellen historischer Wahrheit. In: Deutsche Monatsschrift, Berlin 1792, Bd. 1, S. 316-336, Bd. 2, S. 6- 25.

Fischer, Gottlob Nathanael: Ueber den historischen Roman. Ein Brief an Herrn D. Feßler zu Karolath. In: Deutsche Monatsschrift, Berlin 1794, S. 66-87.

Anon.: Für und wider den sogenannten historischen Roman; in zwei Briefen. In: Kritische Bibliothek der Schönen Wissenschaften, Köthen, Bd. 2, 1795, Heft 1 (= Heft 7 von Jg. 1), S. 1(=491)-20, Heft 6, S. 399-447.

Anon.: Ueber den historischen Roman. In: Annalen der Philosophie und des philosophischen Geistes von einer Gesellschaft gelehrter Männer. Hrsg.v. Ludwig Heinrich Jakob, 1(1795), Philosophischer Anzeiger, 21. Stück, Sp. 161-164.

K-e: Einige Gedanken über die historischen Romane bey Gelegenheit des Attila, König der Hunnen, von D. Fessler. In: Annalen der Philosophie und des philosophischen Geistes, 1(1795), Philosophischer Anzeiger, 45. Stück, Sp. 353-356.

Feßler, Ignaz Aurel: Einige Gedanken über H. K—e's Einwendungen gegen den historischen Roman bei Gelegenheit des Attila K.d.H. von D. Feßler. In: Annalen der Philosophie und des philosophischen Geistes, 1(1795), Philosophischer Anzeiger, 52. Stück, Sp. 409-416.

Feßler, Ignaz Aurel: An die ästhetischen Kunstrichter der Deutschen. In: Berliner Archiv der Zeit und ihres Geschmacks. Hrsg.v. F. Maurer, März 1796, S. 242-269.

Gervinus, G.G.: Geschichte der Deutschen Dichtung. Fünfter Band. 4. verb. Aufl., Leipzig 1853.

Cholevius, Leo: Die bedeutensten deutschen Romane des siebzehnten Jahrhunderts. Ein Beitrag zur Geschichte der deutschen Literatur. Leipzig 1866, unveränderter repr. Nachdr. Darmstadt 1965.

Müller-Fraureuth, Carl: Die Ritter- und Räuberromane. Ein Beitrag zur Bildungsgeschichte des deutschen Volkes. Halle a.S. 1894.

Pantenius, Walther: Das Mittelalter in Leonhard Wächters (Veit Webers) Romanen. Ein Beitrag zur Kenntnis der beginnenden Wiederbelebung des deutschen Mittelalters in der Literatur des achtzehnten Jahrhunderts. Diss. Leipzig 1904.

Braune, Hertha: August Gottlieb Meissners historische Romane. Diss. masch. Leipzig 1925.

Bauer, Rudolf: Der historische Trivialroman in Deutschland im ausgehenden 18. Jahrhundert. Diss. München 1930.

Schreinert, Kurt: Benedikte Naubert. Ein Beitrag zur Entstehungsgeschichte des historischen Romans in Deutschland. Berlin 1941 (= Germanische Studien, Heft 230).

Herrle, Inge: Der historische Roman von Novalis bis Stifter. Studien über seine Funktion im 19. Jahrhundert. Diss. masch. Leipzig 1952.

Kind, Helmut: Christoph Martin Wieland und die Entstehung des historischen Romans in Deutschland. In: Gedenkschrift für Ferdinand Josef Schneider. Hrsg.v. Karl Bischoff, Weimar 1956, S. 158-172.

Beaujean, Marion: Der Trivialroman in der zweiten Hölfte des 18. Jahrhunderts. Bonn 1965.

Kurth, Lieselotte E.: Historiographie und historischer Roman: Kritik und Theorie im 18. Jahrhundert. In: MLN 79(1964), S. 337-362.

Meyer, Michael: Die Entstehung des historischen Romans in Deutschland und seine Stellung zwischen Geschichtschreibung und Dichtung. Die Polemik um eine »Zwittergattung« (1785- 1845). Diss. München 1973.

Ebenbauer, Alfred: Das Dilemma mit der Wahrheit. Gedanken zum ›historisierenden Roman‹ des 13. Jahrhunderts. In: Geschichtsbewußtsein in der deutschen Literatur des Mittelalters. Hrsg.v. Christoph Gerhard. Tübingen 1985, S. 52-71.

Reisenleitner, Markus: Die Produktion literarischen Sinnes: Mittelalterrezeption im deutschsprachigen historischen Trivialroman vor 1848. Frankfurt/M. 1992.

Achim von Arnim

Unabhängig von der Scott-Mode und gegen ihren Geschmack entwirft Arnim einen Roman, der den Vergleich mit der von Scott in Bewegung gesetzten Gattungsgeschichte herausfordert (vgl. Elchlepp 1967, S. 340-358). Die Frage, inwiefern Arnims Fragment zu einer Tradition paßt, die zum Zeitpunkt seines Entstehens (spä-

testens 1812) noch nicht oder nicht mehr (hinsichtlich der Diskussion der 90er Jahre) aktuell ist, provoziert eher komplexe Antworten.
Da es aber ausdrücklich um »Dichtung und Geschichte« sowie um
»Sage« geht, kommt das Zuordnungs- und Abgrenzungsinteresse
nicht von außen, sondern entspringt der programmatischen Steue-
rung des Blickpunkts durch den Erzähler. Gewiß lassen sich *Die
Kronenwächter* hinsichtlich ihrer Wirkung nicht mit dem vergleichen, was das Markenzeichen des historischen Romans im allgemeinen und der ›Titel‹ Scotts im besonderen erwarten läßt; Arnims Fragment gehört zur Gruppe der (zu Unrecht) lange vergessenen und
mißachteten Werke; eine gattungsgeschichtliche Standortbestim-
mung bleibt somit ein eigenartig konstruierter, historisch isolierter
Entwurf ohne institutions- bzw. funktionsgeschichtlichen Wir-
kungswert. Mit *Lichtenstein* (trotz der Überschneidungen in Zeit-
wahl und Sagenform), *Ekkehard* oder *Ein Kampf um Rom* kann Arnims Werk nicht ›konkurrieren‹ (Vordtriede 1962, S.155), vielleicht
aber schon mit *Witiko* und neuerdings bestimmt mit *Vor dem Sturm,
Das Odfeld* und *Wallenstein* (Geppert 1976); das heißt, auch in der
wissenschaftlichen Praxis der Gattungszuordnung spielte der üble
Ruf der Gattung eine wesentliche Rolle.

In neuerer Zeit hat Lützeler (1983, S.44-46) die Gattungsdiskus-
sion bündig zusammengefaßt. Demnach sprach sich die Mehrzahl
der Interpreten für eine Zuordnung zum historischen Roman aus,
die qualifizierteren Argumente dagegen bestritten einen solchen Zusammenhang (Vordtriede 1962, Elchlepp 1967), allerdings nur unter
der Voraussetzung eines bestimmten, ›eng‹ gefaßten Begriffs vom
Geschichtsroman. So verlieren die minutiösen Argumente
Elchlepps, die den Unterschied zur ›typischen‹ Form nachweisen
(Daten, Fakten, Konkurrenz mit Geschichtswissenschaft, empfun-
dener Zwiespalt zwischen Dichtung und Geschichte, Eindimensio-
nalität, realistische Relativierung des Wunderbaren), ihr Gewicht angesichts der lapidaren Regelung des Begriffsverständnisses durch
Döblin (1936, S.169): »Der historische Roman ist erstens Roman und
zweitens keine Historie.« Erwartungsgemäß verschob sich das Ru-
brizierungsproblem auf die grundsätzliche Ebene der Begriffsbestimmung. Hier half insbesondere Gepperts Konstrukt des »anderen« historischen Romans weiter. Im Kräftefeld dieser typologischen
Alternative erfuhr gerade der früheste Roman zwischen »Dichtung
und Geschichte« einen Modernisierungsschub, der auf Döblin und
die Gegenwart vorausweist. Nach Geppert (1979) vollzieht sich in
den *Kronenwächtern* die Umwandlung des goethezeitlichen Bil-
dungsromans in einen so zu nennenden ›historischen Entwicklungsroman‹ (Sottong: Transformation. 1992, S.35, schlägt dafür den Aus-

druck ›historischer Initiationsroman‹ vor). Lützeler schließlich plädiert für den Begriff des ›Sagen-Romans‹, um dem poetischen Verfahren des Fragments (alte Sagen werden ausgewertet, historische Daten im Raum des Sagenhaften umgedeutet, neue Sagen erfunden) gerecht zu werden; Lützeler ist sich bewußt, daß ein solcher Prototyp historisch wirkungslos blieb, weist aber auf moderne Ansätze hin (Tolkiens *Ring*-Sage), die als Wiederaufnahme der Arnimschen Form verstanden werden könnten.

Arnims Fragment steht noch nicht im Bann des Historismus, aber die Art seiner Vermittlung von Dichtung und Geschichte, seine erfindungsreichen Übergriffe ins Reich des Urkundlichen müssen sich bereits gegenüber dem Vermischungsverbot der Brüder Grimm rechtfertigen. Hält man sich an die »Einleitung«, so erscheint »Geschichte« als Raum für die »Werke des Geistes« (S.19), die im Gegensatz zu den Werken des Pfluges im Lauf der Zeit immer unverständlicher und unbrauchbarer werden. Dabei gelten dem Autor gerade diese »vergänglichen Werke als ein Zeichen der Ewigkeit«. (S.20) Der Ewigkeitsbegriff umfaßt ein heilsgeschichtliches Bild des Geschichtsverlaufs (»Die Geschichte der Erde, Gott wird sie lenken zu einem ewigen Ziele«, S.21) und gehört zu jener »Heimlichkeit der Welt« (S.21), in die einzusehen nur der »Dichtung« vergönnt ist. Die Art dieses Blickes ist entscheidend, gemeint ist kein direktes Sehen, sondern eher ein vermitteltes Deuten. Man kann sagen: ›Schreiben‹ und ›Lesen‹ (»Ganz Schwaben ist dem Reisenden ein aufgeschlagenes Geschichtsbuch«, S.23) bezeichnen die eigenartigen Wahrnehmungsformen, ein erwachendes Erinnern oder »Sehen höherer Art« (S.21), das die Geschichte nicht etwa objektiviert, sondern ›mediatisiert‹, als »Kristallkugel« gebraucht, deren Güte sich durch »Klarheit, Reinheit und Farbenlosigkeit« (S.21) auszeichnet. Der ›historische Roman‹ wird bei Arnim zum Rückweg von der »Geschichte der Erde«, der »irdisch entfremdete[n] Welt zu ewiger Gemeinschaft«. (S.21) Zur vertikalen Bewegung tritt aber auch die horizontale Spanne zwischen früherer Zeit und jetzigem Zustand, zwischen ehemaligem »Mittelpunkt deutscher Geschichten« und »Bild des Untergangs«. (S.23) Zwischen »Schauplatz« und ›Versteck‹ deutet sich eine Fallinie an, die ihren symbolischen Ausdruck im utopisch-realistischen Gegensatz von »Kronenburg« und »Hohenstock« findet und sich als Irrgang der kruden Macht und zeitfremden Donquijoterie (Lützeler 1983) vollzieht.

Wenn *Die Kronenwächter* in der Geschichte des historischen Romans eine Rolle spielen sollen, so stehen sie für eine Variante in der Zeit des Vor-Historismus, deren zeitgenössische Isolation aufzuheben wäre im Verein all jener Romane, die gegen den Historismus und über ihn hinaus ihre Geschichte verarbeiten. Der zentrale geschichtliche Konflikt (Machtkampf zwischen staufischen Kronenwächtern und Habsburgern, Legitimität des Erbkaisertums, Zentralismus), die gegenwartskritischen Implikationen (Napoleon, Restauration; dazu Lützeler 1983), die Konturen eines historischen (Elchlepp 1967, S.349) Antihelden (Vordtriede in *Kindlers Literatur Lexikon*) und die Wahl einer begrenzten Erzählperspektive (Elchlepp 1967, S.352 f.) lassen sich als Brechungseffekte jener »Kristallkugel« verstehen, die gerade wegen ihrer »Klarheit, Reinheit und Farbenlosigkeit« die ›bunte‹ Geschichte hervorbringen kann. Arnim ›siegt‹ nicht über Scott (Vordtriede 1962, S.156), wenn er dem Wirkungsdruck nicht nachgibt, und er muß nicht zum »Scott-Jünger« (Elchlepp 1967, S.367) verkommen, wenn er als Autor eines historischen Romans gelten soll; Scott hat ohnehin (trotz Alexis) keine gleichwertige Entsprechung in der deutschen Literatur gefunden (vielleicht kommt ihm erst Feuchtwanger an Güte und Umfang nahe). Möglicherweise aber entlastet Arnims gattungsgeschichtlicher Anteil den historischen Roman von dem Vorwurf, sein vermeintlich unwillkürlicher Hang zum ›Antiquarischen‹ habe den trivialen epischen Historismus eröffnet und befördert; gewiß steht Arnims Fragment ›von Anfang an‹ für die zukunftsweisende Erweiterung des Begriffs vom historischen Roman.

Literatur

Vordtriede, Werner: Achim von Arnims ›Kronenwächter‹ [1962]. In: Deutsche Romane von Grimmelshausen bis Musil. Hrsg.v. Jost Schillemeit, Frankfurt/M. 1966, S. 155-163 (Interpretationen, Bd. 3).

Elchlepp, Margarete: Achim von Arnims Geschichtsdichtung ›Die Kronenwächter‹. Ein Beitrag zur Gattungsproblematik des historischen Romans. Diss. Berlin 1967.

Geppert, Hans Vilmar: Achim von Arnims Romanfragment ›Die Kronenwächter‹. Tübingen 1979.

Lützeler, Paul Michael: Achim von Arnim: Die Kronenwächter (1817). In: Romane und Erzählungen zwischen Romantik und Realismus. Neue Interpretationen. Hrsg.v. P.M. Lützeler, Stuttgart 1983, S. 38-72.

Ricklefs, Ulfert: Kunstthematik und Diskurskritik. Das poetische Werk des jungen Arnim und die eschatologische Wirklichkeit der ›Kronenwächter‹. Tübingen 1990.

4.2. Im Banne Scotts

Der Begründer des historischen Romans im engeren und wohl auch vertrauteren Sinn heißt Walter Scott. Seine *Waverley Novels* gelten bis heute als (facettenreicher, also keineswegs strikt einheitlicher) Prototyp einer epischen Sonderform, die in der Weltliteratur ihre unverkennbare Spur hinterlassen hat (Cooper, Manzoni, de Vigny, Zagoskin). Es wäre nicht abwegig, die Geschichte des historischen Romans im Spannungsfeld zwischen Scott-Nähe und Scott-Ferne aufzurollen und so das gesamte Spektrum der Nachahmung, Übertragung, Anverwandlung, Differenzierung, Weiterführung, Abwandlung, Parodie, Destruktion und Neugestaltung sichtbar zu machen. Von den drei Phasen, die nach Eggert (1983) die Gattungsgeschichte im 19. Jahrhundert ausmachen, steht die erste im Bann der Scott-Nachwirkung (gefolgt von Reichserwartung und Professorenroman)

Entstehung und Verbreitung des historischen Romans in der Art Walter Scotts hängen von verschiedenen Faktoren ab. Die Herausbildung eines Geschichtsbewußtseins und die Etablierung der Geschichtswissenschaft stellt nur einen Faktor unter mehreren dar. Zu nennen ist darüber hinaus insbesondere jene Epoche, die mit der französischen Revolution beginnt und mit der Zerschlagung der Napoleonischen Macht endet. Die Schlüsselbegriffe der Revolution von 1789 enthalten Momente, die den historischen Roman als erzählte Geschichte ermöglichen: Freiheit als Autonomie der politischen Subjekte, Gleichheit als Berechtigung und Beteiligung aller zum bzw. am öffentlichen Handeln, Brüderlichkeit als Einheit des öffentlichen nationalen Lebens, des miteinander Handelns und der ›Liebe‹ zur Umwelt – sie alle stellen Eckwerte für Erzählungen dar, die davon ausgehen, daß Menschen ihre Geschichte selbst machen. Das Volksheer der Revolution, die Massenkriege Napoleons und die Befreiungskämpfe der Restauration führten die Bedeutung kollektiver und ›begeisterter‹ Subjekte vor Augen, erwiesen Geschichte als Erlebnisfeld aller. Die Idee der Vaterlandsverteidigung (seither eine griffige Münze in jeder Hand) weckte und beförderte das Interesse an der ›eigenen‹ Geschichte, aktivierte Geschichtsbewußtsein für die nationale bzw. territoriale und regionale Identitätsfindung.

Sozialgeschichtlich spielt das Aufkommen des Bürgertums und seiner Denkweise für den historischen Roman eine wesentliche Rolle. Leistung, Bildung, Vernunft, Besitz und Familie sind ›Lernziele‹, die sich im Curriculum der Geschichtserzählung auswirken werden: Kognitiv geht es um Wissen, Gesinnung und Erwerbsplanung, emotiv um Liebe, Freundschaft und Heimat und pragmatisch um Fertigkeiten auf dem Feld des Kämpfens, Verdienens und Propagierens. Mentalitätsgeschichtlich beeinflußt die Idee des Universalismus alles ›Bürgerlichen‹ den Spielraum des historischen Erzählens: Auf dem Hintergrund der Überzeugung, daß die menschliche Natur eigentlich überall und jederzeit dieselbe bleibe, geraten individuelle, zeitliche, ethnologische, geographische und regionale Besonderheiten ins Blickfeld und konstituieren Geschicht als Bezirk all dessen, was trotz der gleichschaltenden Aufklärung auf seiner Fremdheit beharrt; so entsteht der historische Roman als Plattform für ›Alterität‹.

Literaturgeschichtlich gesehen, geht von Goethes *Götz von Berlichingen* die entscheidende Anregung auf Scotts Werk aus (s. Scotts Übersetzung, 1799). Hinzu kommt die Entdeckung des Volkslieds (der Ballade zumal; vgl. Scotts Sammlung *Minstrelsy of the Scottish Border* 1802/03) als poetische Spur einer vom Untergang bedrohten, ganz ›anderen‹ Kultur; daß die Geschichte der menschlichen Taten nicht als Mechanik des immer Gleichen oder fortwährend Besseren zu verstehen ist, sondern als wellenförmiger Prozeß des Emporkommens und Versinkens, enthüllte sich gerade auch am Schicksal der Volkspoesie. Der historische Roman entsteht weiterhin im Konkurrenzverhältnis zur florierenden Schauer- und Ritterromantik (›gothic novel‹, vgl. Hugh Walpoles *Castle of Otranto*); auch diese epische Unterhaltung spielt mit Vergangenheit, selbst wenn sie das individuell Geschichtliche im Schema der ›romance‹ auflöst, während Scotts ›novel‹-Form sich eher nach dem ›history‹-Modell (Fielding) richtet und den landschaftlichen Realismus einer Maria Edgeworth aufgreift.

In der deutschsprachigen Romandiskussion des frühen 19. Jahrhunderts dient Scott über das engere Interesse an der Konstituierung einer Untergattung hinaus als Angelpunkt für die Orientierung an einem neuartigen Romanmuster überhaupt, das man als *Waverley*-Typus dem bislang vorherrschenden *Wilhelm Meister*-Typus (›Individualroman‹) entgegensetzte (Steinecke 1975; dazu kritisch Sottong 1992); gerade unter dem Titel des historischen Romans erhält der noch weithin gering geachtete Roman überhaupt eine neue Dignität. – Scotts erster Roman *Waverley; or 'Tis Sixty Years Since* erschien 1814 anonym (populär wurde der bereits 1814, spätestens aber seit 1817 namentlich bekannte Autor jedoch erst durch *Ivanhoe*, 1819); produktions- wie rezeptionsgeschichtlich bildet *Waverley* den Anfang einer ›Serie‹, deren ›Kettenreaktion‹ moderne Züge der Buchproduktion, des Marktes und Konsums aufweist. Dennoch enthält diese Reihe Klassiker, deren ästhetischer Rang bis heute Anerkennung findet. Im einzelnen sind folgende gattungsbegründende Eigenarten von Scotts Romanwerk zu nennen:

1.) Zum ersten Mal gewinnt die neue, begriffliche Abstraktion von Geschichte konkrete Gestalt im Zusammenhang des Erzählens. Scott gibt dem Roman das Geschichtsthema (um seiner selbst willen) und führt es in mannigfachen Variationen aus. Der Geschichte liegt demnach eine Dramaturgie zugrunde, die den vermeintlich steten Verlauf zur kollisionsreichen Spannung zwischen entgegengesetzten Zeiten (»picturesque«) umorganisiert; Vergangenheit erweist sich als Krisengeschichte, und ihre Schürzungen und Lösungen vollziehen sich nach dem dramatischen Gesetz der Notwendigkeit. Auf dem Spiel steht nichts gänzlich Fremdes, sondern gerade jene Entscheidungssituation, die das zeitgenössische Publikum noch angeht; somit tritt die Geschichte im Gewand des Nationalen auf und geht in den Besitz der Leserschaft ein. Die Begriffsbildung ›Unsere Geschichte‹ zeigt darüber hinaus aber auch die Nähe der Vergangenheit an, die als ›Vorgeschichte‹ der Gegenwart geradezu persönlich-familiär greifbar erscheint; den Großeltern noch war sie erlebbar, und so enthüllt sich Geschichte als das, was ›wir (in den Erzählungen der Unseren) erleben‹. Ihr Inbegriff liegt nicht in einem Haufen von Namen, Daten und Papier, sondern in einem ›Sinn‹, der sich persönlich und familiär erfahren läßt, indem man Geschichtlichem begegnet und in der Art des Abenteuers darin verwickelt wird. Den Angelpunkt der schweifenden Entfernung vom vertrauten Heute hin zum riskanten Abenteuer mit dem Gestern bildet das Bewußtsein von der Gleichheit im Unterschied; nur dadurch wird die dramatische Individualität des Vergangenen für die Folgezeit verstehbar. – Der historische Roman wird seine ›Geschichte‹ als Mittel zu verschiedenen Zwecken einsetzen (Eggert 1983, S.352): als spannungsvolles Korrektiv für die Gegenwart, verschüttete Tradition, Flucht aus der Gegenwart, verschlüsselte aktuelle Tendenz und Dekoration.

2.) Das neue Geschichtsbild hängt wesentlich mit einer für Scott eigenartigen Figurenkonzeption zusammen: Im Zentrum steht ein ›mittlerer Held‹. Er ist trotz seiner epischen Hauptrolle eine erfundene Figur und stellt die wesentliche Voraussetzung für den ›romantischen Spielraum‹ des Erzählers dar; die historischen Gestalten und somit die eigentlichen ›Geschichtsakteure‹ hingegen gehören zu den Nebenfiguren. So verwirklicht sich das Geschichtsdrama immer schon als Erlebniserzählung. Das ›Mittlere‹ dieses Helden besteht darin, daß er als durchschnittlicher Mensch antiheroisch (›bürgerlich‹ im Sinn des 18. Jahrhunderts) konzipiert ist und somit lesernah erscheint, daß er weiterhin die politischen Fronten, zwischen die er gerät, im Horizont seiner Erfahrungen und nach Maßgabe seiner Bedürfnisse vermittelt (Lukács) und daß er schließlich eine personifizierte Wahrnehmungsperspektive darstellt (Iser), die dem Leser die wechselnden Stadien der Geschichtsbegegnung präfiguriert. Der mittlere Wert der Hauptfigur bereitet auf die fiktiven Volksfiguren vor, die entweder in Haupt- oder Nebenrollen die Scottsche Romanwelt bereichern. Sie zeugen nicht nur vom hiermit beginnenden geschichtlichen Lokalkolorit der ›menschlichen Natur‹, sondern vom Anteil des Volkes am öffentlichen Geschehen; wenn die berühmten historischen Nebenfiguren als Handlungsmächtige erscheinen, so verdanken sie ihr politisches Vermögen einer Repräsentanzfunktion und Wechselwirkung (Lukács), die ihren Grund in eben diesem Volksleben hat. Von diesem ›mittleren Helden‹ ist der Protagonist vom Typus Ivanhoe oder Georg Sturmfeder zu unterscheiden: Nach Eggert (1983, S.345) trägt der Held als parteiergreifendes Idol folgende Merkmale: Er tritt als verläßlicher und selbstbewußter Untertan des Souveräns auf, beweist oder erwirbt einen überzeugten Patriotismus und greift auf Grund seiner persönlichen Tüchtigkeit in das geschichtsbewegende Geschehen ein; er ist trotz gelegentlicher Armut wirtschaftlich weitgehend unabhängig, sich seines sozialen Wertes bei Anerkennung von Standesunterschieden bewußt und hat im übrigen ein schlichtes Gemüt. Sottong (1992) sieht in ihm den Repräsentanten eines »Wertsystems der Mitte«, der die Eigenschaften eines idealen bürgerlichen Bewußtseins in sich vereint.

3.) Scotts historische Romane werfen die Kardinalfrage nach dem »Verhältnis des Romans zur Wirklichkeit« (Steinecke, 1975a, S.44) auf. Ihre authentische Antwort geben sie mit einem Werk-Bild, das den epischen Text, die lyrischen Mottos, die nachträglich vorangesetzten Einleitungen, die fiktiven Briefe und historisierenden Anmerkungen zur charakteristischen (facettenreichen) Einheit verschmolzen hat. Solche ›Jahresringe‹ der poetischen Laune wurden wirkungsgeschichtlich und literaturpädagogisch bald abgehobelt; übrig bleibt dann die ›nackte‹ Erzählung mit ihrem frappanten Realismus im ›romantischen‹ Zeit-Gewand. In solchen Verfälschungen zum Zwecke der Vermarktung gehen die historischen Grundlagen einer realistischen und ironischen Erzählweise verloren, die ihre Wirklichkeitssuggestion als literarische und fiktionale Leistung ausweist. Scott bildet nicht Tatsachen ab, sondern wertet Schrifttum und Aussagen aus, um epische Wirklichkeit zu ›verschachteln‹; ob dabei er oder vielmehr seine heutigen ›dekonstruktivistischen‹ Interpreten in eine »Aporie«(Kebbel: Geschichtengeneratoren, 1992, S.59) geraten, mag unentschieden bleiben.

4.) Scott selbst brachte die Gattungsgeschichte in Bewegung, als er dem *Waverley*-Typus seiner Romane einen *Ivanhoe*-Typus zur Seite stellte. Scheinbar hat er damit nur den Zeitabstand zwischen historischem Sujet und Schreibergegenwart vergrößert. Tatsächlich aber wurde davon das Vorgeschichten-Konzept berührt; die Einbindung der Geschichtserfahrung in die Gegenwart lockerte sich und ermöglichte einen Einstellungswechsel, demzufolge Geschichte sich zum exotischen Abenteuer verfremdete. Daß gerade dies den Ruf-Horizont der Gattung noch heute ausmacht, bezeichnet eine wesentliche Konstante der Gattung im Bereich der literarischen (wie medialen) Unterhaltung.

Es ist selbstverständlich, daß im Laufe von zwei Jahrhunderten das literaturkritische und literaturwissenschaftliche Scott-Bild mannigfaltige Veränderungen erfahren hat; die Gattungsgeschichte des historischen Romans an Scott zu binden, heißt einen Klassiker und eine Norm zu wählen, die sich ›Tag für Tag‹ ändern; insofern bedeutet die Orientierung der Gattungsgeschichte an der Scott-Nachfolge keine dogmatische Einengung. Was Scott tatsächlich ›möglich‹ gemacht hat und noch immer erwirkt, läßt sich nur historisch ermitteln, aber nicht typologisch eingrenzen.

Scotts Wort zur eigenen Sache findet sich in seinen Vorworten, die von der Wirkungsgeschichte gern überlesen wurden. Eine besondere Bedeutung kommt dem »Dedicatory Epistle to the Rev. Doctor Dryasdust, F.A.S. Residing at the Castle Gate, York« zu, der den *Ivanhoe*-Roman einleitet; denn hier geht es anläßlich einer neuen Variante des historischen Romans (der örtlichen Verschiebung nach England und des zeitlichen Rückgriffs auf das Mittelalter) um grundsätzliche Fragen. Im Mittelpunkt steht die Absicht, ein wahres Abbild zu geben; ›wahr‹ bedeutet die Einhaltung des Wahrscheinlichen und das Bemühen um Individualität. Als Gegenstände der Abbildung werden Sitten, Dialekt und Charakter genannt; mit ihnen sind einerseits ›bürgerliche‹ Lebensformen gemeint, die sich durch Privatheit, Häuslichkeit und Familiarität auszeichnen, andererseits exotische, die wild, primitiv und extravagant anmuten und doch in der regionalen bzw. temporalen Nachbarschaft begegnen; solche Begegnungsszenen werden akut in einer Art geographischer Engführung vom Englischen über das Schottische zum Hochländischen oder im Prozeß der Rückerinnerung an Großeltern und Ahnen. Als Quellen für solche Abbildungsgegenstände dienen Geschichtsbücher und ›Naturbücher‹, d.h. die unmittelbare Erfahrung des Nebeneinanders zweier Regionen, modern gesagt: die Entdeckung der Spuren des Interkulturellen. Der Zweck der Abbildung liegt in der Gestaltung des Unterschieds, des unmerklichen Wandels und dessen, was die Ausdrücke ›romantic‹ und ›sublime‹ bedeuten. Die Abbildungsverfahren lassen sich als Vermischung von Wahrheit mit Fiktion sowie als Wahrung der Konsistenz-Regel umschreiben. Der Scottsche ›Brief‹-Schreiber ist sich der Brisanz dieses Verfahrens bewußt; er kennt den ›ästhetischen‹ Vorwurf, zur Erfindung unfähig zu sein bzw. das Reich der Epik zu verletzen, ebenso wie den ›archivalischen‹ Tadel der Geschichtsfälschung. Dagegen setzt er die Überlegenheit der poetischen Geschichte über die ›staubige‹, beruft sich auf die alt-ehrwürdige poetische Freiheit, entwickelt die Vorstellung von einer natürlichen Identität entfernter menschlicher Lebensbereiche und hält seiner Schreibweise eine größere Verständlichkeit zugute. Dieses Muster der ›Theorie und Rechtfertigung‹ des Geschichtsromans wird sich in der Auseinandersetzung um »Sinn und Unsinn«, »Segen und Gefahr« sowie um die »Schwierigkeiten« des historischen Romans leitmotivisch und unter mannigfaltiger Variation bis in die Gegenwart fortsetzen.

Die Analysen zur geschichtlichen Entwicklung der Romankritik (Steinecke 1975) haben gezeigt, daß um 1830 die Scottsche Romanform den bis dahin dominierenden Individualroman ablöste. Damit macht sich ein anderer, demokratischer Volksroman (Menzel 1827) geltend, der wesentlich die Entwicklung des Gesellschaftsromans beeinflußt hat. Scott galt als Garant für die Möglichkeit, vergangenes Leben ohne Einmischung des Erzählers verlebendigen zu können und rückte so zum geschätzten Muster für Objektivität auf. Der Fall Scott konnte überdies belegen, daß auch aus der Praxis und nicht nur aus der Theorie poetologische Regeln hervorgehen können. Das philosophische Gepäck des bisherigen Romans erweist sich angesichts der natürlichen Lebensfülle im Geschichtsroman als unnötiger Ballast. Wenn Scott die Rolle des individuellen Helden dämpft, sie zum transzendentalen Subjekt der Wahrnehmung von Wirklichkeit und Geschichte verflüssigt, so arbeitet er dem modernen Bild vom negativen Helden entgegen.

Schon in der ersten Jahrhunderthälfte durchlaufen die Romane nach Scotts Vorbild eine wellenförmige Erfolgsgeschichte. Nach 1830 gerät der historische Roman unter den Jungdeutschen in den Verdacht, die Flucht aus der Wirklichkeit in eine ruhigere Vorzeit zu befördern (Wienbargs »faule Fische«; Steinecke 1976, S.109). Das Prosaische der Gattung wird nun wieder – getreu der klassizistischen Tradition – als Ideenlosigkeit abgewertet. Wenn der historische Roman überhaupt in günstigem Licht erscheint, dann nur unter der Bedingung, daß er sich strikt auf die Gegenwart bezieht (Gutzkow: »epischer Parallelismus«). Scotts Objektivität steht dem neuen Gebot der Parteilichkeit im Wege. Die romangeschichtlichen Folgen der jungdeutschen Haltung sind erheblich, denn sie verfehlten jene Auswertung des historischen Genres für den modernen Gesellschaftsroman, der in Frankreich (Stendhal, Balzac) gelang (Steinecke 1975, S.76).

Während der vierziger Jahren zeigt sich in der Gattungseinschätzung abermals ein verändertes Bild: »Der ›Übergang‹ vom Roman des ›Privatlebens‹ zu dem von den Liberalen erstrebten Roman der ›politisch-socialen Zustände‹ wurde zuerst im historischen Roman erreicht.« (Steinecke 1975a, S.146) Diese Neubesinnung auf die Ausdrucksmöglichkeiten des Genres erfolgt unter der Voraussetzung, daß nunmehr nationale Stoffe aus der neueren Geschichte gewählt werden sollten, damit sich ein innerer Zusammenhang mit der Gegenwart ergibt. So entsteht das Bild des »modernen historischen Romans«, der eigentlich schon Gegenwartsroman ist (Steinecke, S.151). Hermann Kurz hat diese Form des historischen Gegenwarts- und Gesellschaftsromans am überzeugendsten angestrebt (Eggert 1980); seiner Auffassung nach gewinnt der Erzähler gegenüber dem Historiker ein neues Gewicht, indem er berufen ist, gerade solche »Lücken auszufüllen«, die ein ganzes Zeitalter bzw. einen Gesellschaftszustand charakterisieren. Implizit warf er damit dem »Volk« und wohl auch der offiziellen Geschichtsschreibung vor, nur solche »Wahrzeichen« zu pflegen, auf die man stolz sein könne, und solche wegzuwerfen, deren man sich »schämt« (Kurz: Sämtliche Werke, 1904, VII,166).

Die Vielfalt der Formen und Wege bei der Verarbeitung historischer Stoffe im Roman der ersten Jahrhunderthälfte lassen zu Recht daran zweifeln, »ob es überhaupt sinnvoll ist, von einem historischen Roman zu sprechen« (Sengle 1972, II,845). Von Anfang an rückt eine Pluralität der Werke in den Blick, die in merkwürdigem Gegensatz zum historisch wie typologisch eher markanten ›Polaritätsprofil‹ des Begriffs steht.

Eine modifizierte Phasenbildung der Gattungsgeschichte des historischen Romans schlägt neuerdings Sottong (1992) vor. Er unterscheidet zwischen dem goethezeitlich geprägten »historischen Initialroman« und dem zwischenzeitlichen (also nachgoethezeitlichen und vorrealistischen) »historischen Zeitroman«. Die erste Phase erstreckt sich über die Zeit von 1815 bis 1830, die zweite von etwa 1830/33 bis 1848/49/50 (hier schwanken die Angaben ohne nähere Begründung). Neu an dieser Sicht ist die Dämpfung des Scott-Einflusses und die Hervorkehrung älterer, goethezeitlicher Traditionen. Sottong berücksichtigt das bislang umfassendste Textkorpus an historischen Romanen in dieser Zeit, so daß seine Ergebnisse besonderes Gewicht erhalten. Seine Analysen (methodisch der struktural-semiotischen Textanalyse verpflichtet) führen zu einer beachtlichen Liste von gattungsrelevanten Merkmalen, deren Äquivalenz- und Oppositionsrelationen es erlauben, textnah epochenrelevante Zäsurierungen vorzunehmen.

Im Hinblick auf die erste Phase spricht sich Sottong gegen die Vorstellung von einer Ablösung des Individualromans durch das Scott-Muster aus; dennoch läßt sich das bisher Gewußte mit dem Neu-Erkannten verbinden, da die Gegensätze vom unterschiedlich gewählten Material herrühren: hier die Romane, dort literaturkritische Dokumente). Nach Sottong setzt der historische Roman von Arnims *Kronenwächtern* (1817) bis Koenigs *Die hohe Braut* (1833) den Bildungsroman der Goethezeit unter dem Schirm des ›Initiationsromans‹ fort. Auch in dieser Werkgruppe (u.a. Spindlers *Bastard*, Hauffs *Lichtenstein*›, Tiecks *Aufruhr*, Rehfues' *Scipio* und mit Übergängen zur folgenden Phase Rellstabs *1812* sowie Alexis' *Cabanis*) mache sich der typische Dreierschritt von Aufbruch, entscheidendem, läuterndem Erlebnis und Ankunft geltend, nur mit dem einen Unterschied, daß die Zielstrebigkeit im historischen Genre eher wieder einen zyklischen (genauer wohl spiralenförmigen) Bogen zum Ausgangspunkt zurückschlägt und somit deutlich (geschichts-)restaurative Züge trägt (der Roman erreicht nicht sein Geschichtsziel und begnügt sich mit dem Ausgangspunkt in der Hoffnung auf spätere Erfüllung). Das geschichtliche Ziel ist auch hier eng an das Bild der begehrten Geliebten (der »Einzigen«) geknüpft, die zugleich einen verläßlichen, (relativ) gleichbleibenden Maßstab für private wie politische Entscheidungen des Protagonisten darstellt. Der Held, der sich auf diese Weise (jetzt nicht ›bildet‹, sondern eher) ›sozialisiert‹, unterscheidet sich nach Sottong grundlegend von dem ›mittleren Helden‹, wie man ihn bisher verstanden hat. Er repräsentiere eine eher bürgerliche Kraft des Aufstiegs zwischen zwei gleichermaßen abgewerteten Extremen, dem aristokratischen Oben und dem plebejischen Unten. Symptomatisch für seinen gesellschaftlichen Erfolg ist die ›Mesalliance‹, die als wesentliche Komponente des allgemeinen ›Vermischungsprinzips‹ das ›Wertsystem der Mitte‹ hochzeitlich ausschmückt und den Geschichtsprozeß, ein typisches Abenteuer, idyllisch im familiären ›Rückzugsraum‹ abschließt.

In der zweiten Phase (also etwa in den 30er und 40er Jahren) tritt an die Stelle des historischen Initiationsromans eine Art historischer Zeitroman (Sealsfield: *Der Legitime und die Republikaner*, Tieck: *Vittoria Accorombona*, Alexis: *Die Hosen des Herrn von Bredow*, Koenig: *Die Clubisten in Mainz* u.a.m.). Dieser Romantypus entfaltet statt der Adoleszenzgeschichte eine Lebensgeschichte; hier treten mehrere Zentralfiguren auf, das Interesse liegt eher auf der Darstellung des Mannesalters, und die historischen Konflikte enden häufiger mit dem Tod des Protagonisten. Die Eigenschaften des historischen Zeitromans stehen in oppositioneller Beziehung zu den Merkmalen des Initiationsromans, so daß eine schematische Gegenüberstellung (Sottong stellt eine Reihe von Matrizen und Graphiken vor; die umfassendste S. 262 f.) die Kontraste leicht ansichtig machen kann:

»historischer Initiationsroman«	»historischer Zeitroman«
unanfechtbarer Rückzugsraum	anfechtbarerRückzugsraum
mögliche Geschichtsentwicklung	faktische Geschichtsentwicklung
wenig Gewalt	viel Gewalt
Wahrung von Grenzen	Überschreitung von Grenzen
Restauration	Transformation
Rettung	Untergang
sanfter Ausgleich	radikale Polarisierung
Mitte zwischen Extremen	Alt gegen Neu
Kontinuität	Wandel
Umbruchsituation	Kampf
offener Ausgang	entschiedener Ausgang
Entwicklungsmöglichkeit	Entscheidungsnotwendigkeit
Einheit	Vielheit
Ordnung	Heterogenität
Dominanz des Individuums	Dominanz des Kollektivs

Sottong weiß, daß seine Merkmale nicht strikt gattungsspezifische Eigenarten benennen, sondern sich auch in anderen Literaturen der Zeiträume wiederfinden lassen; das steht jedoch im Einklang mit der Spezialforschung (die bei Sottong nicht umfassend genug rezipiert, sondern eher nur eklektisch benotet wird). Der willkommene Eindruck einer zuverlässigen Epochenzäsurierung leidet zuweilen unter dem freizügigen Arrangement der Werkchronologie: Wenn sich Sottong auf die Phasenschwelle 1830 festzulegen scheint (s. andere Angaben S. 228 f.), so verwundert die Verteilung einiger symptomatischer Werke: Koenigs *Braut*, die im Zentrum der Merkmalsgewinnung für die erste Phase steht, erschien erst 1833, Zschokkes *Addrich* hingegen, das die zweite Phase charakterisiert, erschien schon 1826; Alexis' *Cabanis* (1832) und Rellstabs *1812* (1834) wiederum können nur eine Übergangsphase zwischen den beiden Phasen darstellen. Auch die merkmalsanalytische Genauigkeit kommt offensichtlich nicht ohne ein verstehendes Entgegenkommen aus, das der Verfasser der ihm begegnenden Fachliteratur eher versagt.

Literatur

Romane
Alexis, Willibald: Walladmor. Frei nach dem Englischen des Walter Scott. Von W....s. 3 Bde., Berlin 1824 [Faks.-Ausg. Leipzig 1967].

Ernst, Thomas: Verrath und Rache. Oder die Räuber aus Neapels letzter Schreckensperiode [1824]. Hrsg.v. Hartmut Steinecke, Wildberg 1991.

Velde, C.F. van der: Die Eroberung von Mexico. Ein historisch- romantisches Gemälde aus dem ersten Viertel des sechszehnten Jahrhunderts [1824]. Cannstadt 1826.

Zschokke, Heinrich: Bilder aus der Schweiz. Aarau 1825/26. 2./3. Teil: Der Freihof von Aarau. 4./5. Teil: Addrich im Moos.

Hauff, Wilhelm: Lichtenstein. Romantische Sage aus der württembergischen Geschichte. Drei Theile, Stuttgart 1826 [Reclam-Ausgabe 1988].

Tieck, Ludwig: Der Aufruhr in den Cevennen. Eine Novelle in vier Abschnitten. Erster und zweiter Abschnitt. Berlin 1826 [L.Ts. gesammelte Novellen, Berlin 1854, Bd. 10].

Alexis, Willibald: Schloß Avalon. Frei nach dem Englischen des Walter Scott. 3 Bde., Leipzig 1827.

Spindler, Carl: Der Jude. Deutsches Sittengemälde aus der ersten Hälfte des 15. Jahrhunderts. 3 Bde., Stuttgart 1827.

Alexis, Willibald: Cabanis. Roman in sechs Büchern. Berlin 1932.

Koenig, Heinrich: Die hohe Braut. Ein Roman. 2 Thle., Leipzig 1833.

Sealsfield, Charles: Der Legitime und die Republikaner. Eine Geschichte aus dem letzten amerikanisch-englischen Kriege. 3 Bde., Zürich 1833.

Rellstab, Ludwig: Achtzehnhundertzwölf. Ein historischer Roman. 4 Bde., Leipzig 1834.

Sealsfield, Charles: Der Virey und die Aristokraten oder Mexiko im Jahre 1812. 3 Bde., Zürich 1835.

Auerbach, Berthold: Spinoza. Ein historischer Roman. 2 Teile. Stuttgart 1837.

Alexis, Willibald: Der Roland von Berlin. Roman. 3 Bde., Leipzig 1840.

Tieck, Ludwig: Vittoria Accorombona. Ein Roman in fünf Büchern. 2 Bde., Breslau 1840.

Mundt, Theodor: Thomas Müntzer. 3 Bde., Altona 1841.

Alexis, Willibald: Der falsche Woldemar. Roman. Berlin 1840.

Mosen, Julius: Der Congress von Verona. Roman. 2 Bde., Berlin 1842.

Kurz, Hermann: Heinrich Roller oder Schillers Heimatjahre. Vaterländischer Roman. 3 Theile, Stuttgart 1843.

Meinhold, Wilhelm: Maria Schweidler, die Bernsteinhexe. Der interessanteste aller bisher bekannten Hexenprozesse; nach einer defecten Handschrift ihres Vaters, des Pfarrers Abraham Schweidler in Coserow auf Usedom, herausgegeben. Berlin 1843.

Willkomm, Ernst: Wallenstein. Historischer Roman. 4 Theile, Leipzig 1844.

Alexis, Willibald: Die Hosen des Herrn von Bredow. Vaterländischer Roman. 2 Bde., Berlin 1846-48.

Koenig, Heinrich: Die Clubisten in Mainz. 3 Bde., Leipzig 1847.

Alexis, Willibald: Der Wärwolf. Vaterländischer Roman in drei Büchern. Berlin 1848.

Sekundärliteratur

Alexis, Willibald: The Romances of Walter Scott. In: [Wiener] Jahrbücher der Literatur 22(1823), S. 1-75 [Ausz.: Steinecke: Quellen, S. 21-35].

Menzel, Wolfgang: Walter Scott und sein Jahrhundert. In: Morgenblatt für gebildete Stände. Literatur-Blatt 1 vom 2.1.1827, S. 1-4 und 2 vom 5.1.1827, S. 5-8 [Ausz.: Steinecke: Quellen, S. 52-61].

Wienbarg, Ludolf: Faule und frische Romane. In: L.W., Wanderungen durch den Thierkreis. Hamburg 1935, S. 239-260 [Ausz.: Steinecke: Quellen, S. 109-116].

Prutz, Robert: Stellung und Zukunft des historischen Romans. In: R.P., Kleine Schriften. Zur Politik und Literatur. Merseburg 1847, Bd. 1., S. 279-291.

Wenger, Karl: Historische Romane deutscher Romantiker (Untersuchungen über den Einfluss Walter Scotts). Bern 1905.

König, Joseph: Karl Spindler. Ein Beitrag zur Geschichte des historischen Romans und der Unterhaltungslektüre in Deutschland. Breslau 1908.

Matthey, Walter: Die historischen Erzählungen des Carl Franz van der Velde. Stuttgart 1928.

Whyte, John: The Attitude of »Das junge Deutschland« toward the Historical Novel. In: The Germanic Review 3(1928), S. 178 f.

Bachmann, Frederick William: Some German Imitators of Walter Scott: An Attempt to Evaluate the Influence of Scott on the Subliterary Novel of the Early Nineteenth Century in Germany. Diss. University of Chicago 1933.

Morawetz, Hanns: August von Witzleben [A.v. Tromlitz], ein Beitrag zur Geschichte des historischen Romans und der Unterhaltungsliteratur in Deutschland. Diss. Breslau 1934

Grünauer, Helmtrud: »Der Deutsche Krieg« – »Hohenschwangau« – »Die Ahnen«. Typen des historischen Romans der Jungdeutschen. Ein Vergleich. Diss. masch. Wien 1946.

Herrle, Inge: Der historische Roman von Novalis bis Stifter. Studien über seine Funktion im 19. Jahrhundert. Diss. masch. Leipzig 1952.

Kind, Helmut: Das Zeitalter der Reformation im historischen Roman der Jungdeutschen. Göttingen 1969

Schüren, Rainer: Die Romane Walter Scotts in Deutschland. Diss. masch. Berlin 1969.

Rossbacher, Karl: Lederstrumpf in Deutschland. München 1972.

Sengle, Friedrich: Biedermeierzeit. Deutsche Literatur im Spannungsfeld zwischen Restauration und Revolution 1815-1848. Bd. 2: Die Formenwelt. Stuttgart 1972, S. 844-860.

Steinecke, Hartmut: Romantheorie und Romankritik in Deutschland. Die Entwicklung des Gattungsverständnisses von der Scott-Rezeption bis zum programmatischen Realismus. 2 Bde., Stuttgart 1975/76.

Steinecke, Hartmut: ›Wilhelm Meister‹ oder ›Waverley‹? Zur Bedeutung Scotts für das deutsche Romanverständnis der frühen Restaurationszeit. In: Teilnahme und Spiegelung. Festschrift für Horst Rüdiger. Hrsg. v. Beda Allemann, Erwin Koppen, Berlin 1975, S. 340-359.

Huber, Hans Dieter: Historische Romane in der ersten Hälfte des 19. Jahrhunderts. Studien zu Material und »schöpferischem Akt« ausgewählter Romane von A.v. Arnim bis A. Stifter. München 1978 (= Münchner Germanistische Beiträge, Bd. 24).

Hartkopf, Winfried: Historische Romane und Novellen. In: Deutsche Literatur. Eine Sozialgeschichte. Bd. 6: Vormärz: Biedermeier, Junges Deutschland, Demokraten. 1815-1848. Hrsg.v. Bernd Witte, Reinbek 1980, S.134-151.

Spiess, Reinhard F.: Rezeptionstheorie und historischer Roman. Zum Beispiel: Charles Sealsfields historisches Nordamerika. In: Die Entwicklung des Romans. Proceedings of the IXth Congress of the International Comparative Literature Association, Bd. 4, Innsbruck 1982, S. 97-102.

Eggert, Hartmut: Der historische Roman des 19. Jahrhunderts. In: Handbuch des deutschen Romans. Hrsg.v. Helmut Koopmann, Düsseldorf 1983, S. 342-355.

Limlei, Michael: Geschichte als Ort der Bewährung. Menschenbild und Gesellschaftsverständnis in den deutschen historischen Romanen 1820- 1890. Frankfurt/M. 1988

Lützeler, Paul Michael: Bürgerkriegs-Literatur. Der historische Roman in Europa der Restaurationszeit (1815-1830). In: Bürgertum im 19. Jahrhundert. Deutschland im europäischen Vergleich. Hrsg.v. Jürgen Kocka, Bd. 3, München 1988, S. 232- 256.

Ritter, Alexander: Geschichten aus Geschichte. Charles Sealsfields erzählerischer Umgang mit dem Historischen am Beispiel des Romans ›Das Kajütenbuch‹. In: Schriftenreihe der Sealsfield-Gesellschaft 4(1989), S. 127-145.

Neuhaus, Volker: Illusion and Narrative Technique: The Nineteenth-Century Historical Novel Between Truth and Fiction. In: Aesthetic Illusion. Theoretical and Historical Approaches. Hg.v. Frederick Burwick, Walter Pape, Berlin 1990, S. 275-283.

McInnes, Edward: Realism, History and the Narration. The Reception of the ›Waverley‹ Novels in Germany in the 19th Century. In: New German Studies 16(1990/91), S. 39-51.

Reisenleitner, Markus: Die Produktion historischen Sinnes: Mittelalterrezeption im deutschsprachigen historischen Trivialroman vor 1848. Frankfurt/M. 1992.

Sottong, Hermann J.: Transformation und Reaktion. Historisches Erzählen von der Goethezeit zum Realismus. München 1992.

Willibald Alexis

Willibald Alexis nimmt eine Schlüsselstellung für die Scott-Wirkung in Deutschland ein; er, »der sich von allen deutschen Kritikern am intensivsten mit Problemen des historischen Romans befaßt hat«(Steinecke 1983, S.17) und mit Recht als der »wohl bedeutendste Autor historischer Romane in der ersten Jahrhunderthälfte« gilt

(Limlei: Geschichte, 1988, S.97), spürt zunächst persiflierend den Eigenarten der neuen Form nach, entwickelt aber bald eine selbständige Variante des vaterländischen Romans und begründet somit »eine neue, ernst zu nehmende Form des Geschichtsromans« (Sengle 1972, II,855).

Durch Alexis hält der historische Roman seinen Einzug in Deutschland als Literaturkomödie; erst später nimmt er die ernsten Züge des vaterländischen Romans an. *Walladmor*(1824) persifliert nicht nur, wofür Scott augenblicklich steht, »die Stoffe, Farben, Effekte« (Alexis: *Erinnerungen*, 1900, S.267), sondern auch die Tradition der Schauerromane und Nachtstücke; den Abbruch an den spannendsten Stellen zelebriert er hier noch ausgiebig (bes. im 3. Bd.): In einem sich selbst reflektierenden Romangeschehen geht es um Schmuggel und Liebe im pittoresken Wales der Gegenwart. Denn das ›Historische‹ dieser Erzählung liegt weniger im Zusammenstoß »mit geschichtlichen Begebenheiten«(I, Vorwort S.XI) – die dramatischen Ereignisse um die Reformbewegung im England der Jahre 1816-19 gehören zur Romanvorgeschichte –, als vielmehr in der parodistischen Beschwörung von ›Literatur-Geschichte‹, die die Schmuggelgeschichte zum Geschichtsschmuggel ummünzt. So entsteht ein vergnüglicher, spannender und ironisch-rührender Roman, der einen »überwältigenden Erfolg« (Kucharski 1967, Nachw.,S.8) für sich verbuchen konnte. Die *Waverley*-Distanz von sechzig Jahren wird unterschritten, sodaß eher ein Zeitroman entsteht (auch die späten Romane, *Ruhe ist die erste Bürgerpflicht* und *Isegrimm* werden in die Nähe des Zeitromans rücken); doch sorgt der geschichtenträchtige Schauplatz von Wales für reichliche Gelegenheit zur Erkundung der mythisch-historischen Tiefendimension. Bezeichnend aber ist, daß durch die ganze Geschichtslandschaft beständig der ›Blätterwald‹ raschelt, sei es in Form von eingeschobenen Sagen und Balladen oder Exkursen des Erzählers. Schließlich erweist sich die ›romantische‹ Aufregung als bloße Stoffsuche eines in Verlegenheit geratenen Romanciers, dem am Ende Scott persönlich den Rang abläuft. – Zu Recht hat man hervorgehoben, daß die eigentliche Hauptperson der Schmugglerkapitän und politische Exradikale James Nichols ist; sein Figurenbild gehört in die Reihe des Cooperschen Spions, des Pfeifers von Hardt (*Lichtenstein*) und des Mörders Bob (*Kajütenbuch*).

Die »eigene Richtung« (*Die Hosen des Herrn von Bredow*, Vorwort S.XIII), die Alexis mit seinen preußisch-märkischen Romanen wählte, wurde in der Wirkungsgeschichte seiner Werke als »Heimatkunst« absorbiert. Das war eine naheliegende Fehlentwicklung seiner »patriotischen Dichtung«. Vielleicht hatte sie Alexis sogar selbst befördert, indem er – statt die englische Art, Gegenwart und Geschichte dialektisch zu verschränken, seinerseits fortzusetzen, – schließlich ausdrücklich von ihr abrückte. »Scott hat uns gelehrt, wie der Dichter seines Volkes Geschichte nicht in den Staatsactionen suchen darf, die zu Tage liegen, wie er den warmen Pulsschlägen, die das Leben eines Volkes machen, nachgehen muß, gleich dem Bergmanne, bis in die verborgenen Tiefen ihres Glaubens, ihrer eigensten Art und Sitte. – Ich glaubte indeß, unsre Wege hätten sich schon lange getrennt.«(Ebd.) Auch das Schlußwort zu *Isegrimm* versichert ähnliches:

»Die Gesetze des ältern Romans passen nicht für den historischen der Neuzeit. Verwerfe man, wenn man will, die Gattung; aber wo das Sonnenlicht des Tages, die stürmische Nacht, der brennende Schmerz noch blutender Wunden, die Leiden und Freuden eines Volkes, dem Maler, der ihm angehört, die Farben und Tinten eingeben zum Gemälde, was so ein Theil wird seiner selbst, da reichen die Vorschriften nicht aus, nach denen ein *Tom Jones* und *Wilhelm Meister* gebildet ward, auch nicht die, welche ein Walter Scott sich kunstreich selbst geschaffen, um mit elegischer Ruhe die Zustände eines gewesenen Volkslebens zu schildern.« (1854, zit.n. *Realismus und Gründerzeit*, II,284)

Es wird nicht ganz klar, welche anderen Gesetze Alexis hier meinte (in der Vorrede zu *Die Hosen des Herrn von Bredow* bezieht er sich auf den neuen Zeitgeschmack: die thematische Orientierung an den »Tiefen« des »Volkslebens« und die tektonische am »Drama«). Gustav Freytag kennzeichnete diese eigenartige Schaffensart als »eine bis in die Einzelheiten genaue Darstellung wirklicher politischer Verhältnisse in poetischer Verkleidung« (Aufsätze o.J., S.611) Er tadelte sie als einen Regelbruch, den selbst »der patriotische, also didaktische Zweck« nicht ausgleichen könne. In Alexis' neuem Bild der alten Gattung steckt eine kleine Portion Ständeklausel. Nun, da die »Geschichtsschreibung« zur »allergrößte[n] Kunst« aufgestiegen sei – »denn was wären wir ohne sie! Ein Strom, aus dem Luftblasen auftauchen, um wieder darin zu vergehen«(*Isegrimm* in: *Realismus und Gründerzeit* II,282) – nun versagt sich die historische Dichtung selbst die Weite des Blicks: »Es ist eitle Arbeit, wenn sie von den Königen und Helden sich abwenden will, um nur das Volk zu schildern; wie tief und tiefer sie in die Schichten und Kreise dringt, sie conterfeit nur die, welche auch da Führer und Fürsten waren.« Hermann Kurz hat hier schärfer gesehen. Aber auch Alexis gibt in seinen »historischen Gemälden« keine Heroengeschichte. Vielmehr zeichnet sich in seinem Diptychon der Napoleon-Zeit (*Ruhe ist die erste Bürgerpflicht* und *Isegrimm*) ein nationaler Bildungsweg ab, dessen peinvolle Länge nach der Entfernung zwischen der »Knechtschaft in Ägypten« und der »Eroberung Palästinas« bemessen wird. Der ästhetische Vorwurf, »Sitte und Sittlichkeit« verletzt zu haben, wird angesichts dieser ›Volksschule‹ zunichte.

Alexis gilt schon lange nicht mehr als naiver Verherrlicher der brandenburgisch-preußischen Geschichte. Zwar läßt sich Fontanes Bedenken nicht von der Hand weisen, daß er die »historisch-politische Bedeutung« Kurbrandenburgs als »Verheißung Deutschlands« überschätze, »während in Wahrheit Kurbrandenburg ein bloßes Reichsanhängsel war und die Lehmkatenherrlichkeit unserer Städte, in allem was Reichtum, Macht und Kultur anging, neben dem eigentlichen Deutschland, neben den Reichs- und Hansastädten verschwand.« (Fontane, 1872/1969., III/I,431) Doch entdeckt man zunehmend auch seine kritischen Absichten: »Er schrieb, wo er von Preußen schrieb, von einer Aufgabe, einem Postulat, einem Ethos, einer Utopie.« (Beutin 1966, S.159)

Nach den parodistischen Anfängen wandte sich Alexis der Gestaltung der märkischen Glanzgeschichte zu (*Cabanis*, 1832); sie freilich wurde in der Tat mit Klängen (Loewe) und Bildern (W. Camphausen) zur Weise von »Friederikus Rex, unser König und Herr« umsäumt; so entstand ein aufsehenerregendes »Zeit- und Sittenbild des Siebenjährigen Krieges« (Fontane, S.412). Doch in *Cabanis* steht mehr auf dem Spiel als preußischer Hurra-Patriotismus und die romanhafte Frage, ob sich ein sympathischer Held im ›Geschichtsunterricht‹ den Lohn der Arbeit für die ersehnte ›Freizeit‹ erwirbt; hier geht es nämlich auch um die existentielle Frage, ob ein Staat insgesamt überlebt oder zugrunde geht, und zwar unter der Voraussetzung, daß Preußen keine Region von Hochländern, Tokeah-Indianern oder Kreolen darstellt, sondern den unergründlichen Horizont, eine Art »Zaubereiche«, in deren Bannkreis man sich und die Seinen vorbehaltlos und gern hingibt (II,2). Auf *Cabanis* folgten die beiden Mittelalterromane (*Der Roland von Berlin*, 1840, und *Der falsche Woldemar*, 1842). In letzterem entdeckt Limlei am Verlauf der epischen Analyse, die um die Identität des Titelhelden kreist, ein »desillusionierende[s] Gegeneinander der Suchbewegungen«(Limlei: Geschichte 1988, S.119), das dem Roman die eigentümliche, moderne Struktur verleiht; es führe zur »Aufgabe der formalen Einlinigkeit und der individualistischen Perspektive« (ebd., S.121), die durch Hauffs Um- und Aufwertung der Rolle des ›mittleren Helden‹ begründet worden sei; was nun strukturell und konfigurativ ansichtig wird, spiegele die Krise des Liberalismus wieder (ebd., S.118).

Angesichts der Mittelalter-Romane diskutierte Fontane ein Problem, das seit Scotts *Ivanhoe* virulent war und gegenüber Freytags

Ahnen abermals erörtert werden sollte: Fontane begegnete den Versuchen, die ›Sechzig-Jahres‹-Klausel zu durchbrechen, mit Skepsis. In den meisten Fällen erkannte er ein Versagen bei der Aufgabe, Menschen einer entfernten Vergangenheit zu verlebendigen; die Gefahr, im bloß Schematischen stecken zu bleiben, sei groß und bringe nur »Gattungsgestalten« hervor, die an den Darstellungsstil von »Totentänzen des Mittelalters« erinnerten. Nur unter gewissen Voraussetzungen könne ein Erzähler dieser Gefahr entgehen: »Historischer Sinn, poetisches Ahnungsvermögen, rückwärtsgewandte Begeisterung, unbedingte Muße, jahrzehntelanges Studium, sie alle sind nötig, um eine Seele derartig zu bilden und zu pflegen, daß sie am hellen Tage wie unter Schatten und unter den Schatten der Vergangenheit wie unter lebensfrischen Gestalten wandelt.« (Ebd.,S.431)

Die Geschichte des historischen Romans kennt wenig humoristische Exemplare. Natürlich trug der ›ironische Deutsche‹ mit *Lotte in Weimar*, der *Joseph*-Tetralogie oder dem *Erwählten* zur Serenisierung der notorisch ernst-gewichtigen Gattung bei; auch führte Brecht mit seinem *Cäsar* die satirische Form in die Gattungsgeschichte ein. Im übrigen aber läßt sich wohl nicht bestreiten, daß *Die Hosen des Herrn von Bredow* zu den bedeutenden humoristischen Geschichtsromanen deutscher Sprache gehört.

Alexis schreibt auch nach 1848 historische Romane (wie später Feuchtwanger ist er ein historischer Romancier mehrerer Epochen); obwohl der erste, *Ruhe ist die erste Bürgerpflicht* (1852), von Seiten der neuen realistischen Schule viel Tadel erntete (J. Schmidt), gelten er und seine Fortsetzung, *Isegrimm* (Freytag) als Schaustücke der neuen Epoche. Gerade an *Ruhe ist die erste Bürgerpflicht* lassen sich die Spuren der Revolutionserfahrung verfolgen. Der Roman analysiert an einer wieder näher gerückten Vergangenheit, was soeben im Lande geschehen ist und was demzufolge in Zukunft zu tun bleibt (Beutin 1980, S.65). Im Mittelpunkt steht das für Preußen kritische Geschehen von 1806. Die gattungspoetischen Folgen dieser Stoffwahl hat Beutin ausführlich diskutiert. Dadurch, daß die politische Katastrophe mit der Verbrechensgeschichte der Großstadt vernetzt wird, nähert sich der historische Roman dem psychologischen Kriminalroman (vgl. Kurz), dessen ätiologischer Zug den Vergangenheitsbericht in eine Gegenwartsschilderung verwandelt; seine Enthüllungsdramaturgie – für die Realisten ein Ausbund an Häßlichkeit (Fontane) – erinnert stellenweise an die ›Geheimnis‹-Literatur Suescher Provenienz. Im Vorwort verweist Alexis auf die Notwendigkeit, »das Familienleben« als wesentlichen Faktor des Epochenbildes in den Mittelpunkt zu rücken. Wenn er für diesen Zweck »zwei Verbrecherseelen zu Romanhelden« wählt, so entsteht daraus eine Art

»Familienroman der Neurotiker« (Beutin verweist auf Freud) mit historischem Gleichnischarakter (Beutin 1980, S.71): Das historische Syndrom Vaterland entfaltet sich familiengeschichtlich angesichts stiefkindlicher Erfahrungen als Suche nach dem »besseren Vater« bzw. den »höheren Eltern«. Am Beispiel der Familienbindungen sollen weltgeschichtliche Konflikte sinnfällig werden: »die Greueltaten der Lupinus sollen wir als Analogie der von Napoleon in Szene gesetzten Würgereien erkennen« (Beutin 1980, S.73), der individuelle Spieltrieb unterscheide sich nicht von der weltpolitischen Praxis, die »mit Hunderttausenden von Menschenleben« spiele und dafür noch mit rühmlichen Eintragungen in Geschichtsbücher belohnt werde, und ein städtisches Bordell modelliere nur im Kleinen den Verkehr des Staates. Legt man hier Sottongs Analyse des Familien-Werts für den historischen Roman zugrunde (Familie sei »Grundvoraussetzung für ›Leben‹ im emphatischen Sinne, sie bietet emotionale und reale ›Sicherheit‹, ›Zuwendung‹, ›Schutz‹ und ›Rettung‹ und damit letztlich so etwas wie ›Glück‹ und ›Sinn‹.« S.120), so läßt sich ermessen, was Alexis aufs Spiel setzt.

Beutin resümiert die gattungspoetische Situation des Romans so:

»Eine wichtige Phase der preußisch-deutschen Vergangenheit in die Erinnerung rufend, seiner Tendenz nach ›vaterländisch‹, nämlich gegen die dynastischen Interessen des Duodezabsolutismus gerichtet, überhaupt kritisch-realistisch auf die Gesellschaft Preußens bezogen, ein Beitrag zur ideologisch-politischen Diskussion seiner Zeit, erweist sich das Werk als eigenartiges Beispiel eines historischen Romans; insgesamt keineswegs als Kriminalroman zu bezeichnen, präsentiert es sich über längere Strecken auch als Beitrag zur kriminalistischen Psychologie und ist endlich nicht zu knapp mit Kolportage-Elementen versetzt.« (Beutin 1980, S.76)

Literatur

Thomas, Lionel: Willibald Alexis. A German Writer of the 19th Century. Oxford 1964.

Strandt, Gisela: Die Gestaltung des Adels, des, fortschrittlichen Bürgertums und der Volksschichten im historischen Roman von Willibald Alexis. Diss. Rostock 1965.

Beutin, Wolfgang: Königtum und Adel in den historischen Romanen von Willibald Alexis. Berlin 1966.

Gast, Wolfgang: Der deutsche Geschichtsroman im 19. Jahrhundert: Willibald Alexis. Untersuchungen zur Technik seiner »vaterländischen Romane«. Freiburg i.B. 1972.

Chaléat, Mathilde: Un émule prussien de Walter Scott: Willibald Alexis. In: Recherches sur le roman historique en Europe – XVIIIè – XIXè siècles (II), Université de Besançon 1979, S. 21-30, Diskussion S. 31-46.

Beutin, Wolfgang: Willibald Alexis: Ruhe ist die erste Bürgerpflicht (1852). Eine »Zeit, die nicht mehr ist, in ihren großen Lineamenten«. In: Romane und Erzählungen des Bürgerlichen Realismus. Neue Interpretationen. Hrsg.v. Horst Denkler, Stuttgart 1980, S. 65-79.

Steinecke, Hartmut: Romantheorien der Restaurationsepoche. In: Romane und Erzählungen zwischen Romantik und Realismus. Hrsg.v. P.M. Lützeler, Stuttgart 1983, S. 11-37.

Tatlock, Lynne: Der zweischichtige Gehalt zweier mittelalterlicher Romane des Willibald Alexis. In: Das Weiterleben des Mittelalters in der deutschen Literatur. Hrsg.v. James F. Poag, Gerhild Scholz-Williams, Königstein/Ts. 1983, S. 106-121.

Scheiffele, Eberhard: Brandenburgisches Welttheater. Zu den ›Vaterländischen Romanen‹ von Willibald Alexis. In: DVjs 61(1987), S. 481-509.

Tatlock, Lynne: A Timely Demise. The Literary Reputation of Willibald Alexis and the Reichsgründung. In: Monatshefte 79(1987), S. 76-88.

Grawe, Christian: Preußen 1803 bis 1813 im »vaterländischen Roman«: Willibald Alexis, George Hesekiel, Theodor Fontane. In: Literatur und Geschichte 1788-1988. Hrsg.v. Gerhard Schulz u.a., Bern 1990, S. 141-179.

Wilhelm Hauff

Mit Wilhelm Hauffs *Lichtenstein* erhält der historische Roman Scottscher Provenienz einen spezifisch deutschen Auftakt: Während Alexis noch als Übersetzer auftritt und Tieck mit seiner »Novelle« den englischen Zusammenhang mitdenken läßt (aber den Blick auf ein französisches Gleichnis richtet), macht sich bei Hauff die Anverwandlung zur – wehmütig gefärbten – ›Sage‹ geltend, die zwischen ›guter, alter Zeit‹ und Gegenwart vermittelt; sie kündet nicht von der Nationalgeschichte insgesamt, sondern ausdrücklich von der württembergischen Lokalgeschichte. Im Mittelpunkt des Romans steht das Jahr 1519, in dem für den württembergischen Herzog Ulerich – geradezu novellistisch formuliert – »alles auf die Spitze gestellt«(1826/1988, S.47) war. Eigenartig ist das Bild der politischen Kräfte, wie es Hauff entwirft: Obwohl es um den Machtkampf zwischen dem württembergischen Herzog und dem Schwäbischen Bund geht, bleibt das spezifisch Politische des Konflikts eher im Hintergrund, und es dominieren persönliche Animosität (Truchseß), frontenübergreifende ›väterliche‹ Bindungen (Frondsberg) und vor allem die Labilität eines ›gemischten‹ herzöglichen Charakters, der in Situationen der Niederlage andere Ratgeber an sich heran läßt als in Phasen des Sieges (Volland). Obwohl Hauff auch politisch argumentiert (altes Recht vs. neues Recht), entfaltet seine Geschichte eher die unverwechselbare ›Mentalität‹ seines Landes, dessen herkömmliche Ruhe nur durch ›ausländische Aggression‹ (der Schwäbische

Bund) und erotische Konflikte in Bewegung gerät. Wie des Herzogs unstabile Ehe das Land den lauernden Nachbarn schutzlos preisgibt, so rettet der Ehewunsch Georgs wiederholt den Herzog als Symbolfigur lokalpatriotischer Identität. Marie von Lichtenstein repräsentiert dadurch die heimliche, private Klammer für ein bedrohtes Staatswesen, die auf die Dauer selbst dem Feind die beste Garantie für inneren Frieden (Entpolitisierung) und Abrüstungspolitik (Frondsberg) liefert.

Hauffs Sage beschwört die vielfach gefährdete Hoffnung auf die einheitstiftende, einmütig geliebte Repräsentanzfigur Württembergs; dahinter schwelt die Angst vor Revolutionen von unten (Armer Konrad), die zwar verurteilt werden (Bekehrungsgeschichte des Pfeifers von Hardt), deren Ursachen aber bestehen bleiben (Hof-Volk-Kontrast trotz sozialharmonisierender Hochzeitsszene, Herrschaft als Praxis der Ausbeutung). Wohl gegen den Willen des Autors verrät sich eine fortwährende Politik falscher Mittel (Ankauf frei werdender Landsknechte) und mangelnder Ziele (der leitmotivische Blick auf das Württemberg der Gärten, Obstfelder und Weinberge ersetzt kein politisches Programm), so daß diese »Württembergische Eschatologie« (Sottong 1992, S.192) auf tönernen Füßen steht. Zur Sicherung seiner Stabilitätsvision setzt Hauff das Mittel der zukunftsgewissen Vorausdeutung (des Herzogs Traum) ein, die visionär einlöst, was die Liebes- und Abenteuergeschichte um den Lichtenstein besten Willens nicht erreicht hat.

Der ›historische‹ Roman bei Hauff bleibt Episodengeschichte, die einem Liebesroman Farbe und Spannung verleiht. Als »Sage« übertüncht er keineswegs seine Idealisierung, auch wenn er sie für berechtigt hält (Inschutznahme des Herzogs). Das ›Märchen‹ gilt, weil es nicht nur das Vergangene feiert, sondern auch ein unmögliches Zukünftiges wünschen läßt. Denn das Württemberg der Restaurationszeit gab zu politischen Hoffnungen stärkeren Anlaß als das Metternichsche System. »Bei Hauff ist das Interesse [...] bereits politisch. So anspruchslos sein Roman Lichtenstein ist, so hat er doch durch sein Bekenntnis zur konstitutionellen Monarchie und seine Tendenz gegen den Absolutismus politisch erzieherisch gewirkt und das Jahr 1848 mitvorbereitet.«(Grözinger: Geschichtsbewußtsein, 1962, S. 843) Württembergs König Wilhelm I. »war schon so etwas wie ein Bürgerkönig, und verglichen mit Karl X. war er ein Radikal-Demokrat.«(Lützeler 1826/1988: Nachwort, S.444 f.)

Hauff bemüht sich, seine Scott- (und auch Cooper-)Nachfolge als längst fälligen und vor allem auch selbständigen Eigenweg zu rechtfertigen. Die bereits topische Rede über den »auch wir«-Besitz von »Vorzeit« (1826/1988, S.10) soll das künstlerische Unternehmen als

dringend erwünschte Wiederbelebung der heimischen Geschichts-
flora ausweisen; mit Blick auf die Konjunkturen des Roman-
Buchmarktes wird »jener Zauber des Unbekannten [Scott]« (ebd.)
auf notorische Vorlieben der Leserschaft für alles Fremde zurückgeführt, so daß einem ›recht‹ gesonnenen Publikum eigentlich nichts
anderes übrig bleiben dürfte, als auf den ›vaterländischen‹ Roman
umzuwechseln.

Literatur

Brenner, C.D.: The Influence of Cooper's ›The Spy‹ on Hauff's ›Lichtenstein‹.
  In: Modern Language Notes 30(1915), S. 207- 210.
Pfäfflin, Friedrich (Hrsg.): Wilhelm Hauff. Verfasser des ›Lichtenstein‹.
  Chronik seines Lebens und Werkes. Stuttgart 1981.
Horn, Joachim: Der Dichter und die Lesewelt. Wilhelm Hauffs Werk als
  Epochenphänomen. Diss. Bremen 1982.
Lützeler, Paul Michael: Hauffs ›Lichtenstein‹ im literarhistorischen und zeit-
  geschichtlichen Kontext. In: Wilhelm Hauff: Lichtenstein. Stuttgart 1988,
  S. 439-452.

Ludwig Tieck

Als Pionierleistung im anverwandelten Scott-Genre steht Tiecks
fragmentarische »Novelle« (die Bezeichnung nimmt den englischen
Ausdruck beim Wort) *Der Aufruhr in den Cevennen* (1826) im guten
Ruf; das liegt nicht zuletzt an der Aufruhr-Thematik, die das Werk
moderner, politisch brisanter erscheinen läßt als Hauffs Loyalitäts-
hymne. Tieck selbst wies gelegentlich einer Neudruck-Vorbereitung
(Brief an Reimer, 8.7.1845) auf den Aktualitätswert seines historischen ›Modells‹ hin (Schlesischer Weberaufstand 1844). Auffallen
muß fernerhin, daß hier kein ›vaterländischer‹ Roman vorliegt, (vgl.
z.B. Zschokkes *Addrich im Moos*), sondern daß Tieck am Beispiel
der französischen Hugenotten-Kriege eine Analyse der romantisch-
kirchlichen Restaurationstendenzen und der pietistischen Schwärmerei vornimmt (vgl. Brief an Raumer, 6.12.1824). Soweit das fragmentarische Werk ein Urteil über seinen Verlauf erlaubt, ging es
Tieck um eine Art Vielheitsroman nach dem Muster von *Old Mortality*: Auch hier legt der Entwicklungsweg eines ›schwankenden‹
Helden, Edmund von Beauvais, mit seinen politischen und eroti-
schen Erfahrungen und Wenden den Faden der Erzählung; doch wei-
tet sich das Werk in der für Tieck bezeichnenden Gesprächsführung
und Rückblenden-Technik (Figuren erzählen ihr Schicksal) zum po-
lyperspektivischen Roman eines landschaftlich geprägten Volkes. So

entsteht aus der dialogisch erzeugten Pluralität geschichtlicher Faktoren, Interessen, Rollen und Erfahrungen die demokratische Variante des geschichtlichen Romans (Menzel).

Es geht um Quellen und Erscheinungsformen des religiösen Fanatismus und seine mörderischen Folgen (vgl.a. *Hexen-Sabbath*). Dem Wahnsinn einer solchen Schwärmerei stellt Tieck die Idee der Toleranz im Sinn der Aufklärung entgegen. Die Spätzeit des ›Sonnenkönigs‹ erscheint im Zwielicht des politischen Wortbruchs am Vorabend des ›moralischen‹ Jahrhunderts. Der nachgeborene ›Novellist‹ verrechnet solche Staatsschulden mit dem Gläubigersturm der jüngsten Revolutionsepoche. Leitmotivisch führen die Erträge der biographischen Perspektiven auf die Katastrophe hin, die wie eine Kettenreaktion wirkt.

Eine rationale Erklärung der gewandelten Hugenotten-Politik Ludwigs gibt eine Figur (Abraham): Ihr zufolge spielen wirtschaftliche Faktoren (Gefahr der Abwanderung hochqualifizierter Handwerker) eine wesentliche Rolle und geben den ›Gewissensbissen‹ (1826/1854, S.86) des Regenten einen materiellen Anlaß. Der Arzt Vita sieht alles im Licht der ›verkehrten Welt‹ (Automatik und Kettenreaktion der Verkehrungen). Für den alten Pfarrer Watelet schließlich liegt der Grund für das mörderische Treiben, das sogar im Namen Gottes geschieht, in der Abwendung vom wahren Liebesgebot des christlichen Glaubens; er bringt das ›Unmögliche‹ zustande, indem er das ›geschändete‹ Marienbild vergräbt, um eine katholische Initiallösung zum Holocaust (S.342 f.) zu vermeiden.

Tiecks Roman verzichtet auf das ›Pittoreske‹ der historischen Fremdbegegnung, auch wenn er das ›Wunderbare‹ in den Vordergrund rückt. Kaum werden Begebenheiten erzählt, Landschaften und Kostüme ausgemalt. Die Spannung liegt hauptsächlich im Gespräch und den aus ihm erwachsenden Erzählungen. Ob die fehlenden Teile dem Roman und seiner Form eine andere Wendung gegeben hätten, muß fraglich bleiben. So, wie das Fragment im Druck erschien, umkreist es das ›Wunder‹ der Schwärmerei, ihre Vieldeutigkeit zwischen fanatischem Eifer, ›siebentem Sinn‹ und Schmerzenslaut, der unter der politischen Folter ausbricht (vgl. S. 207,211,225,293).

Tiecks später Roman *Vittoria Accorombona* (1840) ist eine psychologische ›Rettung‹ der als »weißer Teufel« verschrieenen Dichterin. Nicht jeder Interpretation (s. Taraba 1963) scheint er als historischer Roman wichtig geworden zu sein. Er setzt insbesondere die Tradition des Künstlerromans fort und rückt das jungdeutsche Thema der weiblichen Emanzipation in den Vordergrund. So werden auch hier Geschichte und Gegenwart im Medium des Gesprächs überblendet. Dennoch »erringen Historie, Charakter, Stimmung und Situation den Sieg über das Gespräch und die Reflexion.« (Paulin 1988, S.284) Ins Zentrum rückt eine »düstere« Vergangenheit: »Ein Gemälde der Zeit, des Verfalls der Italienischen Staaten sollte das Seelen-Gemälde als Schattenseite erhellen, und in das wahre Licht erheben.« (Tieck: Vorwort) Zur Schattenseite gehören die Spuren des »Wunderbaren« (z.B. Wahnsinn), die den Roman gattungsgeschichtlich sogar an die Tradition des Schauerromans (Paulin, S.287) heranrücken.

Literatur

Tieck, Ludwig: Schriften in zwölf Bänden. Hrsg.v. Manfred Frank u.a., Bd. 12: Schriften 1836-1852, hrsg.v. Uwe Schweikert, Frankfurt/M. 1986, Kommentar S. 1241-1357.
Conen, Franz: Die Form der historischen Novelle bei Ludwig Tieck. Diss. Bonn 1914.
Hienger, Jörg: Romantik und Realismus im Spätwerk Tiecks. Diss. Köln 1955.
Taraba, Wolfgang F.: Ludwig Tieck: Vittoria Accorombona. In: Der deutsche Roman vom Barock bis zur Gegenwart. Struktur und Geschichte. Hrsg.v. Benno von Wiese, Düsseldorf 1963, Bd. 1, S. 329-352.
Keck, Christine E.: Renaissance and Romanticism: Tieck's Conception of Cultural Decline as Portrayed in his ›Vittoria Accorombona‹. Bern 1967.
Paulin, Roger: Ludwig Tieck. Eine literarische Biographie [1985]. München 1988.
Paulin, Roger: Ludwig Tieck. Stuttgart 1987.

Das Jahr 1826, das Hauffs Sage und Tiecks Cevennen-Roman hervorbrachte, kann in seinem Umfeld noch mit einem dritten Autor »stilechter historischer Romane« (*Reallexikon* 1925/26, I,660) aufwarten: Heinrich Zschokke. Gervinus (*Geschichte der Deutschen Dichtung*, 1853, V,633) hatte gerade den Schweizer als denjenigen gerühmt, der »am meisten« auf »Scott's geschichtliche und örtliche Charakteristik« eingegangen sei. *Der Freihof von Aarau* wird sich noch im frühen 20. Jahrhundert unter den fünf ersten Titeln des pädagogischen Kanons *Bilder deutscher Vergangenheit* (Stein 1917) behaupten; was *Addrich im Moos* betrifft, so hat man zu Recht auf die eigenartige Form dieses Werks aufmerksam gemacht (Sottong 1992), das nunmehr einen ›Alten‹ ins Zentrum rückt und trotz des glücklichen Ausgangs für das junge Paar die Katastrophe des Titelhelden nicht vermeidet. Der geschichtliche Konflikt spitzt sich zu und erschwert die ausgleichende Dramaturgie

Am Ende der Jahrhunderthälfte bleibt der historische Roman trotz seines lesegeschichtlichen Erfolgs, der nationalpädagogischen Nostrifizierung und der jungdeutschen Politisierung ein umstrittenes Genre. »Kaum eine andere Literaturgattung hat bis auf diese Stunde so abweichende, so widersprechende Beurtheilungen erfahren«, schreibt Prutz (1847, S.279) eingedenk der Vorwürfe (zwitterhaft, verkrüppelt) gegen die »jüngste, recht eigentlich moderne Frucht der literarischen Entwicklung überhaupt.« (Ebd.) Doch sieht er in diesem Mißstand nur ›entwicklungsbedingte‹ Verzögerungen des Geschichtsromans auf dem Weg zu seiner wahren ästhetischen Bestimmung und Vollendung, dem zukünftigen Epos in gebundener Rede, getragen von der »wachsenden Reife der Nation« (ebd., S.280). Die Zukunft der Gattungsgeschichte wird das Epos-Ideal des historischen Romans in unterschiedlicher Weise einlösen: Inbesondere Stifter wird dieser Prognose die richtige Wendung und ›klassische‹ Erfüllung geben; Kolbenheyer (1936, S.475) wird unter demselben Etikett die Erhöhung des Romans zur modernen Dichtung mit »volksbiologischer Wirkung« verkünden, und der heutige Buchmarkt pflegt auf dem Forum der Klappentexte seine zahlreichen Produkte als gewaltige Epen anzupreisen.

4.3. Der historische Roman des Realismus

»Was unsere Zeit nach allen Seiten hin charakterisiert, das ist ihr Realismus.[...] die Welt ist des Spekulierens müde und verlangt nach jener ›frischen grünen Weide‹, die so nah lag und doch so fern.«(Fontane 1853/1969, III/I,236) Die Sätze, mit denen Fontane den Anbruch einer neuen Epoche begrüßte, können auch die Geschichte des historischen Romans in diesem Zeitraum einleiten, obwohl sie zunächst ganz im Gegenteil allein den gegenwartsbezogenen Darstellungsformen das Wort zu reden scheinen. Denn die durch Scott aktivierten geschichtlichen Kräfte des »modernen Romans« (ebd.,S.319) erweitern die flächenhaften Bilder der Gegenwartsdichtung zum geschichtlich genetischen Raum, der so offen angelegt ist, daß auf seinem neuen ›wissenschaftlichen‹ Fundament gerade auch die Poesie mit ihren ›grünen‹ Zeit-Stellen ihr Wohnrecht behält. Einem realistischen Selbstverständnis, das Wirklichkeitsabbildung mit Verklärungsmaßnahmen verbindet, Nachahmung des Alltäglichen als Schöpfung des Schönen vollzieht und metaphysikferne Empirie als Sinn-Behälter analysiert, muß diese Form der Vereinigung und Integration widerstrebender Kräfte gelegen kommen. Was vielleicht im Lichte der szientistischen Logik als Paradox erscheint, enthüllt sich im Rahmen der ›temporalen‹ Logik des historischen Erzählens als natürliche Form von Wandel, Perspektive und Fremderfahrung.

Gerade das Einheits- und Ganzheitsgebot der realistischen Programmatiker ließ sich auf den historischen Roman anwenden und unterstützte dessen Eigenrecht: »Allein für das Festhalten einer großen Vergangenheit ist es wichtig, sie in der Totalität aller Lebensbeziehungen zu schildern; eine Aufgabe, die durch die Geschichtschreibung in einer künstlerischen Form nicht gelöst werden kann.« (J.Schmidt 1955, III,250) Die poetologische Regel zur Herstellung eines solchen Werkes liegt in der »doppelte[n] Aufgabe, das Gemälde seines Zeitalters so zu entwerfen, daß wir die Kluft, die uns von demselben trennt, lebhaft empfinden, und uns doch zugleich den Weg zu bahnen, der uns das Verständniß desselben eröffnet.« (Ebd., S.251) Die »novellistische« Verbindung zwischen Geschichtschreibung und künstlerischem Talent stelle gerade für die »Deutschen« eine »lockende Aufgabe« dar, weil sie bei allem »lebhafte[n] Nationalbewußtsein« kaum über »historische Traditionen« verfügten (ebd., S.250). Natürlich fällt die Schwierigkeit ins Auge, angesichts eines dezentrierten, in Provinzen zerteilten Landes jenen »Ort« zu finden, wo sich geschichtliche Figuren bedeutungsvoll »zusammenführen lassen«. Schmidt macht aus dem »Uebelstand« (»denn es erschwert die allgemeine Verständlichkeit«) einen »Vorzug« und erklärt die deutsche »Provinzialgeschichte« (ebd., S.251) zum idealen Geschichtsfeld, »denn es verstattet eine mannigfachere Farbengebung und eine festere Zeichnung.« Konkret bedeute dies die Hinwendung zur Reformation als der günstigsten Periode für historische Dichtung.

Selbstverständlich waren es nicht nur innerliterarische Gründe, die eine Zunahme des Interesses am historischen Roman verantworteten. Insbesondere ist hier auf die geschichtswissenschaftliche Grundlagendiskussion zu verweisen. Unter dem Firmament des Historismus prallten gegensätzliche Auffassungen über den Sinn von neutraler bzw. parteilicher Geschichtsdarstellung zusammen; ihr Ausgleich sollte das Bild des historischen Romans wesentlich beeinflussen. Rankes Objektivitätsideal wies dem Historiker die (asketische) Aufgabe zu, auf dem Boden des »kritischen Studiums ächter Quellen« selbstvergessen »bloß [zu] zeigen, wie es eigentlich gewesen« ist (Geschichte der romanischen u. germanischen Völker, Sämtliche Werke, Bd. 33/34, S.XII): »Ich wünschte mein Selbst gleichsam auszulöschen, und nur die Dinge reden, die mächtigen Kräfte erscheinen lassen.«(Englische Geschichte, SW Bd. 15, S.103). Was die (nicht nur zünftigen) Zeitgenossen an diesem »archivarischen Zauberer« auszusetzen hatten, findet sich zusammengefaßt in der Literaturgeschichte des Dichters, Kritikers und Gelehrten Gottschall, dessen poetologische Reflexionen noch Majut (Der deutsche Roman, 1960, Sp.1518) als ausgezeichnet bewertet: »Diese Gleichgültigkeit [»er berührt nie Gleichgültiges, aber Alles in gleichgültiger Weise«] erscheint als vollendete Objektivität der Darstellung; aber diese Objektivität ist ein subjectiver Mangel, der Mangel am vollen, warmen Herzschlage der Ueberzeugung und einer großen, sittlichen Gesinnung« (Gottschall 1861, II,304). Die vermißte Wärme aber liege in der Überzeugung, »daß es in der Geschichte imponderable geistige Stoffe giebt, ohne deren Anerkennung und Nachempfindung jeder Geschichtsdarstellung die nationale Bedeutung fehlt.« (II,305) Eine angemessene Darstellung dagegen findet Gottschall in der »modernen Schule« (Droysen, Sybel u.a.): »Sie sucht eine ernste Forschung, welcher die Analogieen der Gegenwart neue Gesichtspunkte an die Hand geben, mit einer künstlerischen Darstellung zu vereinigen, welche uns nicht den ganzen Apparat der Studien mit in den Kauf giebt, sondern nur ihre Resultate in einer geläuterten und allgemein zugänglichen Form.« (Gottschall 1861, II,307) So entsteht unter den Auspizien der Wissenschaft eine Poetik der Geschichtsschreibung, deren Kern in einem schöpferischen Verlebendigen liegt, das nicht nur Systeme, sondern gerade auch (wieder) Persönlichkeiten handeln läßt, und zwar nicht irgendwo in der weiten Welt, sondern eher im näheren Raum preußisch-deutscher Vergangenheit: »Der Weltgeist ist nicht blos in dem großen Ganzen lebendig, das er am sausenden Webstuhle der Zeit wirkt, sondern auch in dem Einzelnen, in dem hervorragenden Charakter, dessen lebensvolles Portrait zu entwerfen nicht außerhalb der Aufgabe der Geschichte liegt.« (Ebd.)

Gottschalls Beurteilung der modernen Geschichtsschreibung weist direkt auf seinen poetologischen Standort hin. Dabei kehrt die Position Rankes als stoffliches Substrat, die der »modernen Schule« als ästhetisches Maß für den Kunstwert dient, wieder:

»Der historische Roman entrollt ein Culturgemälde der Vergangenheit; er führt uns eine Fülle von Begebenheiten vor, welche der Chronik entschwundener Jahrhunderte treulich nacherzählt sind; er beschäftigt die Phantasie in angenehmer Weise, indem er sie ganz aus den Kreisen des gegenwärtigen Lebens herausreißt und die Existenz untergegangener Geschlechter bis in ihre kleinsten Züge vor uns aufbaut.« (Gottschall 1861, III,519)

Diese beseelte »antiquarische Forschung« (ebd.) erlangt aber nur dann künstlerischen Wert, wenn der historische Roman »entweder auf nationalem Boden wurzelt, oder im geistigen Inhalte seiner Verwickelungen ein Spiegelbild der Gegenwart giebt, oder das allgemein Menschliche, das durch alle Zeiten hindurchgeht, das Bleibende im Vergänglichen, mit dichterischer Weihe in den Vordergrund stellt.« (ebd., III,520) So entsteht aus geschichtswissenschaftlichen und ästhetischen Erwägungen eine Typenlehre, die zwischen nationalem, parabolischem und existentiellem Geschichtsroman unterscheidet.

Natürlich erfaßt diese Trias nicht das Gesamtspektrum dessen, was das historische Erzählen zur Zeit des Realismus an Formen hervorgebracht hat: neben dem vaterländischen Roman, als dessen Exponent Alexis gilt, wären der kulturgeschichtliche (Kurz), gesellschaftsgeschichtliche (Fontane), generations- und familiengeschichtliche (Freytag, François), archäologische (Ebers; Stichwort Professorenroman), biographische (Mühlbach, Brachvogel) und zeitgeschichtlich sensationelle Roman (Retcliffe, Samarow) zu nennen; auch lassen sich Ausläufer des Bildungs- (Stifter) und Künstlerromans (Scheffel, Hamerling) feststellen. Vielleicht läßt sich diese Vielfalt aber wiederum auf ein Typenpaar reduzieren; nach Eggert bietet sich die Unterscheidung zwischen verändertem Scottschen Romantypus und historisch-biographischem Roman an. Verändert ist der erste Typus gegenüber Scott insofern, als die Rolle des ›mittleren Helden‹ eine bedeutende Wandlung vom distanzierten Perspektiventräger zum aktiven, sympathischen Mitstreiter im historisch-dramatischen Prozeß erfährt (über das frühere Auftreten dieser Version s. Sottong 1992).

Politisch gesehen motiviert eine Reihe von Ereignissen (Verfassungskrise, Heeresreform, Kriege, Reichsgründung, Balkankrise; die Rolle Österreichs mit seiner josefinischen Tradition wäre gesondert zu betrachten) das lebhafte Interesse an Vergangenheitsberichten. Geschichte wird zum bevorzugten Feld, auf dem man Erklärungen, Rechtfertigungen, verherrlichende Denkmäler und Feste, aber auch Warnungen, Drohbilder und Utopien anbaut. Gerade die symptomatische Vorliebe für die fiktive Figur des mitstreitenden Helden deutet auf ein »Selbstdarstellungsinteresse des Bürgertums« (Eggert 1971, S.123) hin.

Aufschwung und Höhepunkt des Genres rühren nicht allein daher, daß Stifter, Meyer, Fontane und Raabe herausragende historische Romane verfaßt haben; zwar eigneten sich alle bedeutenden Realisten das historische Erzählen an (dies aber eher in der novellistischen Form), doch liegt der eigentliche Grund für die ausgesprochene Mode in der massenhaften und serienmäßigen Produktion von historisierender Unterhaltungs- und ›Bildungsliteratur‹, die ihrerseits auf ein wachsendes Lese-, Konsum- und ›verschobenes‹ politisches Handlungsbedürfnis des zumeist bürgerlichen Publikums verweist. Die empirisch-statistischen Untersuchungen von Eggert haben hier zu wertvollen, differenzierten Erkenntnissen geführt. Ansichtig werden mit diesem Verfahren Stoffvorlieben, Gesinnungen, Lösungsbegehren und Verpackungstrends, die das ›literarische Leben‹ des historischen Romans ›hautnah‹ charakterisieren. Die »Dominanz der nationalstaatlichen Thematik« (Eggert 1971, S.113) verdrängt bzw. überformt und vereinnahmt alle weiteren (kulturhistorischen, gesellschaftspolitischen) Erzählinteressen und liefert dem legitimistisch fixierten Erwartungshorizont ein literarisches Forum, auf dem in Ersatzhandlungen die »partikularistischen Tendenzen« (Eggert 1971, S.112) der politischen Geschichte zum ›schönen‹ Reich der langhin vorbereiteten Gegenwart vereint werden. Seitdem führen historischer Roman und Nationalbewußtsein ihre berüchtigte literaturpolitische Symbiose:

»Seine größte Wirkung wird er [der Geschichtsroman] erzielen, wenn es ihm gelingt, aus unserer eigenen nationalen Vergangenheit solche Bilder zu entrollen, in welcher unsere Gegenwart ihre eigensten Züge sich wiederspiegeln sieht; wenn er den großen nationalen Ideen, welche unsere Zeit erfüllen und beherrschen, die Wurzeln bloslegt; wenn er in uns das Bewußtsein erweckt, die Kinder großer Väter zu sein; wenn er uns mit dem Stolze erfüllt, ein reiches Erbe aus der Vergangenheit überkommen zu haben; wenn er aber auch das Pflichtgefühl in uns belebt, an einer großen nationalen Aufgabe mit arbeiten zu sollen und berufen zu sein, dieselbe ihrem Abschlusse näher zu führen«. (Rehorn 1890, S.151)

In der populären Multiplikation des historischen Mediums entsteht und erhält sich ein »individualistischer Heroismus« (Westenfelder 1989, S.90), der weit in die Zukunft vorausweist, obwohl er schon im Wilhelminischen Reich antiquiert ist. In der Zeit des Kulturkampfs wird der Geschichtsroman zum bevorzugten Medium gegenwartspolitischer Auseinandersetzungen; nicht der Historismus sorgt für seine Beliebtheit, sondern die kommunikativ funktionierende Kostüm- und Maskensprache (Hirschmann 1978).

   Der Erfolg der historischen Gattung hat auch pädagogikgeschichtliche Gründe. Im Curriculum für das Fach ›Geschichte und nationale Erziehung‹ spielt er nicht nur für Bürgerliche, sondern insbesondere auch für die »Arbeiterbevölkerung« aus hochaktuellem Anlaß (Attentat auf Wilhelm I. am 11. Mai 1878) die Hauptrolle:

»Es giebt kein besseres Mittel, um Achtung vor dem deutschen Reich und seinem Kaiser zu erziehen, als wenn man ihr [der Volksjugend] die Glanzzeit der kaiserlichen Ottonen, die Hohenstaufen, dann die lange kaiserlose, die schreckliche Zeit – so nenne ich die Zeit von der Mitte des zwölften Jahrhunderts bis zum 18. Januar 1871, in der es zwar Kaiser dem Namen nach, aber ohne die Machtsphäre der Ottonen und Hohenstaufen gab – vorführt und ihr aus der Gegenwart zeigt, daß der jahrhundertelange Traum von deutscher Macht und Einheit nun endlich Wahrheit geworden ist [...] Die populärste und tiefeingreifenste Förderung des geschichtlichen Verständnisses ist [...] die des historischen Romans, wenn derselbe nicht willkürlich phantastisch zusammengefabelt ist, sondern Thatsachen in poetischer Form aber treu historisch schildert.« (Hirsch 1882, in: *Realismus und Gründerzeit* 1975 II,491)

Auf dieser Grundlage entsteht ein früher Kanon des historischen Romans, in dem Freytag die Spitzenstellung einnimmt, dicht gefolgt von Alexis; Scheffel, Spindler, Schücking, Mügge, Raabe, König und Mosen bilden mit Abstand den ›Sockel‹ (ebd.,S.492).

Literatur

Romane

Alexis, Willibald: Ruhe ist die erste Bürgerpflicht, oder Vor funfzig Jahren. Vaterländischer Roman. 5 Bde., Berlin 1852.

Holtei, Karl von: Christian Lammfell. Roman in fünf Bänden. Breslau 1853.

Mühlbach, Louise: Friedrich der Große und sein Hof. Historischer Roman. 3 Bde., Berlin 1853.

Alexis, Willibald: Isegrimm. Vaterländischer Roman. 3 Bde., Berlin 1854.

Mügge, Theodor: Afraja. Roman. Frankfurt/M. 1854.

Kurz, Hermann: Der Sonnenwirth. Roman, Frankfurt/M. 1855.

Scheffel, Joseph Victor von: Ekkehard. Eine Geschichte aus dem zehnten Jahrhundert. Frankfurt/M. 1855 [Gesammelte Werke in sechs Bänden, hrsg.v. Johannes Proelß, Stuttgart 1907].

Alexis, Willibald: Dorothe. Ein Roman aus der Brandenburgischen Geschichte. Berlin 1956.

Retcliffe, Sir John: Sebastopol. Historisch-politischer Roman aus der Gegenwart. 4 Bde., Berlin 1856-57.

Brachvogel, Albert Emil: Friedemann Bach. 3 Bde., Berlin 1857.

Raabe, Wilhelm: Unsers Herrgotts Canzlei. 2 Bde., Braunschweig 1862.

Laube, Heinrich: Der deutsche Krieg. Historischer Roman in drei Büchern. 9 Bde., Leipzig 1863-66.

Ebers, Georg: Eine ägyptische Königstochter. Roman. 3 Bde., Stuttgart 1864.

Stifter, Adalbert: Witiko. Eine Erzählung. 3 Bde., Pesth 1865-67 [Hrsg.v. Max Stefl, Augsburg o.J.].

Gutzkow, Karl: Hohenschwangau. Roman und Geschichte 1536-1567. 5 Bde., Leipzig 1867-68.

François, Louise von: Die letzte Reckenburgerin. Roman. Berlin 1871.

Oppermann, Heinrich Albert: Hundert Jahre 1770-1870. Zeit- und Lebensbilder aus drei Generationen. 9 Bde., Leipzig 1871.

Freytag, Gustav: Die Ahnen. Romane des deutschen Hauses. 6 Bde., Leipzig 1873-81.

Dahn, Felix: Ein Kampf um Rom. Historischer Roman. 4 Bde., Leipzig 1876 [Gesammelte Werke. Erzählende und poetische Schriften. Neue wohlfeile Ausgabe I,1/2, Leipzig o.J.].

Hamerling, Robert: Aspasia. Ein Künstler- und Liebesroman aus Alt-Hellas. 3 Bde., Hamburg 1876.

Meyer, Conrad Ferdinand: Georg Jenatsch. Eine alte Bündnergeschichte. Leipzig 1876 [Sämtliche Werke. HKA hrsg.v. Hans Zeller, Alfred Zäch, Bd. 10, Bern 1958].

Fontane, Theodor: Vor dem Sturm. Roman aus dem Winter 1812 auf 13. 4 Bde., Berlin 1878 [Werke, Schriften und Briefe, hrsg.v. Walter Keitel, Helmuth Nürnberger, I,3, München 1971].

Raabe, Wilhelm: Das Odfeld. Erzählung. Leipzig 1888 [Sämtliche Werke (Braunschweiger Ausgabe), Bd. 17, hrsg.v. Karl Hoppe, Hans Oppermann, Göttingen].

Sudermann, Hermann: Der Katzensteg. Roman. Berlin 1890.

Ganghofer, Ludwig: Die Martinsklause. Roman aus dem Anfang des 12. Jahrhunderts. Stuttgart 1894.

Sekundärliteratur

Schmidt, Julian: Der vaterländische Roman. In: Die Grenzboten 11,2/3(1852), S. 481-489 [Ausz.: Realismus und Gründerzeit: Manifeste und Dokumente, S. 278-281].

Freytag, Gustav: Wilibald Alexis: Isegrimm. Vaterländischer Roman. Berlin 1854. In: Die Grenzboten 13,1/1(1854), S. 321-328 [Ausz.: Realismus und Gründerzeit: Manifeste, S. 285-287].

Schmidt, Julian: Geschichte der Deutschen Literatur im neunzehnten Jahrhundert. Bd. 3: Die Gegenwart. 2., durchaus umgearbeitete, um einen Band vermehrte Auflage, Leipzig 1855.

Gottschall, Rudolf: Die deutsche Nationalliteratur in der ersten Hälfte des neunzehnten Jahrhunderts. Literarhistorisch und kritisch dargestellt. 3 Bde., 2. vermehrte und verbesserte Auflage, Breslau 1861.

Jensen, Wilhelm: Willibald Alexis und die preußische Dichtung unserer Zeit. In: (Augsburger) Allgemeine Zeitung, 1866, Beilage 4.-8. Sept. [Ausz.: Realismus und Gründerzeit: Manifeste, S. 489 f.]

Fontane, Theodor: Willibald Alexis [1872]. In: Th.F., Sämtliche Werke, Abt. III, Bd. 1, München 1969, S. 407-462.

Kleinpaul, Ernst: Poetik. Die Lehre von den Formen und Gattungen der deutschen Dichtkunst. 7., von Freundeshand verb. u. verm. Aufl., Leipzig 1873, 2. Theil, S. 145-147.

Fontane, Theodor: Gustav Freytag: Die Ahnen [1875]. In: Th.F., Sämtliche Werke, Abt. III, Bd. 1, München 1969, S. 308-325.

Keiter, Heinrich: Der historische Roman. In: H.K., Katholische Erzähler der Neuzeit. Paderborn 1880, S. 129-189.

Hirsch, Franz: Geschichte und nationale Erziehung. In: Der Salon 2 (1882), S. 1455-1461 [Ausz.: Realismus und Gründerzeit: Manifeste, S. 491 f.]

Spielhagen, Friedrich: Finder oder Erfinder? (1871). In: F.Sp., Beiträge zur Theorie und Technik des Romans. Leipzig 1883, S. 1-34.

Ludwig, Otto: Walter Scotts Einheitlichkeit. Seine Durchschnitthelden. In: O.L., Gesammelte Schriften. Hrsg.v. Erich Schmidt u. Adolf Stern, Leipzig 1891, Bd. 6, S. 114- 120 [Ausz.: Realismus und Gründerzeit: Manifeste, S. 292 f.].

Beyer, C.: Deutsche Poetik. Theoretisch-praktisches Handbuch der deutschen Dichtkunst. 3. Aufl., Berlin 1890, Bd. 2., S. 372- 374.

Bölsche, Wilhelm: Der historische Roman. Ein Rückblick zur Klärung des Augenblicks. In: Kritisches Jahrbuch 1,2(1890), S. 13-27.

Heinze, Paul, Goette, Rudolf: Deutsche Poetik. Umriß der Lehre vom Wesen und von den Formen der Dichtkunst. Dresden 1891, S. 323 f.

Rehorn, Karl: Der Deutsche Roman. Geschichtliche Rückblicke und kritische Streiflichter. Köln 1890, S. 144-196.

Gottschall, Rudolf von: Streitfragen der modernen Poetik. Auf dem Gebiete des Romans. In: R.v.G., Studien zur neuen deutschen Litteratur. Berlin 1892, S. 137-198.

Gottschall, Rudolf von: Poetik. Die Dichtkunst und ihre Technik. Vom Standpunkte der Neuzeit. 6. verm. u. bearb. Aufl., Breslau 1893, Bd. 2, S. 208-213.

Braun, Margot: Ernst Wicherts Roman »Der Große Kurfürst in Preußen«. Ein Beitrag zur Geschichte des historischen Romans im 19. Jahrhundert. Diss. Königsberg 1940.

Grünauer, Helmtrud: »Der Deutsche Krieg« – »Hohenschwangau« – »Die Ahnen«. Typen des historischen Romans der Jungdeutschen. Ein Vergleich. Diss. masch. Wien 1946.

Herrle, Inge: Der historische Roman von Novalis bis Stifter. Studien über seine Funktion im 19. Jahrhundert. Diss. masch. Leipzig 1952.

Eggert, Hartmut: Studien zur Wirkungsgeschichte des deutschen historischen Romans 1850-1875. Frankfurt/M. 1971 (= Studien zur Philosophie und Literatur des neunzehnten Jahrhunderts, Bd. 14).

Hirschmann, Günther: Kulturkampf im historischen Roman der Gründerzeit 1859-1878. München 1978.

Leitner, Ingrid: Sprachliche Archaisierung. Historisch- typologische Untersuchung zur deutschen Literatur des 19. Jahrhunderts. Frankfurt/M. 1978.

Eggert, Hartmut: Hermann Kurz: ›Der Sonnenwirt‹ (1855). Fiktion und Dokument – Formkrise des historischen Romans im 19. Jahrhundert. In: Romane und Erzählungen des Bürgerlichen Realismus. Neue Interpretationen. Hrsg.v. Horst Denkler, Stuttgart 1980, S. 124-137.

Kurth-Voigt, Lieselotte E., McClain, William H.: Louise Mühlbach's Historical Novels: The American Reception. In: IASL 6(1981), S. 52-77.

Kurth-Voigt, Lieselotte E.: Historische Romane. In: Deutsche Literatur. Eine Sozialgeschichte. Bd. 7: Vom Nachmärz zur Gründerzeit: Realismus 1848-1880. Hrsg.v. Horst Albert Glaser, Reinbek 1982, S. 124-142.

McClain, William H./ Kurth, Lieselotte E.: Clara Mundts Briefe an Hermann Costenoble. Zu L. Mühlbachs historischen Romanen. Frankfurt/M. 1982.

Méry, Marie-Claire: Le roman historique entre 1850 et 1875. Un genre littéraire à la recherche de son identité. In: Le texte et l'idée 1(1986), S. 133-144.

Westenfelder, Frank: Genese, Problematik und Wirkung nationalsozialistischer Literatur am Beispiel des historischen Romans zwischen 1890 und 1945. Frankfurt/M. 1989.

Méry, Marie-Claire: Héros de l'histoire, personnages du roman historique. Notes de lecture et réflections théoretiques à partir de l'oeuvre de Louise von François. In: Chroniques allemandes 1(1992), S. 27-40.

Joseph Victor von Scheffel

»Der größte Verkaufserfolg eines historischen Romanes wurde im 19. Jahrhundert in Deutschland Scheffels *Ekkehard*«. (Eggert 1971, S.27) Für Scheffel tritt der historische Roman als »ein Stück nationaler Geschichte in der Auffassung des Künstlers« (I/99) die Nachfolge der epischen Dichtung an. Er erwächst aus einer »innigen Freundschaft zwischen Geschichtsschreibung und Poesie« (1855/1907, I/97) und versteht sich als »geschichtliche Wiederbelebung der Vergangenheit, als »schöpferisch wiederherstellende Phantasie« (ebd., I,99); so versucht er wettzumachen, was die wuchernde Gelehrsamkeit versäumt. Es sind Grundsätze des ›programmatischen Realismus‹ (Kritik an Abstraktion, Phrase und müßiger Selbstbeschauung, Forderung nach Konkretem, Farbigem, Sinnlichem, Lebens- und Gegenwartsbezug, Verklärung), die dem Scheffelschen Gattungsverständnis einen epochenspezifischen Anstrich geben. Der zunächst verzögerte, dann aber in der Zeit nach der Reichsgründung stürmisch zunehmende und bis heute anhaltende Erfolg des Romans (Eggert) verweist auf mentalitätsgeschichtliche Wandlungen der Nachkriegszeit sowie auf eingefahrene Bedürfnisse nach idyllischer Geschichtserfahrung.

Der Roman entwirft eine »Geschichtsidylle« (Eggert 1971, S.168). Er handelt von Liebe und Kampf als Thema des Lebens wie der Poesie und entdeckt schließlich in der poetischen Arbeit den Ausweg aus den ›Irrungen und Wirrungen‹ der Vorzeit. Das historische Gefecht mit den einfallenden Ungarn – die sogenannte »Hunnenschlacht« – bildet hierbei einen dramatischen Höhepunkt, nach dessen ›Wende‹ die Handlung nicht etwa fällt, sondern in doppeltem Sinn weitersteigt und somit die geschichtliche Krise ›aufhebt‹ – als Schatzgewinn in der Nebenhandlung (Audifax und Hadumoth) und als Stoffgewinn des ›Künstlerromans‹. Die Versuchungs- und Bildungsgeschichte des schönen Mönchs (seine ›Mann-Werdung‹ im Kampf sowie seine künstlerische Entwicklung in der ›Verbannung‹)

93

und seiner ›hohen‹ Schülerin übernimmt auf dem Hintergrund der bedeutungsvollen mittelalterlichen Frühzeit die ›Stimmführung‹ im genremalerischen Vielerlei eines Zeitromans. Kulturgeschichtliches Detail, pittoreske Landschaft und stimmungsreiche Atmosphäre begründen den freudigen Erlebnisraum des Vergangenen, bei dessen Anblick die »Feder [...] zu fröhlichem Sang aufjodeln« (II,141) muß. ›Geschichte‹ heißt die Erfahrung, daß »der Menschen Geschlechter kommen und zergehen wie die Blätter, die der Frühling bringt und der Herbst verweht, und daß ihr Denken und Tun nur eine Spanne weit reicht; dann kommen andere und reden in andern Zungen und schaffen in andern Formen; Heiliges wird geächtet, Geächtetes heilig, neue Götter steigen auf den Thron: wohl ihnen, wenn er nicht über allzuviel Opfern sich aufrichtet...« (I,210) Das ist ein glücklich gefundener ›gemeinsamer Nenner‹ für unüberschaubare Wandlungen (vgl. dagegen Aragon); dennoch ›mildern‹ sie nicht die Härte der tatsächlichen Auseinandersetzungen: die rigorose Unterdrückung der älteren, fremden Kultur (Waldfrau), die Verteufelung des Gegners (Hunnen) und die kriegerische Euphorie, verbrämt mit Liebeswünschen.

Literatur

Mulert, S.G.: Scheffels Ekkehard als historischer Roman. Ästhetisch-kritische Studie. Münster 1909.
Jan, Helmut von: J.V.v. Scheffels Verhältnis zur Historie. In: Zeitschrift für die Geschichte des Oberrheins 97(1949), S. 539-606.
Lechner, Manfred: Joseph Victor von Scheffel. Eine Analyse seines Werks und seines Publikums. Diss. München 1962.
Selbmann, Rolf: Dichterberuf im bürgerlichen Zeitalter. Joseph Victor v. Scheffel und seine Literatur. Heidelberg 1982.

Adalbert Stifter

Der beschwerliche Weg zum »Traum-Abenteuer einer Langweiligkeit höchster Art« (Th. Mann 1933, S.187) scheint im Nachfeld der ›entdeckten Langsamkeit‹ (Nadolny 1983) wieder einmal ebener zu verlaufen, und die Zeichen stehen vielleicht günstig für eine geniale »Geduld« (Sengle 1980, III,1001). Stifters Entscheidung für den historischen Roman drückt Reaktion und Bedürfnis gleichermaßen aus: Der Autor reagiert auf die Idyllen-Kritik der aktivistischen Vormärzler und realistischen Programmatiker, vor allem aber auch auf die sich wandelnde Zeit (»daß Dichtungen in jeziger Zeit ganz andere Motive bringen müssen, wenn sie hinreißen sollen, als vor den Märztagen«, Brief v. 8.9.1848, Sämtliche Werke, Briefwechsel, I/302; »ernster«, 20.3.1850, II/42; »Etwas Handlungsreiches und mit etwas erschütternden Lagen Erfülltes muß jezt von meiner Feder kommen, daß des Idillischen nicht zu viel wird.« Brief v. 29.2.1956, II/314), und er sucht, den Geist des Nibelungenliedes, »das Bemühen, Liebe zu unserer Vorzeit und Nationalgefühl zu wecken« (Gesammelte Werke, Bd. 14, S.142), im biedermeierlichen Sinn zu reaktivieren. Einerseits schien ihm die populär gewordene Gattung ein leichter Weg (Brief v. 8.9.1848, Briefwechsel I/303), das Notwendige nachzuholen; andererseits lieferte er sich aber Erlebnissen aus (einer »Welt aus Blut und Tränen«, Sengle, S.1000), die seiner ›Sanftheit‹ zuwider liefen, so daß er in der Tat später vom *Witiko* sagen kann, »daß ich dieses Buch mit meinem Herzblute geschrieben habe.« (Brief v. 18.11.1864, IV/230) Schon 1844 plante er, »den Maximilian Robespierre (historischer Roman in 3 Bänden) herauszugeben [...], damit ich mit ernsteren und größeren Sachen auftrete.«(Brief v. 17.7.1844, I/123) Doch verwirklichte er dieses Projekt ebensowenig wie einen Babenberger-Zyklus, dessen offiziöser (Sengle, S.1000) Charakter ihn vielleicht störte. Nach Enzinger (1954) bot sich statt dessen der heimatlich-landschaftlich vertraute Rosenberger-Stoff an, den Stifter nach dem Vorbild des Nibelungenliedes als tragisches Epos zu gestalten dachte (Wiesmüller), indem er die Wachstumsphasen Aufstieg (Witiko), Blüte (Wok) und Niedergang (Zawisch) (Br. 7.3.1860, III/223 ff.) zu einer monumentalen Geschichts-, Familien- und Haustrilogie vereinen wollte.

In einem Brief an den Verleger Heckenast (8.6.1861) legt Stifter dar, was er von dem neu gewählten Genre erwartet bzw. wie er es in seinem Sinn anwenden und das heißt hier umformen möchte:

»Ich bin durch die Natur der Sache von der gebräuchlichen Art des historischen Romanes abgelenkt worden. Man erzählt gewöhnlich bei geschichtlichen Hintergrunde Gefahren Abenteuer und Liebesweh eines Menschen oder einiger Menschen. Mir ist das nie recht zu Sinne gegangen. Mir haben unter Walter Scotts Romanen die am besten gefallen, in denen das Völkerleben in breiteren Massen auftrit wie z.B. in den ›Presbiterianern‹. Es erscheinen da bei dieser Art die Völker als großartige Naturprodukte aus der Hand des Schöpfers hervorgegangen, in ihren Schiksalen zeigt sich die Abwiklung eines riesigen Gesezes auf, das wir in Bezug auf uns das Sittengesez nennen, und die Umwälzungen des Völkerlebens sind Verklärungen dieses Gesezes. Es hat das etwas geheimnißvoll Außerordentliches. Es erscheint mir daher in historischen Romanen die Geschichte die Hauptsache und die einzelnen Menschen die Nebensache, sie werden von dem großen Strome getragen, und helfen den Strom bilden. Darum steht mir das Epos viel höher als das Drama, und der sogenannte historische Roman erscheint mir als das Epos in ungebundener Rede.« (Stifter: Briefwechsel III/282)

Stifter ›subjektiviert‹ die Geschichte, indem er nach ihr wie nach einem grammatischen Subjekt fragt (Brief v. 7.3.1860, II/224), er naturalisiert sie zu einem »großen, ruhig wallenden Strom des allgemeinen Lebens«, erhöht sie damit zur Schöpfung Gottes und ästhetisiert sie, die »Weltgeschichte als ein Ganzes«, als »das künstlerischeste Epos«, welches »aus dem Munde des mitlebenden Volkes erzählt« (ebd.) wird. Dennoch entrückt er sie nicht dem Vergleich mit der Gegenwart, vielmehr verfällt er ganz im Gegenteil gerade auf die Ottokarzeit, weil sie »gewaltthätig und groß war, wie die heutige« (Brief v. 8.9.1848, I/302).

Trotz des »neuen Gewande[s]« (Brief v. 28.8.1864, IV/214) machen sich auch im *Witiko* die alten Formkräfte Idylle und Bildung geltend; hinzu kommt die ›Geistesbeschäftigung‹ der historischen Epik, die im »große[n] Lied« (S.967) das ehrwürdige Bildchen ins machtvoll Tätige umbildet. Im *Witiko* geht es – spontan und providentiell – um Macht, trotz oder gerade wegen der schönen (und anachronistischen) Worte um Recht, Freiwilligkeit, Frieden und Gott. Militärische Aktionen (unter welchen Umständen darf man von ›Aggression‹ sprechen?) behaupten sich als dominierende Zukunftsperspektive (s. Kreuzzug). Lohn, Ruhm und Ehre werden in Rüstungskraft umgemünzt; und trotz des demokratischen Patriarchats macht der Kniefall eines ›Herrn‹ Opfer und Elend der vielen unbedeutenden Einzelnen zunichte. Gleichzeitig jedoch wendet sich der Roman gegen Ausbeutung, Unterdrückung und Interessenpolitik und behauptet monomanisch das Recht des Rechts. Auf unterschiedlichen Ebenen geht es um Gesetzmäßigkeiten: »Auf der Ebene der Generationsgeschichte Witikos der wellenförmige Auf- und Abstieg eines Geschlechts, auf der Ebene der böhmischen Landesgeschichte die Abfolge von Frevel und Strafe, von Unrecht und Recht, von Aufruhr und Ordnung, schließlich auf der Ebene der Reichsgeschichte die Folge von Zwietracht und Versöhnung, von Zersplitterung und Einheit.« (Wiesmüller: Prolegomena, 1981, S. 196) Aus psychologieloser Taktik, internen Machtkämpfen und imperialem Aufmarsch entsteht die reine Idee einer heiligen, natürlichen, rechtlichen und wechselseitig einvernehmlichen Herrschaft, deren Kosten keine Gewissensbisse hervorrufen, obwohl gerade die Personen-, Bau- und Landesgeschichte auch über Leichen geht. Zehn Jahre vor *Krieg und Frieden* enthüllt sich am lieblichen Pfingstfest das schlachtgeborene Klassikbild eines gefestigten Reichs und einer befriedeten Völkerunion unter dem Horizont des verbindlichen Sittengesetzes. »Die prästabilierte Harmonie des 18. Jahrhunderts, die Säkularisation des Himmelreichs und der darauf aufgebaute Legitimismus und Moralismus der Restauration ist hier zu einem Weltbild verdichtet« (Sengle, S. 1001).

Witiko stammt nicht aus der ›schottischen‹ Familie passiver Helden, sondern erscheint von Anfang an in die Geschichte verwickelt (Wiesmüller: Prolegomena, 1981, S.193). Er ist vor allem eine charismatische Figur, jedoch kein ›Individuum‹, sondern im eigentlichen Wortsinn eine ›Person‹, ein Medium, in dem sich das künftige Familienschicksal der Rosenberger ankündigt, in dem weiterhin die ›Dinge‹ als Äußerungen Gottes, der Vernunft und der Ordnung zu Worte kommen und in dem schließlich auch das »Gesetz« tätig wirkt, so daß sich Sehen, Hören, Gehorchen und Kämpfen sowohl phylo- als auch ontogenetisch am »Ledermann« herausbilden können. Das geschichtlich karg Überlieferte oder gar Unverbürgte wird ›sagend‹ vertieft, buchstäblich geheiligt und all denen, die nicht dabei waren, immer wieder erzählt (S.953). Die heimatliche Verbundenheit mit der Lokalsage, der gläubige Rückhalt an der Heiligen Schrift und die Begeisterung für die Aktualität einer prosaisch-naiven Gattungspoetik im Eingedenken an die Klassik Homers und des Nibelungenliedes erwirken eine »Erzählung«, die angeblich »Spuren« bergen will, tatsächlich aber Bruchstücke ›restauriert‹, nicht aber, um sie im Museum auszustellen, sondern um ihrer synkretischen Utopie den Appell zu künftigem Handeln abzuringen.

Der monotone und einfache Stil trägt den subjektlosen Protagonisten des unwandelbaren Rechts durch die Wirrungen der wandelbaren Bedingungen einer Politik, die Recht auf Grund von Interessen erzeugt. Eigentlich müßte Witiko als Marionette erscheinen, aber der Sprachstil konditioniert ihn zum in sich ruhenden, nicht irritierbaren ›Orthodoxen‹ seiner expandierenden Familienpolitik. In ihr schwingen zwar Eros und Ehrgeiz mit, obwohl der Autor seinem Helden »das Brausen des eigenen Lebens« (Brief v. 7.3.1860, Briefwechsel III/224) eher verwehren müßte, doch versagt sich der enumerierende Stil – ungleich seinem hohen Vorbild – gerade in der Prokreationsgeschichte die typischen Einzelheiten, Wiederholungen und Zeitlupeneinstellungen; daß Witiko zwei Söhne hat, erfährt der geduldig gewordene Leser erst nachträglich und eher beiläufig.

Literatur

Mann, Thomas: ›Witiko‹ [zuerst 1933]. In: Th.M., Das essayistische Werk. Miszellen. Frankfurt/M. 1968, S. 186 f.
Pütz, Theodor: ›Witiko‹ als Urbild des politischen Menschen. Wien 1950.

Müller, Joachim: Adalbert Stifters ›Witiko‹ und das Problem des historischen Romans. In: Wissenschaftliche Zeitschrift der Friedrich-Schiller-Universität Jena, ges.-spr.wiss. Reihe, 3(1953/54), S. 275-285.

Enzinger, Moriz: Stifters Weg zum Geschichtsroman und der Plan zum ›Zawisch‹ [1954]. In: M.E., Gesammelte Aufsätze zu Adalbert Stifter. Wien 1967, S. 219-237.

Weippert, Georg: Stifters Witiko. Vom Wesen des Politischen. Wien 1967.

Kunisch, Hermann: Witiko. In: Adalbert Stifter. Studien und Interpretationen. Hrsg.v. Lothar Stiehm, Heidelberg 1968, S. 227-244.

Rückle, Eduard: Die Gestaltung der dichterischen Wirklichkeit in Stifters ›Witiko‹. Eine Untersuchung der strukturbildenden Formprinzipien. Diss. Tübingen 1968.

Selge, Martin: Die Utopie im Geschichtsroman. Wie man Adalbert Stifters ›Witiko‹ lesen kann. In: Der Deutschunterricht 27,3(1975), S. 70-85.

Pfotenhauer, Helmut: Die Zerstörung eines Phantasmas. Zu den historischen Romanen von Stifter und Flaubert. In: GRM NF 27(1977), S. 25-47.

Naumann, Ursula: Adalbert Stifter. Stuttgart 1979, S. 46-53.

Wiesmüller, Wolfgang: Adalbert Stifter: »Witiko«. Prolegomena zu einer neuen historisch-kritischen Edition. Diss. masch. Innsbruck 1981, bes. S. 186-216 u. 217-232.

Wiesmüller, Wolfgang: Adalbert Stifters Reflexionen über den historischen Roman. In: Studien zur Literatur des 19. und 20. Jahrhunderts in Österreich. Festschrift für Alfred Doppler zum 60. Geburtstag. Hrsg.v. Johann Holzner u.a., Innsbruck 1981, S. 43-53.

Klieneberger, Hans R.: Stifters ›Witiko‹ und die Romane Walter Scotts. In: Adalbert-Stifter-Jahrbuch 35(1986), S. 145-155.

Gugler, Otto Michael: Die besondere Form des historischen Romans: Die Neuprägung von Scotts Romanmodell durch Stifter. Diplomarbeit Wien 1990.

Stone, Barbara S.G.: Adalbert Stifter and the Idyll: A Study of ›Witiko‹. New York 1990.

Gustav Freytag

Freytags »Roman« *Die Ahnen* (1872-80) repräsentiert bis heute das nationale Bild der Gattung und ihren bildungsgeschichtlichen Wert. Stoffwahl, poetische Idee und Romanform erzeugen ein episches Denkmal, das anschaulich und zugkräftig die eigene Vorgeschichte von den ›dunklen‹ Anfängen bis zur ›hellen‹ Gegenwart in Erinnerung ruft. Entstehung und Wirkung des Werks zeugen vom aktuellen, politischen Münzwert der historisierenden Phantasie, die im rechten Augenblick (Reichsgründung) den Geschmack der meisten trifft. So steigert sich Lektüre zur Gedächtnisfeier der glücklich in Erfüllung gegangenen geschichtlichen Heilsversprechungen und zur

Demonstration einer Vergangenheit, in der Bürger die Geschicke der Nation wesentlich mitbestimmten.

In der Erfolgsgeschichte der Gattung bewahrt Freytags Werk einen beachtlichen Rang (neben *Ekkehard* und *Ein Kampf um Rom*); der dichterische Wert hingegen wurde schon früh von entscheidender (aber damals kaum wirksamer Seite – Fontane) in Abrede gestellt. Bemerkenswert ist die Art des Anfangserfolgs: Obwohl der erste Band (*Ingo und Ingraban*) ein solches Aufsehen erregte, »wie es als unmittelbare Resonanz keinem anderen deutschen historischen Roman bis dahin widerfahren war«, rief er zugleich aber auch »Erstaunen und manchmal verlegene Ratlosigkeit« (Eggert 1971, S.176) hervor. Insbesondere überraschte die Fremdheit der Stoffwahl, die einer noch kaum erschlossenen Vorzeit galt. Fontane sah sich angesichts der ersten vier Erzählungen genötigt, eine zeitgemäße, »moderne« Romanpoetik unter besonderer Berücksichtigung des Geschichtsromans zu skizzieren, um der Eigenart des dichterischen Unternehmens auf die Spur zu kommen. Im Zentrum stand dabei die Spannung zwischen dichterischer Verlebendigung und historischer Differenz. Was er an Scheffels Roman bewunderte, die Kraft des Nachgeborenen, Vorzeiten zu verlebendigen, vermißte er durchweg bei Freytag; dieser erwecke statt Menschen bloße Gespenster (»Revenants« Fontane 1875/1969, I/IV,324), Gebilde, »die Leben heucheln.« (S.323) Ein »Zauberprofessor« sei am Werk, dessen »Magie« darin liege, »Schatten leben zu lassen« (S.322). Daß gerade ein solches Verfahren dem wilhelminischen Publikum zusagte, kennzeichnet dessen Einstellung: »Weil Freytag nicht nur die Geschichte einer vergangenen Zeit darstellte und nachzeichnete, sondern auch deren historische Kunststile nachahmte und dadurch die ›Echtheits‹-Fiktion steigerte, werden die ›Ahnen‹ in so großem Stile beim Publikum ihr Glück gemacht haben.« (Eggert 1971, S.187)

Freytag wies nachdrücklich darauf hin, daß ihm die eigentliche Idee zum gewaltigen Romanplan während seiner ›touristischen‹ Teilnahme am deutschen Feldzug gegen Frankreich kam. In einer traumartigen Vision verwandelten sich ihm die vorrückenden Truppen zum Bild der »Einbrüche unserer germanischen Vorfahren in das römische Gallien« (*Erinnerungen*, S.680). Diese Überblendung veranschaulicht einen Grundzug seines Geschichtsbildes, das er nachweislich schon vor den Kriegsjahren entwickelt hatte (Eggert 1971, S.77). Leitend ist der »geheimnisvolle Zusammenhang mit der Vergangenheit« (Freytag: *Erinnerungen* ,S.683): »Der Zusammenhang des Menschen, nicht nur mit seinen Zeitgenossen, auch mit seinen Vorfahren, und die geheimnisvolle Einwirkung derselben auf seine Seele und seinen Leib[,] auf alle Äußerungen seiner Lebenskraft und auf sein Schicksal waren mir seit meiner Jugend besonders bedeutsam erschienen.« (Ebd., S.682) Hier liegt der ideelle Grund für eine achtfältige Geschichten-Kette, die sich guten Gewissens als »Roman«-Einheit darstellen kann. Freytag dachte an Kompositionsprinzipien der »Symphonie«, wodurch die Folge der Abteilungen als Wandel, Fortführung und Verflechtung eines einzigen melodischen Satzes erscheint (Ebd.,S.697). Darüber hinaus entwickelte er als Verstehenshilfe eine strukturelle Homologie unter den einzelnen Erzählungen (ebd., S.684 ff.), die den Grundsatz von der Variation des Identischen verdeutlichen sollte.

Für sein Geschichtsbild ist weiterhin die Rolle des Individuums im staatlich-nationalen Zusammenhang ausschlaggebend; im Mittelpunkt stehen »das Verhältnis des einzelnen Menschen zu seinem Volke, die Einwirkung der Gesamtheit auf den einzelnen und das, was jeder einzelne durch seine Lebensarbeit der Gesamtheit abgibt« (ebd.,S.682). Obwohl Freytag mit einer heroischen Haupt- und Staatsaktion beginnt, senkt sich die Ahnengeschichte in ihrem tausendjährigen Verlauf mit gutem Grund dem »bürgerlichen Leben des modernen Staates« zu, »wo nach der Auffassung des Dichters die besten Bürgschaften für Glück und Dauer gefunden werden« (ebd., S.692). Wie bei Scott und Hauff steht der fiktive Held im Vordergrund; doch ungleich seinen Vorgängern kämpft er nicht für die Sache seines Herrn, und schon gar nicht dient er als ›Lesefenster‹ im Erstunterricht geschichtlicher Bewußtseinsbildung; vielmehr ist er kraft des erbbiologischen Zusammenhangs Repräsentant und Helfer der nationalgeschichtlichen Entwicklung. Ungleich einem Ekkehard zerfallen die novellistisch konzipierten Biographien Freytags nicht in eine Phase der geschichtlichen Begegnung und eine andere Phase des privaten Schicksals, sondern Familienbildung und Prokreation werden zum roten Faden kontinuierlicher nationaler Entwicklung. Freytag entwirft keine Heroengeschichte königlicher Führer in der Art Dahns, sondern eine Naturgeschichte des bürgerlichen Reichs.

Literatur

Freytag, Gustav: Erinnerungen aus meinem Leben. In: G.F., Karl Mathy/Gedichte/Erinnerungen. Leipzig o.J.

Feilendorf, Anna: Walter Scott's Einfluss auf die historischen Romane Gustav Freytags. Diss. masch. Wien 1931.

Bußmann, Walter: Gustav Freytag. Maßstäbe seiner Zeitkritik. In: Archiv für Kulturgeschichte 34(1952), S. 261-287.

Holz, Claus: Flucht aus der Wirklichkeit. ›Die Ahnen‹ von Gustav Freytag.

Untersuchungen zum realistischen historischen Roman der Gründerzeit 1872-1880. Frankfurt/M. 1983.

Tatlock, Lynne: Realist Historiography and the Historiography of Realism: Gustav Freytag's ›Bilder aus der deutschen Vergangenheit‹. In: The Germanic Quarterly 63(1990), S. 59- 74.

Conrad Ferdinand Meyer

Die parabolische und existentielle Romanform in Verbindung mit dem personalen Prinzip, die Gottschall skizzierte, scheint in Conrad Ferdinand Meyers *Jürg Jenatsch* (1874) deutlichste und bekannteste Gestalt anzunehmen. Glaubt man den Worten seines Titelhelden, so dreht sich diese Geschichte um die »Menschwerdung eines ganzen Volkes, das sich mit seinem Geiste und seiner Leidenschaft, mit seinem Elende und seiner Schmach, mit seinen Seufzern, mit seinem Zorn und seiner Rache in mehrern oder meinetwegen in einem seiner Söhne verkörpert und den welchen es besitzt und beseelt zu den notwendigen Taten bevollmächtigt, daß er Wunder tun muß, auch wenn er nicht wollte! ...« (1874/1958, X,103) Glaubt man weiterhin den »confidentiellen« Briefmitteilungen des Dichters, so stand er vor der »unausweichliche[n] Aufgabe, einen historischen Stoff mit dem Leben der Gegenwart zu durchdringen« (Brief an Georg von Wyß, 16.1.1871). Im Vordergrund stünden so die gründerzeitliche Analogie und die Präfiguration Bismarcks. Und schenkt man dem Autor nochmals Gehör, so zielt der ganze historische Aufwand darauf ab, »das Ewig-Menschliche künstlerischer« behandeln zu können (Brief an L.v. François, Mai 1881).

Der »eigentliche Klassiker des historischen Romans«, wie Lukács ihn – allerdings eher im Hinblick auf seine Novellen – nannte, verbirgt sich und sein Werk gern hinter Masken, auch wenn er von ihrem Vorzeigen lebt. Der Erfolg seiner »Bündnergeschichte« kann sich mit anderen Best- und Longsellern des Genres messen (Eggert 1971, S.210/212), obwohl oder weil ihre Textfassade oszilliert.

Worauf kann man sich verlassen? Das Werk sei »als großer sogenannter historischer Roman in der Ausdehnung des Ekkehard« angelegt (Brief an Haessel, 26.4.1873), heißt es gegenüber dem Verleger; doch ist es nicht auszuschließen, daß hier mit einem Titel um Interesse geworben wird, dessen Verkaufskurve soeben aufschießt (Eggert). Wenn der Hinweis allerdings sachlich triftig ist, dann bedeutet er: nationale Bedrohung am Exempel einer den »Hunnen« ausgelieferten, idyllisch-schönen Region, Leidenschaftskonflikte auf dem Hintergrund ständischer Gegensätze und Erweckung zur großen Tat aus der Erfahrung tiefen Schmerzes, vielleicht auch Berufswechsel (vom Mönch zum Dichter dort, vom Pfarrer zum Krieger hier). Aber Meyers Geschichte fällt nicht humoristisch-idyllisch aus, sondern heroisch-ernst (selbst wenn sie von einem »Komödianten« handeln sollte).

Auch zu Scott lassen sich Linien zurückverfolgen, wenngleich der ›veränderte‹ Romantypus (Eggert 1971) hier nochmals eine Verschiebung zur historisch-biographischen und heroischen Form erfährt. In der Exposition des reisenden Diplomaten sah man schon früh »einen Nachfahren aus dem Scottschen Heldenstamm« (Brandt 1957, S.45). Zwar strahlt Waser keineswegs Heldisches aus, aber sein Tun (Reisen, Gespräche, Verhandlungen, Belauschen) rückt ihn funktional in die Rolle des ›mittleren‹ Helden, der zwischen den Parteien vermittelt; auch er vergegenwärtigt im übrigen eine ›Perspektive‹, die dem Leser nicht nur zeigt, wer Jenatsch ist, sondern auch anzeigt, daß erst die Blickrichtung das Bild ergibt. Jenatsch, der sich heroisch aus der Helfer-Rolle eines Sturmfeder emanzipiert und dennoch Reste einer schicksalhaften Unterwerfungsbereitschaft (im Verhältnis zu Rohan) zeigt, kommt als Scottscher Held (auch im Ivanhoe-Format) nicht in Betracht; dafür ist er zu modern, zu ›realpolitisch‹ angelegt. Freilich auch jetzt ließe sich eine parallele Spur aufweisen, wenn man berücksichtigt, daß eine Gründerfigur wie Jenatsch aus der Sicht der etablierten Reichsmacht auch wiederum nur als vorzeitiger ›Hochland-Wilder‹ erscheint. An Scott gemahnt weiterhin das Historisch-Pittoreske der regionalen Politik: Es geht um Fanatismus, um »die Anfänge des modernen Menschen« (Brief an Haessel, 5.9.1866), um den regional-nationalen Existenzkampf einer kleinen Schar zwischen zwei bzw. drei Großmächten (s.a. den Gebirge-Ebenen-Kontrast) und um das Zusammentreffen von Zivilisation (Waser) und Archaik (Jenatsch). Auch fehlt nicht das Motiv des politisch getrennten Liebespaars.

Eigenartig ist Meyers allegorischer Stil. Er scheint mit seinem monumentalen Individualismus im Widerstreit zu stehen, trägt aber eher dazu bei: Jenatsch ›verkörpert‹ Realpolitik wie Waser Diplomatie. In Herzog Rohan gewinnt die Moral individuelle Gestalt, und Fortunatus Sprecher figuriert als Clio. Auch Lucretia versinnbildet Leidenschaft, sei es die der Liebe, sei es die der Blutrache. So kommen Rollen zusammen, die fast in der Art der barocken Haupt- und Staatsaktion (bei der sogar der Hanswurst Wertmüller nicht fehlt) mit- und gegeneinander handeln und gleichzeitig als ›Personen‹ im bürgerlich-privaten Drama ihres Autors sprechen.

Der Roman suggeriert den Eindruck eines geschichtlichen An- und Aufstiegs; tatsächlich aber erzählt er von Wenden, Fehlgriffen und Niederlagen, die dem nationalen Schlußfest die Freude verderben können. Politik hat ihren Preis (Lynchjustiz, Terrorismus), und ihre höchsten realpolitischen Kraftakte (Konversion) erweisen sich als unnötig (Jackson 1975, S.82). Die nationale Abschlußfeier schlägt in einen Maskenkarneval um, auf dem sich zeigt, wie die ›Altersversorgung‹ eines nationalen Helden aussieht, nachdem er seine Geschichtsaufgabe erledigt hat: Er wird von seiner Geliebten (im eigenartigen Einvernehmen mit ihr?) geschlachtet. Es gehört viel stumpfsinniges Selbstgefühl dazu, in einer solchen Geschichte den gründerzeitlichen Triumpf einer Blut- und Eisen-Politik wiederzuerkennen. Meyers Roman bleibt viel eher ein Vexierspiel, ein peinlich-quälendes Bild einer übermächtigen Befähigung zur maßlosen Instrumentalisierung: »Aber [...] ist es nicht ein Glück für uns ehrenhafte Staatsleute, wenn zum Heile des Vaterlandes notwendige Taten, die von reinen Händen nicht vollbracht werden können, von solchen gesetzlosen Kraftmenschen übernommen werden, – die dann der allwissende Gott in seiner Gerechtigkeit richten mag.«(X,251) Das erinnert zwar noch an die Rechtfertigung der politischen Funktion des Mörders Bob in Sealsfields *Kajütenbuch*, doch bleibt die sympathiegelenkte Erschütterung aus.

Literatur

Brandt, Helmut: Die großen Geschichtsdichtungen Conrad Ferdinand Meyers. Ihre historische und ästhetische Problematik. Diss. masch. Jena 1957.
Jackson, David A.: Conrad Ferdinand Meyer. Reinbek 1975.
Huber, Walter: Stufen dichterischer Selbstdarstellung in C.F. Meyers ›Amulett‹ und ›Jürg Jenatsch‹. Bern 1979.
Jacobson, Manfred R.: ›Jürg Jenatsch‹: The Narration of History. In: Amsterdamer Beiträge zur Neueren Germanistik 9(1979), S. 73-88.
Isaak, Gudrun: Der Fall C.F. Meyer. Außerliterarische Faktoren bei der Rezeption und Bewertung eines Autors. Frankfurt/M. 1980.
Spitzer, Paul Gerd: Untersuchungen zur Geschichtsdarstellung C.F. Meyers. Das Verhältnis von politisch-geschichtlicher Wirklichkeit und individuellen Motiven in den historischen Erzählungen. Diss. Köln 1980.

Felix Dahn

Schon Hauffs »Sage« entspringt einem ›Gründungsbedürfnis‹, das weit in die Zukunft des 19. Jahrhunderts hineinweist. Ein Höhepunkt dieser literaturpolitischen Ambition liegt bei Felix Dahns »Bilder[n] aus dem sechsten Jahrhundert«, dem bis heute erfolgreichen Roman *Ein Kampf um Rom* (1876). Es ist eine siebenfache Königsgeschichte, gegründet auf einer Art Heroenbund-Trilogie (Witichis, Totila, Teja). Sie verändert das Hauffsche Konfigurationsmuster, indem sie die fiktive Rolle dem zentralen Gegenspieler Cethegus zuerkennt; so entsteht ein eigenartiger, historisch-fiktiver Mischkonflikt.

Bezeichnenderweise verarbeitet dieses Gründerzeiten-Epos einen Untergangsstoff. Die Idee der Reichsgründung erscheint im Werk nur als entschwundene Vergangenheit der Theoderich-Zeit oder als retardierende Reichsidylle unter Totila vor der unabwendbaren Katastrophe. So äußert sich das epochale Selbstgefühl der Gründerjahre in der kontrastsetzenden Lektüre, die in Erinnerung ruft, was der Vergangenheit verwehrt blieb und erst die Gegenwart trotz ähnlicher Ränke (Kulturkampf) erstritten hat. Auf diese Weise entsteht eine »Tragödie«, die mit den Mitteln der klassischen Form den notwendigen Untergang der nationalen, germanisch-gotischen Protagonisten inszeniert und zugleich das idealistische Postulat der Versöhnung mit den Errungenschaften der Gegenwart einlöst.

Im Mittelpunkt steht der Konflikt zwischen ostgotischen Ansiedlern im »Südland«, byzantinischem Weltimperium und römisch-cäsarischen Autonomiebestrebungen. Die Konstellation ergibt keine Kollision im Hegelschen Sinn, sondern ein intrigenreiches Mantel- und Degenstück, untermengt mit Schicksalsdramaturgie, durch deren Walten eigentlich alle verlieren. Nicht Schwäche, sondern Verrat besiegelt den tragischen Untergang; innere Zwietracht verschenkt an den Gegner den Vorteil, und ›beleidigte‹ Liebe verkehrt die ›schönste‹ Frau der Goten (Mataswintha) in eine dämonische Rächerin. »Germanen durch Germanen verderben«(1876/o.J., II,388 u.ö.) heißt das listige Rezept der minderwertigen Übermacht, die selten den offenen Zweikampf wagt und meistens die hinterhältige Intrige spinnt. Perspektiven der ›tragischen Versöhnung‹ kommen wiederholt zur Sprache: als grimme Hoffnung auf Rache (II,617), heroische Erwartung Walhallas und unorthodoxer christlicher Glaube an Erlösung. Doch auch ein schopenhauerischer Pessimismus macht sich geltend, der als ›Theodizee‹ nur die Tücke des Geschicks, den Hohn eines Demiurgen oder die blutige Passion kennt.

Literatur

Hovey, Mark A.: Felix Dahn's ›Ein Kampf um Rom‹. Diss. State University of New York at Buffalo 1981.

Theodor Fontane

Von allen historischen Romanciers scheint Fontane derjenige zu sein, der sich am besten auf das Genre vorbereitet hat: ›Von Geburt aus‹ Historiker arbeitete er sich jahrzehntelang als Kritiker durch das Dickicht des florierenden Genres; er setzte sich mit Scott, Alexis, Freytag und – ganz zuletzt – noch mit Doves *Caracosa* auseinander (vgl. seine Briefe an Friedlaender). Das Pittoreske seiner märkischen Region lernte er wandernd zu erschließen, und dem Krachen der Granaten dreier Kriege folgte er auf dem Fuße. Das Poetische des Romantisch-Heroischen und zugleich Menschlich-Alltäglichen besang er von früh auf: »Ich bin mit Maria Stuart zu Bett gegangen und mit Archibald Douglas aufgestanden« (Brief an H. Hertz v. 15.4.91). So mag es nicht verwundern, daß der ›Spätling‹ im epischen Fach gerade auf den historischen Roman sein »eigentlichstes Stück Leben« (HI/III,740) setzte.

Daß er sich einem »Roman aus dem Winter 1812 auf 13« verschrieb, kommt nicht unerwartet, auch wenn sein Ruhm als Klassiker des Gesellschaftsromans die historische Neigung bloß als ›Anlauf‹ werten sollte. Frühe dramatische und epische Versuche weisen auf eine wandlungsreiche Kontinuität des politisch-historischen Problembewußtseins hin. Viele Wege führen von *Karl Stuart* (1848/49) und *Wolsey* (1857) nach *Vor dem Sturm* (1878): der Vermittlungskonflikt zwischen König und Volk, die Personifikation des Konservativen, die Legitimationsfrage, das Treueprinzip, der Wertestreit, der Hof-Land-Kontrast und Entscheidungskonflikt. Auch Frauen spielen fortwährend politisch mit: als Königinnen, Geliebte und Familie. Sie gehören ja seit eh und je zum historischen Roman und weisen dem schwankenden Helden den rechten Weg zur richtigen Parteil: Scotts Rose (*Waverley*), Hauffs Marie, Tiecks Christine (*Aufruhr*), Freytags Anna (*Markus König*) und Fontanes Marie. Dennoch ist Fontanes Entwicklungsweg alles andere als geradlinig: Vom Ständeklausel-Werk schießt er abwärts zur ›bürgerlichen‹ Erzählung, er beschreibt eine rasante ›Zickzack‹-Fahrt zwischen progressiven und konservativen Gräben und führt schlafwandlerisch auf dem Grat der Gläubigkeit über die Abgründe der Kritik hinweg. Legt man die Begriffstrias König, Adel und Volk als Maßstab für den Werkvergleich zugrunde, so ergibt sich für *Karl Stuart* der Eintritt des von der Volkspartei sich abwendenden Aristokraten für den König und gegen das »Volk«; schon in *Wolsey* verschiebt sich diese Konstellation, indem Shrewsbury zwar nominell auch für den König, aber eigentlich für seinen ›edleren Teil‹, die Königin, eintritt und insofern nun der Volksgegner fehlt, es sei denn, daß der Emporkömmling Wolsey, der »Fleischerssohn von Ipswich«, diese Kraft repräsentierte; *Vor dem Sturm* endlich zeigt die »feudale Spielart der ›Volkssouveränität‹« (Nürnberger 1967/75, S.257), die Vereinigung des Aristokraten mit dem Volk gegen einen fremdbestimmten, ministeriellen und für einen ›landbestimmten‹ König. Stand also zu Beginn der König im Zentrum, so weiten sich im folgenden die Figuren-Kreise, die konzentrisch auf den Verantwortlichen einwirken wollen, und machen die zentrifugale Kraft sichtbar, die zum historischen Vielheitsroman führt.

Fontanes Romanerstling ist mehr als nur ein erheblich verzögertes Anfangswerk oder eine rückwärts gewandte Abwicklungsarbeit, schon gar nicht eine rohe Fundgrube für spätere Feinheiten, gewiß aber eine »Drehscheibe« (Keiler 1991, S.42), die auf dem äußerst schwierigen Terrain der geschichtlich-politisch Güterabfertigung die poetische Vermittlung und Verteilung ausübt. Was heißt es, zum gegenwärtigen Zeitpunkt nach der Bedeutung des historischen Romans für Fontane zu fragen? Zur Diskussion steht grundsätzlich die Legitimität des Erzählens und das davon abhängende Konzept des ›anderen‹ historischen Romans (Geppert 1976, Müller 1988, Kebbel 1992).

Kein Zweifel, Fontane erzählt, auch wenn die Zeitgenossen (Heyse, Rodenberg) meinten, er ›male‹ zuviel. Er stiftet Sinn gemäß jener »einfachen«, »erzählerischen Ordnung«, die Robert Musil im neuen Jahrhundert zunächst einmal verabschieden mußte. Schon der oberflächlichste Vergleich mit Alexander Kluges *Schlachtbeschreibung* zeigt dies. Fontane will auch nicht »gegen den Strich« gelesen werden, er montiert keine Ereignisse, Annalen und Dokumente (trotz der Kastalia-Einlagen), um das mörderische System ansichtig zu machen (bei ihm kapituliert ja York, was einem Paulus selbst angesichts der Leichenhalden nicht gelang); statt dessen erzählt er eine ›ganze‹ Geschichte mit Anfang, Mitte und Ende, mit Peripetie und hörbarer narrativer Stimme (White: Value of Narrativity, 1980, S.11)

Fontane beginnt, wie es viele tun: »Es war Weihnachten 1812, Heiliger Abend.« Den Anfang bildet hier – für jeden deutlich – das Fest der Geburt, des Friedens und des Heils. Dieses frohbotschaftliche Versprechen erfüllt sich am Ende im doppelten Sinn, indem nämlich zum einen der dauernde Friede im glücklichen Leben stattfindet, zum anderen sich die Zyklik des Festkalenders im Tode schließt. Heilsgeschichte und Jahresumlauf, Zielstrebigkeit und Wiederkehr werden gleichermaßen von der Erzählklammer des »Es war Weihnachten« eröffnet; wenn der ›Ausdruck‹ sich schließt, ist die Geschichte am Ende und zeigt einen reizenden Begräbnisplatz, auf dem Nachgeborene spielen, wandern und das Ganze noch einmal lesen können, wenn sie sich für den Namen auf dem Grabstein interessieren. Dazwischen geht es um Krieg, um Freikorpsbildung nach dem Vorbild Schills. »Ja, ich will Krieg führen, aber deutsch, nicht spanisch, auch nicht slawisch.«(1878/1971, S.34) Dieser hier von Lewin gemeinte Krieg erhält im Laufe der Erzählung noch andere Beiwörter: er ist ehrlich, froh, wahrhaft, ordentlich und heilig, denn er ist gottgewollt. Dennoch kann der neugierig gewordene Leser diesen schönen Krieg nicht miterleben. Der Erzähler bereitet ihn gründlich vor, verzeichnet seine heilsamen Folgen, aber überspringt das Eigentliche wortlos. Dennoch erfahren wir einiges vom Krieg: durch Hirschfeldt und Meerheimb vor allem; dann nehmen wir unmittelbar am Überfall auf Frankfurt an der Oder teil, und schließlich spüren wir dank der Agilität des Handschuhmachers Pfeiffer etwas von jener Landsturmherrlichkeit, der die Sorge aller uns lieb gewordenen Figuren gilt. Wir lernen sogar die Wirkungen des Krieges kennen: das zersäbelte Gesicht Hirschfeldts, der zu guter Letzt noch seinen rechten Arm verliert, und die Narbe auf Lewins Stirn. Das ist nicht wenig, denn: »Narben ist doch das Schönste«(S.563), sagt Marie, die sich nie irrt. Die in den Körper geschriebenen ›Wohltaten des Krieges‹ entsprechen den ›fruchtbaren Segnungen ›der Erde‹ durch das Blut der Gefallenen, Segnungen deshalb, weil sie verbriefte Rechte der Untertanen im Gehorsams-, Treue- und Entscheidungskonflikt überliefern. Ist das der ›End-Sinn‹ des Romans?

Das einzige Erzähler-Wort, das im Roman einen eigenen Absatz bildet, heißt »Umsonst«; es fällt im konkreten Zusammenhang einer Warnung vor Untreue, scheint mir aber auch im allgemeineren Zusammenhang zu gelten. Das zentrale Thema des Romans, die Rechtfertigung einer vom König unabhängigen Landsturm-Organisation, erweist sich als unnötiges Spiel, in dem mehreres verloren geht und nichts gewonnen wird. Die Gesinnungen, die alle Figuren aussprechen, entfalten sich nicht etwa in einem Lern- und Besinnungsprozeß, sondern sind da als politischer Haushalt liebenswerter Personen. Im Soziogramm des Fontaneschen Vielheitsromans gibt es keine Feinde, allenfalls lächerliche Typen aus der sächischen oder rührenden Komödie. Krieg führen heißt – verrechnen wir die Erfahrungen der Lektüre – vor Müdigkeit die Waffen wegwerfen, die Abwesenheit des sympathischen Gegners auf dem Schlachtfeld herbeiwünschen und den politischen Gegensatz ritterlich respektieren; das Niederstoßen bleibt allen eine peinliche Last, und wenn es nun gar nicht ohne Niederstechen gehen kann, so reißt sich der freche und widerwärtige Hanne Bogun darum (S.638,640). So also sieht die poetische Wirklichkeit von Fontanes Kriegsphantasie aus.

Die Bilder, die *Vor dem Sturm* uns stellt, sind komplexer. Sie fallen unter die Gruppe der Endzeitbilder: Maries Lübecker Totentanz,

Renates Vision von der jungen Frau mit ihrem Kind auf der sich im Unendlichen verengenden Pappelallee, Seydlitz' Todesritt, die Gerichtsepisode im Stockholmer Schloß (S.406), die apokalyptischen Reiter der Zeitungsprophezeiung (S.538 f.), der »letzte Heller« in der »nicht endenwollenden Vorstadt« (S.646) und das Motiv der vorzeitigen Abberufung. Sie versinnbildlichen, was auch der Soldat bestätigt, »daß es erst der Tod ist, der uns unser eigentliches Leben gibt.« (S.617) Geschichte erweist sich hier weder nur in einem aufklärerischen Sinn als Fortschritt noch pessimistisch als fruchtloser Kreislauf und ebensowenig als chaotische Kontingenz (Mengel: Geschichtsbild, 1986). Zwar führt sie zum Ziel, aber ihr Endpunkt wird übersprungen; zwar kehrt sie in sich zurück, indem sie das Vorhergesagte einlöst und die ›Eisdecke‹ im Jahreszeitenwechsel bersten läßt (Rodenberg), aber sie beraubt sich gerade deshalb ihres eigenen Haltepunkts und dreht sich naturgeschichtlich fort, wo sie einen Anfang setzte, um zum Ende zu gelangen.

Die Geschichte wird aus Fontanes Werk nicht schwinden. Sie wird sich freilich wandeln. Ging es in *Vor dem Sturm* um die Gegenwart des Vergangenen, so gestaltet das Folgewerk eher die Vergangenheit des Gegenwärtigen (gerade auch in der Warn- und Drohgebärde von *Schach von Wuthenow*). Doch damit wird die Geschichte nicht verabschiedet. Ganz zuletzt denkt Fontane daran, sie erneut und in abermaliger Wandlung aufzugreifen. Ein Werkplan, *Die Likedeeler*, zeichnet sich ab, dessen Form und Thematik Thomas Mann mit Flauberts *Salammbô* verglich. Das Thema der konstitutiven Rolle des gesellschaftlichen Außenseiters in der nationalen Bewegung – seit Coopers *Spion* ist es in der Gattungsgeschichte präsent (s. Sealsfields Bob, *Das Kajütenbuch* und Fontanes Hoppenmarieken) – sollte hier in einer gewaltigen, gegenwartskritischen Parabel entfaltet werden, die Fontane als eigentliche Synthese seiner romantischen und modernen Neigungen empfand.

Literatur

Sieper, Clara: Der historische Roman und die historische Novelle bei Raabe und Fontane. Weimar 1930.

Bosshart, Adelheid: Theodor Fontanes historische Romane. Diss. Zürich 1957.

Monecke, Wolfgang: Der historische Roman und Theodor Fontane. In: Festschrift für Ulrich Pretzel, Berlin 1963, S. 278-288.

Demetz, Peter: Formen des Realismus: Theodor Fontane. Kritische Untersuchungen [1964]. Frankfurt/M. 1973.

Nürnberger, Helmuth: Der frühe Fontane. Politik Poesie Geschichte 1840 bis 1860 [1967]. Frankfurt/M. 1975.

Wruck, Peter: Preußentum und Nationalschicksal bei Theodor Fontane. Zur Bedeutung von Traditionsbewußtsein und Zeitgeschichtsverständnis für Fontanes Erzählungen ›Vor dem Sturm‹ und ›Schach von Wuthenow‹. Diss. masch. Berlin 1967.

Remenkova, Vesselina Stefanova: Die Darstellung der Napoleonischen Kriege in ›Krieg und Frieden‹ von Lew Tolstoj und ›Vor dem Sturm‹ von Theodor Fontane. Diss, Bonn 1986.

Keiler, Otfried: ›Vor dem Sturm‹. Das große Gefühl der Befreiung und die kleinen Zwecke der Opposition. In: Fontanes Novellen und Romane. Interpretationen. Hrsg.v. Christian Grawe, Stuttgart 1991, S. 13-43.

Jolles, Charlotte: Theodor Fontane. 4. Aufl., Stuttgart 1993.

Wilhelm Raabe

Mit Wilhelm Raabes »Erzählung« *Das Odfeld* (1888) erhält der historische Roman in Deutschland ein neues Gesicht, obwohl sein Geschichtsbild exemplarische, fast heilsgeschichtliche (Geppert 1981) Züge trägt und somit eher auf das vorwissenschaftliche historiographische Zeitalter zurückweist. Schon Stifters *Witiko* brach aus der vertrauten Scott-Tradition aus und ließ es sinnvoll erscheinen, den Vergleich mit Flauberts *Salammbô* zu wagen. Bei Raabe gelingt der Anschluß an die moderne, ›andere‹ (Geppert 1976) Form des historischen Romans vollends. Sein Schlachtfeld weist auf Kluges Stalingrad (*Schlachtbeschreibung*) voraus. Dennoch, vielmehr gerade deshalb hatte es Raabes Werk schwer, vergleicht man sein Wirkungsschicksal mit dem der ›gewichtigeren‹ Konkurrenten (Dahn, Freytag); denn »es ist gegen das positive geschichtliche Bewußtsein der eigenen Zeit und gegen den herrschenden, auf ›Realität‹ gerichteten ›Kammerjungfer- und Ladenschwengel-Geschmack‹ geschrieben.« (Raabe: Brief an Otto Elster v. 2.10.1888)

Raabes Erzählung wartet weder mit Spannung noch mit historischer Detail-Treue noch mit unerhörten Enthüllungen auf. Ihre mythische Welt ›erhebt‹ nicht, sondern krächzt unangenehm. Was hier wiederauflebt, sind Leichensedimente vergangener und gegenwärtiger Schlachten, und die heroische Tatkraft beschränkt sich auf den vergeblichen Auszug eines Alten.

Auf den ersten Blick fallen mehrere Gemeinsamkeiten zwischen *Lichtenstein* und *Odfeld* auf: der Entwurf fiktiver Helden vor historischem Hintergrundpersonal, ausländische Aggression (die »welschen Landverwüster«, 1888/1966, S.28) als politischer Zentralkonflikt, Rechtfertigung der historischen Persönlichkeit (Ulerich, Ferdinand), Überfremdung des militärischen Konflikts, der symbolische Ort, das Liebesgeschehen im geschichtlichen Augenblick, Kriegsdienst als letztes Refugium ›entbürgerlichter‹ Jugend und

Höhlen-Motiv. Die große »Lüfteschlacht« zwischen dem »Volk vom Norden« und dem »vom Süden« (S.32) läßt sogar – parodistisch – an Dahns Epos denken.

Dennoch überwiegen die Unterschiede. Die ›Helden‹ bleiben unnütze Außenseiter, sie opfern ihre Jugend den öffentlichen (Kriegsdienst) und privaten (Selinde) Illusionen, und ihr Tatendrang erlahmt im Katastrophenbild der Sündflut. Was in der ›Sage‹ erfolgreich abläuft und im Drama tragisch, geschieht in der ›Erzählung‹ vergeblich, dort geht alles zielstrebig vor sich, hier dreht man sich seit Jahrtausenden im Kreise, dort handelt, hier leidet man, dort fallen Entscheidungen, hier bleiben die Taten belanglos; dort gelten die einmaligen Anstrengungen für die Ewigkeit, hier liegt das Ewige in der fortwährenden Wiederholung des Gleichen. Dort läßt sich alles erklären, hier rückt alles ins Absurde; dort wußte sich der Erzähler in Übereinstimmung mit dem intendierten Leser, hier bleibt er ihm gegenüber im Zweifel.

Nach Killys bahnbrechender Interpretation stellt Raabe »die Geschichte nicht dar, um zu zeigen, wie es eigentlich war, sondern wie es immer gewesen ist.«(Killy 1963, S.163) Die Preisgabe des Bewußtseins, daß ›Geschichte‹ zielstrebig abläuft, daß an ihrem Hebel Individuen wirken, die wissen, was sie wollen, und ausrichten, was sie wünschen, und daß ein ›vernünftiger‹ Mensch wie »Gottsched« zur donnernden Geräuschkulisse des Odfeldes noch etwas »sagen und hinzu tun« könnte, hat eine rigorose Vereinheitlichung und punktuelle Konzentration des Weltgeschichtlichen zur Folge, dessen Bestand im ostinaten Thema des sinnlosen »großen Krieges aller gegen alle« (202), in der fortwährenden Sündflut begründet liegt. In der Wiederholung mythischer, biblischer, antiker, germanischer und jüngst vergangener Motive gerät jene »consecutio temporum« (Killy 1963, S.156) durcheinander, die dem traditionellen narrativen Geschichtsbewußtsein seine politisch heroische und wissenschaftlich exakte Richtung vorgaukelte. Weitab davon, Geschichte nur zu verrätseln und ins Unaussprechliche zu entrücken (das Hoffnungslose ist nicht identisch mit dem Rätselhaften, wie Geppert 1981, S. 274, behauptet), wird sie als entfremdetes politisches Handlungsfeld internationaler Kräfte, als Odfeld, wo »wieder einmal alles vergeblich« (S.115) ist, entlarvt, sein Zeichenwert kommt vor allem in der Selbstbezichtigung zum Ausdruck, daß die ›großen‹ Bewegungen der Geschichte gerade auf jenem ›Boden‹ stattfinden, in dessen (diluvianischen) Schichten sich Menschenleiber und Tieraas vermischen. Für Raabe erfüllte dieser anthropomorphisierte Schauplatz die Rolle des »Helden« (Brief v. 2.10.1888), weil er rückbezüglich die leidenden Opfer leibhaftig verkörpert.

Raabes ›kleines‹ Werk über Weltgeschehen und »Angst der Welt« (nach Oppermann 1967, S.42, kein »historischer Roman«, sondern »eine geschichtliche Erzählung«) entsteht im politischen Umfeld der Reichstagsauflösung, der Septennatswahlen und Militärvorlage (Raabe 1888/1966, S.402). Schon früh durchschaute Raabe das kriegerische Gewinnspiel als vergnügliches Rechnen ohne »Verlustlisten«, deren plötzliches Bekanntwerden aber die üblichen Siegesfeiern »beträchtlich« stört (Brief v. 1.2.1871).

»Aber auf die Blüte des historischen Romans darf unsere Gegenwart mit Stolz blicken.« So resümiert ein Zeitgenosse (Rehorn 1890, S.196) den gattungsgeschichtlichen Entwicklungsstand. Er hat dabei weder Stifter noch Meyer, weder Fontane noch Raabe im Sinn, er denkt vielmehr an Ebers und Freytag, wenn er zuversichtlich verkündet:

»Seine Zukunft ist in festen Bahnen geleitet; auf seine glückliche Weiterentfaltung dürfen wir hoffen, so lange das deutsche Nationalgefühl, welches mit seinem Erwachen auch den historischen Roman ins Leben rief, das Bewußtsein seiner Stärke und seiner Würde sich bewahren wird.«

Literatur

Killy, Walther: Geschichte gegen die Geschichte. Raabe: ›Das Odfeld‹. In: W.K., Romane des 19. Jahrhunderts. Wirklichkeit und Kunstcharakter [1963]. Göttingen 1967, S. 146-165.
Oppermann, Hans: Der passive Held. Raabe: ›Das Odfeld‹. In: Jahrbuch der Raabe-Gesellschaft 1967, S.31-50.
Helmers, Hermann: Wilhelm Raabe. Stuttgart 1978, S. 52 f].
Schrader, Hans-Jürgen: Zur Vergegenwärtigung und Interpretation der Geschichte bei Raabe. In: Jahrbuch der Raabe- Gesellschaft, 1973, S. 12-53.
Geppert, Hans Vilmar: ›Das Odfeld‹. Zur Zeichensprache der Geschichte. In: Wilhelm Raabe. Studien zu seinem Leben und Werk. Hrsg.v. Leo A. Lensing, Hans-Werner Peter, Braunschweig 1981, S. 266-280.
Brewster, Philipp J.: Wilhelm Raabes historische Fiktion im Kontext. Ithaca 1983.
Mojem, Helmuth: Baucis ohne Philemon. Wilhelm Raabes Roman ›Das Odfeld‹ als Idyllenumschrift. Stuttgart 1989.
Koschorke, Albrecht: Der Rabe, das Buch und die Arche der Zeichen. Zu Wilhelm Raabes apokalyptischer Kriegsgeschichte ›Das Odfeld‹. In: DVjs 64(1990), S. 529-548.
Peterson, Bernt O.: Refunctioning History, Raabe Bowdlerized, or ›Unseres Herrgotts Kanzlei‹ as an ›Ethnic Myth of Descent‹. In: The Germanic Quarterly 64(1991), S. 353-367.
Kühlmann, Wilhelm: Der Geschichtsroman als politisch-sozialer Roman.

Zum Thema Bürgerfreiheit in Wilhelm Raabes ›Unseres Herrgotts Kanzlei‹. In: Literatur in Braunschweig zwischen Vormärz und Gründerzeit. Beiträge zum Kolloquium der Literarischen Vereinigung Braunschweig, vom 22. bis 24. Mai 1992. Hrsg. v. Herbert Blume, Eberhard Rohse, Braunschweig 1993, S. 255-275.

Vormweg, Uwe: Wilhelm Raabe. Die historischen Romane und Erzählungen. Paderborn 1993.

4.4. Der historische Roman zwischen Reich und Republik

Der erste historische Roman, der nach dem letzten realistischen Exponenten des Genres (*Das Odfeld*) gattungsgeschichtlich einen ästhetischen Höhepunkt darstellt, ist Döblins *Die drei Sprünge des Wang-lun* (1915). Unmittelbar vor dem Ersten Weltkrieg entstanden, macht sich in diesem Werk ein neuer, expressionistischer Erzählton geltend, der in Poetik und Praxis die alte Weise des 19. Jahrhunderts unter den ›atonalen‹ Bedingungen der Vorkriegszeit zur authentischen Gestalt umbricht. So hinterläßt die epochale Krise des Erzählens auch im Bereich der gattungsgeschichtlichen Sonderentwicklung eine zukunftsweisende, normsetzende Spur.

Dazwischen, zwischen 1888 und dem Ersten Weltkrieg, liegt Vielerlei: Wicherts kritische Preußen- und Ordensromane, die historische Heimatkunst mit ihren Berg-, Bauern- und Selbsthelferromanen (Ganghofer, Löns), die zum Teil der völkisch-nationalen Literatur entgegenarbeiten, sodann insbesondere die Neuromantik, die das nominell realistische Genre um innerliche, existentielle, religiöse, mystisch-mythische und metaphysische Dimensionen bereichert (Handel-Mazetti, Brod, Kolbenheyer, Perutz), und die ›schöne‹ Historiographie, die auf dokumentarisch akribischem Weg dem Sinn und Unsinn in der Geschichte nachspürt (Huch, Wassermann).

Der Naturalismus hat nach allgemeiner Überzeugung wenig Anteil an der Gattungsgeschichte; er, »der den neuen Ton anhob, konnte mit [dem Geschichtsroman] gar nichts anfangen« (Beyer 1907/08, S. 364; für das Geschichtsdrama muß wohl anderes gelten, s. *Die Weber* und *Florian Geyer*). Dennoch gab es auch Anknüpfungsvorschläge, ja sogar Pläne zur genuin naturalistischen Weiterentwicklung einer sterbenden Form:

»Will der Naturalismus den historischen Roman um eine Stufe weiter entwickeln, so hat er im Grunde genommen nichts Anderes zu thun, als das Prinzip seiner Gegenwartsepik gewissenhaft auf Vergangenes zu übertragen, also auch hier das Schwergewicht auf individuell Menschliches zu legen und zu zeigen, wie sich ein historisches Ereignis in ganz bestimmten Individuen spiegelt [...]. Das historische Ereignis als psychisch wirkendes und psychisch ausgeprägtes Element des Milieus verwerthen, auf diese kurze Formel läßt sich die ganze Aufgabe bringen.« (Diederich 1902, S. 536)

Das Verdienst, diese Aufgabe bereits gelöst zu haben, falle Clara Viebig zu, die mit ihrem Roman *Die Wacht am Rhein* einen genuin naturalistischen Geschichtsroman geschaffen habe.

Zur Zeit der Weimarer und Österreichischen Republiken, rückt das historische Genre erneut in den Vordergrund. Schon Lemke (1924) sieht Anzeichen für eine nahe Blüte: In seinem typologisch angelegten Essay stützt er sich zwar zunächst auf Ricarda Huchs Romane (als Beispiel für das »geschichtliche Prosaepos«, S.364), wertet dann aber nur noch Walter von Molo (dramatischer Roman des subjektiven Bekenntnisses) und Kolbenheyer (gleichnishafter Roman) als »Pfeiler«, »auf denen eine Fortentwicklung des geschichtlichen Romans als wertvoller Gattung möglich sein wird.« (S.445) Von Döblin ist keine Rede.

Nach Dahlke (1976) gibt es verschiedene Gründe für den lebhaften Aufschwung der historischen Gattung: den Ausgang des Ersten Weltkriegs, die Sozialistische Oktoberrevolution, die allgemeine Krise der kapitalistischen Gesellschaftsordnung, die Entwicklung von Psychologie und Soziologie, die Krise des Romans und die florierende historische Belletristik bzw. Biographie.

Formengeschichtlich gesehen, verwirklicht sich das historische Erzählen in einer breiten Spanne epischer Möglichkeiten; sie reicht vom Bildungs- und Entwicklungsroman (Döblin, Brod, K. Mann) über die Familien- und Generationsgeschichte (Ertl, Roth), die ethnohistorische Epik (Stucken, Werfel) und den aktuellen Kriegsroman (A. Zweig) bis hin zur Legende (le Fort). In den Mittelpunkt rückt zunehmend die ›historische Belletristik‹, die sich durchaus vom historischen oder biographischen Roman (z.B. Seidels ›Labyrinth‹; s. Birch 1936) abzuheben sucht (E. Ludwig, St. Zweig). Eine Kontroverse von ungeahnter Schärfe bricht zwischen akademischer Zunft und episch-biographischen Literaten aus, deren brisante Hintergründe erst jüngst erhellt wurden (Gradmann 1993)

Unter auflagenstatistischen Gesichtspunkten ergeben sich für den historischen Roman der Weimarer Republik zwei Hauptmerkmale: die völkische Blut-und-Boden-Ideologie und eine religiöse Innerlichkeit (Westenfelder 1989, S.185) In ihnen drückt sich eine antidemokratische Tendenz aus (ebd., S.186), die eigentlich nur von Feuchtwanger vermieden werde. Im Anschluß an die Traditionen des älteren Bauernromans, der Kriegs- und Freikorps-Literatur und des

Gottsucher-Romans (Rosegger) träten, so Westenfelder, zwei dominante Werk-Gruppen in den Vordergrund: die völkische und die nationalrevolutionäre, die den Grundstock für die nationalsozialistische Literatur geben werden.

Literatur

Romane

Handel-Mazzetti, Enrica von: Meinrad Helmpergers denkwürdiges Jahr. Erzählung. Stuttgart 1900.

Viebig, Clara: Die Wacht am Rhein. Roman. Berlin 1902.

Huch, Ricarda: Die Geschichte von Garibaldi in drei Teilen. 2 Bde., Stuttgart 1906-1907.

Rilke, Rainer Maria: Die Weise von Liebe und Tod des Cornets Christoph Rilke. Berlin 1906.

Wassermann, Jakob: Caspar Hauser oder Die Trägheit des Herzens. Roman. Stuttgart 1908.

Huch, Ricarda: Das Leben des Grafen Federigo Confalonieri. Leipzig 1910.

Ertl, Emil: Ein Volk an der Arbeit. Hundert Jahre Deutsch- Österreich im Roman. 3 Bde., Leipzig 1912; Bd. 1: Die Leute vom blauen Guguckshaus. 1906, Bd. 2: Freiheit, die ich meine. Roman aus dem Sturmjahr. 1909, Bd. 3: Auf der Wegwacht. 1911.

Löns, Hermann: Der Wehrwolf. Eine Bauernchronik. Jena 1910.

Huch, Ricarda: Der große Krieg in Deutschland. 3 Bde., Leipzig 1912-14.

Döblin, Alfred: Die drei Sprünge des Wang-lun. Chinesischer Roman. Berlin 1915 [dtv 1980].

Perutz, Leo: Die dritte Kugel. München 1915.

Brod, Max: Tycho Brahes Weg zu Gott. Ein Roman. Leipzig 1916.

Kolbenheyer, Erwin Guido: Die Kindheit des Paracelsus. Roman. München 1917.

Molo, Walter von: Ein Volk wacht auf. Roman-Trilogie. 3 Bde., München 1918-1922; Bd. 1: Fridericus; Bd. 2: Luise. Roman; Bd. 3: Das Volk wacht auf.

Stucken, Eduard: Die weißen Götter. Ein Roman. 4 Bde., Berlin 1918-1922.

Döblin, Alfred: Wallenstein. Roman. 2 Bde., Berlin 1920 [Ausgewählte Werke in Einzelausgaben, hrsg.v. Walter Muschg].

Kolbenheyer, Erwin Guido: Das Gestirn des Paracelsus. Roman. München 1922.

Feuchtwanger, Lion: Die häßliche Herzogin Margarete Maultasch. Roman. Berlin 1923.

Feuchtwanger, Lion: Jud Süß. Roman. München 1925 [31.-39. Tsd.].

Kolbenheyer, Erwin Guido: Das dritte Reich des Paracelsus. Roman. München 1926.

Neumann, Alfred: Der Teufel. Roman. Stuttgart 1926.

Mann, Klaus: Alexander. Roman der Utopie. Berlin 1929.

Le Fort, Gertrud von: Der Papst aus dem Ghetto. Die Legende des Geschlechtes Pier Leone. Roman. Berlin 1930.
Feuchtwanger, Lion: Der jüdische Krieg. Roman. Berlin 1932.
Roth, Joseph: Radetzkymarsch. Roman. Berlin 1932.

Sekundärliteratur
Conrad, Michael Georg: Vom vaterländischen Roman. In: Die Gesellschaft 1(1885), wiederabgedr. in: Theorie des Naturalismus. Hrsg.v. Theo Meyer, Stuttgart 1973, S. 244- 246.
Bleibtreu, Carl: Der historische Roman. In: C.B., Revolution der Litteratur. 3. Aufl., Leipzig (1887), S. 16-23 (= Nachdr. hrsg.v. Johannes Braakenburg, Tübingen 1973).
Diederich, Franz: Vom Naturalismus im Roman. In: Die Neue Zeit. Wochenschrift der deutschen Sozialdemokratie 20,2(1902), S. 533-541.
Beyer, C.: Der Geschichtsroman und seine Bedeutung für das Volk. In: Eckart. Ein deutsches Literaturblatt 2(1907/08), S. 362-370, 436-448.
Wassermann, Jakob: Der historische Roman in Deutschland im Zusammenhang mit Eduard Stuckens ›Weißen Göttern‹. In: Die Literatur 26(1923/24), S. 3-5.
Lemke, Ernst: Der geschichtliche Roman der Gegenwart. In: Hellweg. Wochenschrift für deutsche Kunst 4(1924), S. 345-348, 361-364, 396-399, 442-446.
Molo, Walter von: Der geschichtliche Roman. Seine Aufgaben und Grenzen. In: Eckart. Blätter für evangelische Geisteskultur 1(1924/25), S. 186-188.
Kyser, Hans: Über den historischen Roman. In: Die Literatur 32(1930), S. 681 f.
Birch, Elna: Der biographische Roman in der neuen deutschen Dichtung. Diss. Heidelberg 1936.
Schiffels, Walter: Formen des historischen Erzählens in den zwanziger Jahren. In: Die deutsche Literatur in der Weimarer Republik. Hrsg.v. Wolfgang Rothe, Stuttgart 1974, S. 195-211.
Kappel, Hans-Henning: Epische Gestaltung bei Ricarda Huch. Formal-inhaltliche Studien zu zwei Romanen: ›Von den Königen und der Krone‹, ›Der große Krieg in Deutschland‹. Diss. Frankfurt/M. 1976.
Murayama, Masato: Leo Perutz. Die historischen Romane. Diss. Wien 1979.
Neuhaus, Dietrich: Erinnerung und Schrecken. Die Einheit von Geschichte, Phantastik und Mathematik im Werk Leo Perutz'. Frankfurt/M. 1984.
Müller, Hans-Harald: Der Krieg und die Schriftsteller. Der Kriegsroman der Weimarer Republik. Stuttgart 1986.
Müller, Harro: Geschichte zwischen Kairos und Katastrophe. Historische Romane im 20. Jahrhundert. Frankfurt/M. 1988.
Sachslehner, Johannes: Todesmaschine und literarische Heroik. Zur Mobilmachung des Helden im historischen Roman. In: Österreich und der Große Krieg 1914-1918. Die andere Seite der Geschichte. Hrsg.v. Klaus Amann, Hubert Lengauer, Wien 1989, S. 158-164.
Mandelartz, Michael: Poetik und Historik. Christliche und jüdische Ge-

schichtstheologie in den historischen Romanen von Leo Perutz. Tübingen 1992.

Gnetter, Ines: Vorkriegszeit im Roman einer Nachkriegszeit. Studien zu einem ›anderen‹ historischen Roman zwischen Vergangenheitsbewältigung und Zeitkritik in der Weimarer Republik. Würzburg 1993.

Alfred Döblin

Der eklatante gattungsgeschichtliche Bruch tritt erst durch Döblins *Wallenstein* zu Tage. Knapp hundert Jahre nach dem ersten deutschen ›Helfer-Roman‹ (Hauff) erscheint abermals ein Epos, das den Schicksalsbogen eines politischen Werkzeugs nachzeichnet. Doch liegt der wesentliche Unterschied keineswegs nur darin, daß Georg Sturmfeder bloß eine fiktive, Wallenstein dagegen eine historische Hauptfigur ist; dem näheren Blick wird sich der berühmte Böhme ohnehin als mythische Fiktion erweisen. Vielmehr hat sich die gesamte Poetik gewandelt und verkehrt. Ihre Umstülpung betrifft nicht nur die Sonderform des historischen Romans, sondern den Roman überhaupt. Denn nach Döblin folgt der Geschichtsroman weder irgendwelchen Spezialregeln noch nimmt er einen Sonderstatus als Zwittergattung ein, sondern er richtet sich ausschließlich nach den Bedingungen des Romans. Wenn es mithin eine Eigenentwicklung der historisierenden Epik im 19. Jahrhundert gegeben haben sollte, so gelangt sie bei Döblin in doppeltem Sinn an ihr Ende, insofern sie sowohl eine gegenläufige Richtung nimmt als auch ihren formengeschichtlichen Sonderstatus aufgibt. Damit stimmt überein, daß der *Wallenstein*-Roman »eigentlich [...] kein historischer Roman« (Maier 1972, S.12) sein sollte.

Döblins Profilierung des modernen Romans, den er im Gegensatz zum traditionellen Roman »episches Werk« nennt, läßt sich auf Grund seiner romantheoretischen Ausführungen folgendermaßen schematisieren:

»Roman«	»Episches Werk«
Psychologie	Psychiatrie
Gegenstand des Romans: Handlung	entseelte Realität
»Erzählerschlendrian«	»Kinostil«
	»epische Apposition«
	»Regenwurm«
erzählen	bauen
gesprochen	vorhanden
Urteil des Autors	Urteil des Lesers
»Hegemonie des Autors«	»steinerner Stil«
Einheit	Vielheit der Dimensionen

Individuum	»Depersonation«
»Atelier-Schriftstellerei«	kinetische Phantasie
	»Tatsachenphantasie«
»Einfühlung«	»Ausfühlung«
Spannung	»schichten, häufen,
dramatischer Roman	wälzen, schieben«
Stil	»einfache, erzählende,
	darstellende Rede«

Unschwer läßt sich erkennen, daß die dichotome Typen-Lehre des historischen Romans (Geppert, Müller) bei Döblin ihren Ausgang nimmt. Dabei fällt in seiner Gegenüberstellung insbesondere auf, daß die Erzählfunktion eigentlich auf beiden Seiten vorkommt. Zwar steht dem ›Erzählen‹ ausdrücklich das ›Bauen‹ gegenüber, doch behauptet sich das ›Epische‹ gerade deshalb in der modernen Form, weil es auf seine eigentliche Aufgabe zurückgeführt wird. Denn nicht, um Einheit und Spannung in der Art des Dramas zu erzeugen, erzählt das »epische Werk«, sondern um Geschichten zu »schichten«, Taten zu versachlichen, dem endlosen Band des Geschichtslaufs einen Körper (»Regenwurm«) zu leihen, Wirklichkeit wirken zu lassen. Döblin ersetzt die herkömmliche episch-dramatische Zwittergattung durch eine episch-kinetische, um mitzuteilen und inszenatorisch vor Augen zu führen, was es in der Gegenwart heißt, ›Erlebnisse‹ zu haben oder – angemessener gesprochen – ›Ertötungen‹ auszustehen.

Döblin hat in seinem Essay »Der historische Roman und wir« (1936) diese allgemeinen epischen Prinzipien ausdrücklich auf den historischen Roman angewendet. Er kennzeichnet die Arbeit des Autors, der einen historischen Stoff seinem Werk zugrunde legt, als die eines »Künstlers«, der »entschlossen und bewußt« arbeitet und »mit seinem kleinen Material wie ein Herr und Meister« umspringt (*Aufsätze* 1963, S.173). Der vermeintlich spezifische Realismus der Sonderform rührt von einer »Intimität« des Künstlers mit seinem Stoff her, die in Wirklichkeit jene »Echtheit« erzeugt, die ihrerseits wiederum beim Leser im Wechsel von Identifizierung und Distanz Erkenntnis auslöst. Döblin erklärt das Entstehen eines historischen Romans als eine Folge von drei Schritten: Der schöpferische Prozeß beginnt damit, daß der Autor in vergangene Zeiten und Figuren eintaucht; sodann beschwört er – eigentlich wie weiland Scheffel – die »vertrockneten Gebeine« (ebd., S.180 f.) herauf; schließlich – und das ist das Wichtigste – betreibt er den »Übergang einer übernommenen Realität, einer bloß schattenhaften Überlieferung in eine echte, nämlich ziel- und affektgeladene Realität.« (Ebd. S.181) Erst ein solches, aus der »Parteilichkeit des Tätigen« (ebd., S.182) erwachsenes Werk zeugt davon, daß der Autor »das Feuer einer heutigen Situation in die verschollene Zeit hineingetragen« hat (ebd., S.182). So wendet er sich abrupt vom alten Muster des Genres ab, deren Autoren er vorwirft, »sie wollten ja nur billigen und verherrlichen. Sie waren einverstanden.« (Ebd., S.185)

Döblins Absage an die bürgerliche Literaturform gewinnt Gestalt in seinem ersten historischen Roman *Die drei Sprünge des Wang-lun*. Der Roman handelt von einem Sektenaufstand im China des späten 18. Jahrhunderts. Er läßt an Fontanes spätes *Likedeeler*-Fragment denken, obwohl gerade Döblin diesem »alten ernsthaften Humoristen« ein »historisches Epos« nicht zugetraut hatte (Der deutsche Maskenball, 1921/1987, S.84). Als »Resonator« seiner Welt-Entdeckung entfesselt Döblin den historischen Bericht zur expressiven Bühne eines fremdartig gewaltigen Massen-Geschehens; kein einziges Jahresdatum unterbricht den Erzählstrom, der sich nach dem elementaren Prinzip des Zulaufs und der Verteilung, der Anschwellung, Überbordung und Versiegung, der Spannung und Entladung fortschiebt. Dennoch organisiert sich das erzählerische ›Naturgeschehen‹ zur eigentümlichen Form. Sie orientiert sich – altertümlich gesprochen – am Bildungsroman. Erzählt wird der Bekehrungsweg – die »drei Sprünge« – des ungeschlachten Fischersohns vom gemeinen Dieb zum legendären Anführer der »Wahrhaft Schwachen«, seine Hinwendung, Abkehr und erneute Entdeckung der waffenlosen Pilgerfahrt zum »westlichen Paradies«. Dieser Aufstieg macht sich schon in der Anordnung der Buchteile bemerkbar: vom Individuum zur Gruppe, sodann von der Welt der Unterdrückten zur menschlich entrückten Sphäre der Herrschaft und von dieser schließlich zur Utopie des Paradieses. Im ideellen Zentrum steht die Lehre vom »Wu-wei«, dem Nichthandeln; sie ist die einzig sinnvolle Antwort auf die brutale Macht der Herrschenden, auf den durch Dekadenz potenzierten Trieb, ganze Völker auszurotten.

Trotz der Schlüsselstellung des Titelhelden ist *Wang-lun* kein Individualroman, sondern setzt die Linie des Vielheitsromans fort, der die Schicksale eines Volks der Paria unter revolutionärem, nationalem und biblischem Gesichtspunkt erzählt. Massenszenen, Feste und Schlachten bezeichnen die typischen Konfigurationen dieses Romans über einen »kollektiven Helden« (Muschg in: Döblin 1915/1980, S.488). Dabei drängt die angewandte Individualpsychologie zur expressiven Vergegenwärtigung kollektiven Geschehens:

»Eine tobende, blutdürstige, mordlustige Horde, Mäuler, Lungen, Kehlen, Arme, aufgerissene Augen, Pferdegeifer wälzte sich ihnen entgegen; das tausendfache fieberhafte Geheul der Stadt brach erstickend über ihre Schultern. Blitzen von Schwertern, krachende Dreschflegel, langgezogenes Stöhnen der

Gespießten, Beile, die durch die Luft flogen, schon träumende Brüder, Bauern bei der Arbeit, Röcheln, Wiehern, stumme Grimassen, eiserne Hände von Sattel zu Sattel, Schweiß, Staub, nasses Blut vor geblendeten Augen, Pfeile von der Stadt her. An den Fenstern der Häuser, auf den Dächern, an der Stadtlehne willenloses Schluchzen, atemloses Keuchen, Wutausbrüche, Umarmungen, Hinsinken. Dann saß keiner der Mandschuren mehr auf seinem Pferd.« (Döblin 1915/1980, S.230)

Das »blindwütige Fabulieren«, das Döblin an de Costers *Ulenspiegel* bewundert, ist dennoch kein Erzählen außer Rand und Band. Gewiß fehlen dem *Wallenstein*-Roman Anfang, Höhepunkt und Ende; aber das bezeichnet nicht seine epische Auflösung, sondern seine strikt antidramatische Wende. Denn Anfangsgrund und Schlußfolge, kritische Entscheidung und Notwendigkeit sind ›Hindernisse‹ des Dramas, die der epische Strom ›zerklatschend‹ überschwemmt. Mitten im Geschehen beginnt die Erzählung, und an seinem Ende, das konventionell zwei Mordtaten setzen, »warten« schon »Söldnermassen« und »Welsche« »in frischer Kraft auf ihr Signal, um sich hineinzuwerfen.« (Döblin 1920/1965, S.739)

Döblin setzt den Vielheitsroman Fontanescher Prägung fort. Das Zentrum seiner Variante liegt in der Multiplikation der Zentren, wodurch die Strukturfigur einer ›abhängigen Selbständigkeit‹ entsteht, die mit dem Motiv von der Emanzipation des Werkzeugs korrespondiert. Auf solchem Grund entfaltet sich, was Döblin das »Exemplarische des Vorgangs und der Figuren« (Aufsätze, S.106) nennt.

Traditionell gesprochen, läßt sich die Fabel des *Wallenstein* unschwer auf das Motiv des sich verselbständigenden Werkzeugs zurückführen. Flaubert gestaltete es zuerst, Fontane plante Ähnliches, und Döblin formte daraus seine mythische Geschichte vom schlammgeborenen Drachen, den am Ende die »dunklen Gewalten« (S.720) wieder verschlingen. Vor dem Traditionszusammenhang des Herr-Diener-Motivs entsteht eine neue Variante, bei der die Strecke der Wechselbeziehung auf der Geraden des fortwährenden Vernichtungstriebes liegt. Wallenstein ist nicht der einzige ›Helfer‹ Ferdinands. Die Welt wimmelt von Ratgebern, Interessenvertretern, Mitspielern und Drahtziehern; ihr Ensemble ergibt die Filigranarbeit der Funktionen, bei der sich alle Akteure im Instrumentellen verflüssigen. Ein Pandämonium der ›Komparserie‹ entfaltet sich auf einem historischen Feld, das Zug um Zug Schach zu spielen scheint.

Nach Döblin arbeitet der epische Bericht (im Gegensatz zur Zeitungsmitteilung) »starke Grundsituationen« und »Elementarhaltungen des Menschen« (Aufsätze, S.106) heraus. Sie gewinnen ihren Umriß im küntlerischen Doppel-Verfahren der Sachannäherung und Sachdurchstoßung. Hier liegt der Grund für einen historischen Roman, der mit der Wirklichkeit frei schaltet. Das betrifft nicht nur die Lizenz, Kaiser Ferdinand II. in der Wildnis ein abenteuerliches Ende finden zu lassen, sondern ebenso die groteske Phantastik der Besessenheits- und Teufelsepisoden (Döblin 1920/1965, S.339 ff., 344 ff., 587, 710 f.) sowie die mythischen Epiphanien. Gerade auch die scheinbar nur realistische Schilderung eines Ringkampfes bestätigt die Wirksamkeit der realtätdurchbrechenden Darstellung (ebd., S.396). Der Roman wimmelt von solchen ›unhistorischen‹ Episoden, die – im dramaturgischen Sinn – überflüssig sind: die Juden-Verbrennung (ebd., S.439 ff.), die Ekel-Szene zwischen Zwerg und Storch (ebd., S.524 ff.). Auch in Dahns *Ein Kampf um Rom* kommt ein Boxkampf vor, doch bildet dieser eine entscheidende Gelenkstelle im antigotischen Intrigen-Drama. Anders bei Döblin. Er stellt abrupt und folgenlos zwei Individuen ins grelle Rampenlicht der kurfürstlichen Belustigungsarena und ›notiert‹ unter konsequentem Verzicht auf jegliches »dilettantische Vermuten« alle »Abläufe, Bewegungen – mit einem Kopfschütteln, Achselzucken für das Weitere und das ›Warum‹ und ›Wie‹.« (Aufsätze, S.16) Epische Ordnung und historischer Sinn dieser Episode erschließen sich erst in ihrer paradigmatischen Rolle als Verhaltensmuster im ›Ring‹ und ›drum herum‹. Politik erweist sich als konditioniertes Würgen, dessen Mechanik an Grundformen der Komödie erinnert. Bezeichnenderweise bleibt die Beobachterperspektive präsent. Auch Ferdinand wird sich am »Anblick« zweier verbrennender Juden »weiden« (ebd., S.439) wollen. Wer bei Dahn »Greise, Kranke, Weiber, Kinder« (II,50) verbrennt, dem wird mit Recht sein Haupt zerspalten (1876, S.64); bei Döblin haben solche Vergehen keine ›moralischen‹ Folgen. Nur einmal noch erinnert sich Ferdinand daran: »Neulich war der Jude und sein Weib verbrannt worden. Wie ein Funken vom Dach lief die Erinnerung durch ihn und erlosch.« (Döblin 1920/1965, S.451) Danach gelangt er im Gespräch mit seinem Beichtvater zur »Sicherheit seines Gefühls« (Aufsätze, S.343), die eine Art novellistischer Wende in diesem Lebenslauf bezeichnet.

Literatur

Döblin, Alfred: Aufsätze zur Literatur. Olten 1963 (= A.D., Ausgewählte Werke in Einzelbänden, hrsg.v. Walter Muschg).

Rasch, Wolfdietrich: Döblins ›Wallenstein‹ und die Geschichte. In: W.R., Zur deutschen Literatur seit der Jahrhundertwende. Gesammelte Aufsätze. Stuttgart 1967, S. 228-242.

Mayer, Dieter: Alfred Döblins Wallenstein. Zur Geschichtsauffassung und zur Struktur. Diss. Würzburg, München 1972.

Wichert, Adalbert: Alfred Döblins historisches Denken. Zur Poetik des modernen Geschichtsromans. Stuttgart 1978 (Germanistische Abhandlungen, Bd. 48).

Klymiuk, Georg W.: Kausalität und moderne Literatur. Eine Studie zum epischen Werk Alfred Döblins (1904-1920). Bern 1984.

Hecker, Axel: Geschichte als Fiktion. Alfred Döblins ›Wallenstein‹ – eine exemplarische Kritik des Realismus. Würzburg 1986 (= Epistemata. Würzburger wissenschaftliche Schriften, Reihe Literaturwissenschaft, Bd. 21).

Ribbat, Ernst: Döblin, Brecht und das Problem des historischen Romans. Überlegungen im Hinblick auf ›November 1918‹. In: Internationale Alfred Döblin-Kolloquien. Basel 1980, New York 1981, Freiburg i.B. 1983. Hrsg.v. Werner Stauffacher, Bern 1986, S. 34-44.

Hecker, Axel: Döblins ›Wallenstein‹ und Flauberts ›Salammbô‹. Ein struktureller Vergleich. In: Internationale Alfred Döblin-Kolloquien Marbach a.N. 1984, Berlin 1985. Hrsg.v. Werner Stauffacher, Bern 1988, S. 196-214.

Scherpe, Klaus R.: »Ein Kolossalgemälde für Kurzsichtige«. Das Andere der Geschichte in Alfred Döblins ›Wallenstein‹. In: Geschichte als Literatur. Hrsg.v. H. Eggert u.a., Stuttgart 1990, S. 226-241.

Hüppauf, Bernd: The Historical Novel and a History of Mentalities: Alfred Döblin's ›Wallenstein‹ as an Historical Novel. In: The German Historical Novel, hrsg.v. Roberts u. Thomson, New York 1991, S. 71-96.

Althen, Christina: Machtkonstellationen einer deutschen Revolution. Alfred Döblins Geschichtsroman ›November 1918‹. Frankfurt/M. 1993.

Lion Feuchtwanger

In Lion Feuchtwanger begegnet abermals der Glücksfall einer Personalunion von Romancier und theoretisierendem Essayisten. Die seit Scott vertraute, aber sich nicht kontinuierlich fortsetzende Doppelbegabung entfaltet sich hier besonders fruchtbar. Als Autor historischer Romane ist Feuchtwanger von 1923 (*Die häßliche Herzogin*) bis in die Gegenwart (*Jefta und seine Tochter*, 1957) präsent.

Der Pariser Vortrag »Vom Sinn und Unsinn des historischen Romans« (1935) und die Fragment gebliebene Monographie *Das Haus der Desdemona* (1961) stellen wichtige Etappen der Gattungstheorie dar. Auch Feuchtwanger setzt beim Miskredit der Gattung ein, ihrer ›vulgären‹ Erscheinungsform und ihrem eskapistischen Verwendungssinn. Das aber hindert ihn nicht, sein »großes Halleluja für den historischen Roman« (1961, S.21) anzustimmen. Seiner Meinung nach löst das Genre zwei wesentliche Aufgaben ein: Es präsentiert Geschichte als gestalterische Verlebendigung einer erlebten Vergangenheit und benutzt zugleich diese Geschichte als distanzgebenden Standort für zeitgenössische Themen; lebendige Vergangenheit und aktuelle Gegenwart verschmelzen in einem Werk, das in zwei Zeitwelten ›zu Hause‹ sein soll. Gestaltung, Erlebnis und Distanz sind somit die Grundbegriffe dieser Romanpoetik. Der Gestaltungsbegriff entspricht dem Integrationskonzept, das Lukács aus Scotts Werk abgeleitet hatte. Auch Feuchtwanger erwartet, sucht und preist das erzählende Gestaltungsvermögen, insofern es »Menschen und Handlung aus ihrer Epoche heraus entwickelt« (1961, S. 83), eine symbolische Repräsentanz des Epochalen im Individuellen erwirkt (1961, S.60 f.), die Konkretisierung des politisch Außerordentlichen im Durchschnittlich-Alltäglichen leistet und den Zusammenhang von individueller Initiative und Teilnahme des Volkes (1961, S.82 f.) veranschaulicht. Immer wieder kreisen Feuchtwangers Gedanken um den Erlebnisbegriff, der eine Schlüsselrolle einnimmt: Er stellt die »Triebkraft jeglicher historischen Dichtung« (S.170) dar, er bezeichnet den Prozeß der Familiärwerdung des Dichters mit seiner (oft nur zufälligen) historischen Stoffbegegnung, er markiert den Umschlag vom archivalischen Studium zur dichterischen Vision und mißt die Güte der poetischen Geschichtsschöpfung am Eintritt der nacherlebenden Lektüre (S. 148). Weil der historische Roman aus dem Erleben hervorgeht, Erleben zum Ausdruck bringt und Nacherleben ermöglicht, vermag er (im Sinne Nietzsches) bedeutend leichter »Leben zu fördern, als alle ›Geschichtswissenschaft‹« (S.21). Feuchtwangers Distanzkonzept schließt an das an, was Spielhagen ›Entfremdung‹ und Brecht ›Verfremdung‹ (S. 146 f.) genannt haben. Er argumentiert wahrnehmungspsychologisch, indem er den Erkenntnisgewinn der historischen Perspektive hervorkehrt, er spricht aber auch aus der Erfahrung dessen, der weiß, welche Strukturierungshilfen ein Stoff aus der Geschichte für die Darstellung gegenwärtiger Probleme bietet (S.144). Da für Feuchtwanger der historische Roman grundsätzlich einen »zeitgenössischen Aussagesinn« (S.135) haben muß, regelt sich die Distanzeinstellung ohnehin nach Maßgabe je gegenwärtiger Sehweisen. – Feuchtwanger hat eigentlich allen Grund, die Aktualität des historischen Romans – zumal um 1935 – zu verteidigen. Dennoch bekennt er sich in seinen ›Streitschriften‹ zu einem eher zeitlosen Motiv für historische Dichtung. Das hängt mit seinem Geschichtsverständnis zusammen: Geschichte offenbart sich ihm als »ständiges Fließen« (S. 61), in dem zugleich aber das »innerste Wesen des Menschen [...] unverändert« (S.83) bleibt. So ist das Grundthema immer der Einzelne im Widerstreit mit seiner Umgebung (S.149).

Jud Süß ist entstehungsgeschichtlich gesehen Feuchtwangers erster historischer Roman. Er kann nicht für alle Romane des in diesem Genre überaus erfolgreichen Autors stehen. Als »Weltbestseller« (Dietschreit 1988, S.95) erlangte diese Form internationale Geltung, die dem gesunkenen Ruf der Gattung zugute kam. Die gattungskonstitutive Trias von Vergangenheitsbild, Gegenwartsbezug und Zukunftsperspektive drückt sich aus in der Wahl einer historischen Wende, ihrer Abbild- und Kontrastfunktion gegenüber der Gegenwart und ihrer prognostischen Treffsicherheit hinsichtlich der nahen Zukunft. Württemberg zu Beginn des 18. Jahrhunderts (Aufklärung) erscheint als Staat an der Wende von der konstitutionellen (protestantischen) zur absolutistischen (katholischen) Monarchie. Diesem politischen Wechsel liegt ein Austausch der ›treibenden Kräfte‹ zugrunde: An die Stelle der Schönheit tritt das Geld, statt einer Frau wirkt nun ein Mann. Das zentrale Motiv, Aufstieg und Fall eines ›Außenseiters‹, verknüpft die Vergangenheit mit Gegenwartsbeobachtungen (Feuchtwangers Absicht, den Fall W. Rathenau zu historisieren). Die episierte Genese des Antisemitismus im Umfeld einer politisch-wirtschaftlichen Praxis, die ohne individuelle wie kollektive Sündenböcke nicht funktioniert, wendet den Rückblick auf die vergangene Geschichte des vermeintlichen Juden Josef Süß Oppenheimer um zu einer Vorausdeutung auf die nationalsozialistische Zukunft.

Jud Süß ist weder Melodrama noch Tragödie der jüdischen Außenseiterrolle. Mit dem Titelhelden tritt der Repräsentant einer neuen Lebenshaltung und Tätigkeitsform auf, die von den traditionellen Christen und Juden gleichermaßen absticht (der Typ des unternehmenden, faszinierenden Spielers). Das Finanzgenie Oppenheimer hat den Ehrgeiz, als Jude unter Christen die höchste Position einzunehmen; es ist ein eigenartiger Rollen-Ehrgeiz (vgl. das Schauspieler-Motiv), der Wandlungen erfährt und dennoch konstant bleibt: Der überlegene Financier verwandelt sich in dem Moment, da sich die Konsequenzen seiner eigenen Politik gegen ihn selbst wenden, zum erbitterten Rächer und dieser wiederum unter den brutalen Griffen seiner Schlächter zum entrückten Märtyrer (vgl. die Anklänge an Meyers *Heiligen*).

Feuchtwanger sprach dieser Wende einen allgemeinen, geradezu unhistorischen Sinn zu: »was ich machen wollte, das war: den Weg des Menschen weißer Haut zu zeichnen, den Weg über die enge europäische Lehre von der Macht über die ägyptische Lehre vom Willen zur Unsterblichkeit bis hin zu der Lehre Asiens vom Nichtwollen und Nichttun.« (Ein Buch nur für meine Freunde, 1984, S.381) Diese (vielleicht auch anfechtbare) spätere Selbstauslegung betont den geradezu novellistischen Umschlag vom Handeln zum Leiden, zu einem ›Totentanz‹, der drei Figuren (Gabriel, Karl Alexander, Süß) verbindet. Doch bleibt ungewiß, bei welcher Gelegenheit sich Oppenheimer in den »Anderen« wandelt: schon bei der Todesnachricht oder nach vollendeter Rache oder erst nach der ›Begegnung‹ mit der toten Naemi.

Genauso ausführlich wie die Psychologie der Figur stellt Feuchtwanger ihren gesellschaftlichen ›Münzwert‹ dar. Dieser Kurs entsteht im Koordinatenfeld einer exemplarischen Geschichte über heimische Politik, die mit ihren Lüsten und Projekten Unmengen von Geld verschlingt und die ihre Schulden notorisch mit dem Blut der ›Billigsten‹ begleicht. Der Rabbiner Süß stellt den Preis dar, den Christen, lauter »Wölfe und Säue«, einmütig und gern bezahlen. Es mag hierbei enttäuschen, daß bei solchen Jagd- und Beuteszenen das »Volk« immer nur »blöde glotzt« oder gar grölend mithetzt; aber das gehört zum hellsichtigen Bild des Antisemitismus als kollektiver Disposition zum Amok.

Feuchtwanger erzählt so, als ob er Vergangenheit unmittelbar inszenieren wollte; dennoch versagt er dem Lesepublikum eine Identifikationsmöglichkeit (das gilt wohl auch in Hinblick auf Gabriel). Sein expressionistischer Stil des bilderflutenden Wortreichtums und der beschwörenden Ausdruckskraft setzt Figuren, Situationen und Handlungen ins grelle Licht einer Bühne, die alle Nischen der Gesinnungen ausleuchtet. Eine Enthüllungsdramaturgie vollzieht sich, die im Geschichtsverlauf die bestialischen Triebe bloßlegt, die durch nichts besänftigt werden können. Menschen erscheinen – gleichsam ›kanifiziert – als bellende, knurrende und reißende Bestien, die ihre Opfer, sei es in Brunst, Geldgier oder Mordlust, bespringen.

Literatur

Berndt, Wolfgang: Die frühen historischen Romane Feuchtwangers (›Jud Süß‹ und ›Die häßliche Herzogin‹). Eine monographische Studie. Diss. Berlin 1953.

Jahn, Werner: Die Geschichtsauffassung Lion Feuchtwangers in seiner Josephus-Trilogie. Rudolstadt 1954.

Bütow, Wilfried: Probleme der Gestaltung des historischen Stoffes in der Revolutionstrilogie Lion Feuchtwangers (›Die Füchse im Weinberg‹, ›Goya‹, ›Narrenweisheit‹), untersucht am System der Ereignisse und Figuren. Diss. Greifswald 1966.

Varga, József: Zur weltanschaulichen Entwicklung und Geschichtsauffassung Feuchtwangers in seinen historischen Romanen nach 1945. Diss. Debrecen 1971.

Faulhaber, Karl Uwe: Lion Feuchtwanger's Theory of the Historical Novel. In: Lion Feuchtwanger. The Man, His Ideas, His Work. A Collection of Critical Essays. Hrsg.v. John M. Spalek, Los Angeles 1972, S. 67 ff.

Hefti, Hansjakob: Macht, Geist und Fortschritt. Der Roman ›Die häßliche

Herzogin‹ in der Entwicklung von Lion Feuchtwangers Geschichtsbild. Zürich 1977.

Fischer, Ludwig Maximilian: Vernunft und Fortschritt. Geschichtliche Dokumentation und literarische Fiktionalität in Lion Feuchtwangers Werk, dargestellt am Beispiel ›Goya‹. Königstein/Ts. 1979.

Kesselmann, Heidemarie: Lion Feuchtwangers historischer Roman ›Jud Süß‹ und seine Lehren für die Geschichte. In: Literatur für Leser 1979, S. 81 ff.

Ongha, Hamid: Geschichtsphilosophie und Theorie des historischen Romans bei Lion Feuchtwanger. Die Entwicklung Feuchtwangers von seinen literarischen Anfängen bis hin zum Exil. Frankfurt/M. 1982.

Abels, Norbert: Wozu treibt der Mensch Historie? Geschichtlichkeit und Geschichtsroman bei Lion Feuchtwanger. In: Diskussion Deutsch 15(1984), S. 603-625.

Klussmann, Paul Gerhard: Lion Feuchtwangers Roman ›Jud Süß‹. Gedichtete Psychologie und prophetischer Mythos des Juden. In: Lion Feuchtwanger: Werk und Wirkung. Hrsg.v. Rudolf Wolff, Bonn 1984, S. 94 ff.

Fischer, Ludwig: Die exilspezifische Entwicklung des historischen Romans Lion Feuchtwangers. In: Schreiben im Exil. Zur Ästhetik der deutschen Exilliteratur 1933-1945. Hrsg.v. Alexander Stephan, Hans Wagener, Bonn 1985, S. 224- 235.

Zeyer, René: Lion Feuchtwangers historischer Roman. Eine Untersuchung der Denkformen eines Romanciers. Diss. Zürich 1985.

Dietschreit, Frank: Lion Feuchtwanger. Stuttgart 1988.

Kohpeiß, Ralph: »Der Wille zur Macht« und der historische Fortschritt. Eine Interpretation zu Lion Feuchtwangers Roman ›Die häßliche Herzogin Margarete Maultasch‹. In: Lion Feuchtwanger. Materialien zu Leben und Werk. Hrsg.v. W.v. Sternburg, Frankfurt/M. 1989, S. 113-133.

Milfull, John: Geschichte und Auftrag des Judentums bei Lion Feuchtwanger. In: Literatur und Geschichte 1788-1988. Hrsg.v. Gerhard Schulz u.a., Bern 1990, S. 241-249.

Gegen Ende der zwanziger Jahre machte eine Form der historischen Dichtung von sich reden, die weder Roman noch übliche Wissenschaft sein wollte und dennoch ins Schußfeld der akademiken Zunft geriet: die historische Biographie bzw. Belletristik. Die Redaktion der ›Historischen Zeitschrift‹ (1928) sah sich veranlaßt, massiv gegen solche beim Publikum beliebten Werke fachfremder Autoren vorzugehen. Betroffen waren Emil Ludwig (*Bismarck. Trilogie eines Kämpfers*, 1922-24, *Napoleon*, 1925), Werner Hegemann (*Fridericus oder das Königsopfer*, 4. Aufl. 1926, *Napoleon oder Kniefall vor dem Heros*, 1927), Paul Wiegler (*Wilhelm der Erste, sein Leben und seine Zeit*, 1927), Herbert Eulenberg (*Die Hohenzollern*, 1928) und Sigmund Riezler (*Geschichte Baierns*, 1927). In seiner Entgegnung betonte Emil Ludwig die grundsätzliche Problematik einer ›interdisziplinären Zusammenarbeit‹ (»So oft sich Forscher und Künstler auf demselben Gebiete begegnen, gibt es Streit. Wenn nur der eine die Wahrheit suchte, der andere die Schönheit, entstände kein Problem; da jeder die Wahrheit in anderer Form sucht und einer gar die höhere zu kennen glaubt, wächst das Befremden.« Ludwig 1929, S.358); dabei hätten es beide mit »Phantasie« zu tun und gingen dasselbe »Wagnis« ein (das »Wagnis, Menschen, vermodert in ihren Grüften, aufs neue so zu beleben, daß sie vor uns zu treten, uns anzureden scheinen, ganze Zeiten uns vorzuzaubern«; S.362). Zugleich deutete er an, daß sich die Einwände jener Wissenschaftler, die der Belletristik »Politik« vorwürfen, charakteristischerweise »nur gegen Republikaner und Sozialisten« (S.364) richteten (dazu Gradmann 1993), während sie das Verfahren Treitschkes (er »benutzte nur preußische Archive«) billigten, und daß sie im Namen der Wissenschaft kritisierten, was sie in Wirklichkeit aus ideologischen Gründen – »die kritische Darstellung von Fürsten« (Ludwig 1929, S.369) – zurückwiesen. Für Ludwig stellt die ›Biographie‹ die »dritte Form zwischen Historie und Dichtung« (S.367) dar, die im Gegensatz zur Tradition der ›alten Schule‹ die »Wendung der gesamten Kulturwelt zur Seelenkunde hin« (ebd., S.377) aktiv mitvollzogen habe und sich eben nicht um das »kälteste Faktum«, sondern vor allem auch um das »brennendste Gleichnis« (S.375) sorge.

Literatur

Historische Belletristik. Ein kritischer Literaturbericht. Hrsg.v. der Schriftleitung der Historischen Zeitschrift. Historische Zeitschrift 138(1928), S. 593 ff.
Ludwig, Emil: Historie und Dichtung. In: Die Neue Rundschau, 1929, S. 358-381.
Mommsen, Wilhelm: »Legitime« und »illegitime« Geschichtsschreibung. In: Zeitwende 5(1929), S. 302-314.
Gradmann, Christoph: Historische Belletristik. Populäre historische Biographien in der Weimarer Republik. Frankfurt/M. 1993.

4.5. Der historische Roman zur Zeit des Dritten Reichs

»Man wird sich gewiß einmal wundern, wie sie [die Epoche] in all ihrer Erniedrigung doch dergleichen hervorbringen konnte« – Dieses Lob Thomas Manns, das dem *Henri Quatre*-Roman seines Bruders gilt (Brief v. 2.3.1939), läßt sich – trotz des Umstands, daß diese

Erniedrigung von ganz anderen Erhöhungen zeugt – verallgemeinern. Die zwölf Jahre nationalsozialistischer Diktatur umspannen eine gattungsgeschichtliche Epoche fruchtbarster literaturkritischer Diskussion, fundamentaler poetologischer Reflexion und bewundernswerten dichterischen Vermögens. Eine stattliche Reihe von wichtigen Einzelstudien (Schröter 1972, Nyssen 1974, Werner 1977, Vallery 1980, Hanimann 1981, Koopmann 1985, Broerman 1986, Westenfelder 1989) läßt den historischen Roman zur Zeit des Dritten Reichs zu dem am besten aufgearbeiteten Feld der modernen Gattungsforschung werden.

Die politische Zäsurierung der Gattungsgeschichte zwingt nahezu automatisch zu einer Polarisierung des Geschichtsromans in faschistische und antifaschistische Literatur. Dennoch liegen die Verhältnisse komplizierter: zum einen dadurch, daß auch die Besonderheiten des Romans der Inneren Emigration und sogar die Eigenart einer bloß unterhaltenden Belletristik (Löhndorff, Rombach) berücksichtigt werden müssen, zum anderen dadurch, daß die bisher wissenschaftlich angewandten Trennungskriterien nicht genügend zuverlässig sind, sei es, daß sie Unterschiede setzen, wo Ähnlichkeiten bestehen (vgl. die Kriterien Personalisierung, Mythisierung, auktoriale Erzählhaltung), sei es, daß sie Ähnlichkeiten begründen, wo Gegensätze bestehen (z.B. im Fall Kleppers).

Literatur

Romane

Mann, Thomas: Joseph und seine Brüder. Romane. 4 Bde., Wien bzw. Amsterdam 1933-43.

Werfel, Franz: Die vierzig Tage des Musa Dagh. Roman. 2 Bde., Wien 1933.

Flake, Otto: Badische Chronik. 2 Bde., Berlin 1934-35; Bd. 1: Der junge Monthiver. Roman; Bd. 2: Anselm und Verena. Roman.

Bergengruen, Werner: Der Großtyrann und das Gericht. Hamburg 1935.

Feuchtwanger, Lion: Die Söhne. Roman. Amsterdam 1935.

Mann, Heinrich: Die Jugend des Königs Henri Quatre. Roman. Amsterdam 1935 [Aufbau-Verlag 1962].

Mann, Klaus: Symphonie pathétique. Ein Tschaikowsky-Roman. Amsterdam 1935.

Feuchtwanger, Lion: Der falsche Nero. Roman. Amsterdam 1936.

Kesten, Hermann: Ferdinand und Isabella. Amsterdam 1936 [Ullstein Werkausgabe, Frankfurt/. 1982].

Perutz, Leo: Der schwedische Reiter. Roman. Wien 1936.

Regler, Gustav: Die Saat. Roman aus den deutschen Bauernkriegen. Amsterdam 1936.

Roth, Joseph: Die hundert Tage. Roman. Amsterdam 1936.

Döblin, Alfred: Das Land ohne Tod. 3 Bde., Amsterdam bzw. Baden- Baden 1937-48. Bd. 1: Die Fahrt ins Land ohne Tod. Roman. 1937. Bd. 2: Der blaue Tiger. Roman. 1938. Bd. 3: Der neue Urwald. Roman. 1948.

Klepper, Jochen: Der Vater. Der Roman des Soldatenkönigs. Stuttgart 1937.

Reck-Malleczewen, Friedrich: Bockelson. Geschichte eines Massenwahns. Berlin 1937.

Stickelberger, Emanuel: Der Reiter auf dem fahlen Pferd. Ein Buch vom Mongolen Dschinggis-Khan und seinem abendländischen Gegenspieler. Stuttgart 1937.

Bührer, Jakob: Im roten Feld. 3 Bde., Zürich 1938-1951.

Kesten, Hermann: König Philipp der Zweite. Roman. Amsterdam 1938.

Kolbenheyer, Erwin Guido: Das gottgelobte Herz. Roman aus der Zeit der deutschen Mystik. München 1938.

Le Fort, Gertrud von: Die Magdeburgische Hochzeit. Leipzig 1938.

Mann, Heinrich: Die Vollendung des Königs Henri Quatre. Roman. Kiew 1938 [Aufbau-Verlag 1962].

Brecht, Bertolt: Die Geschäfte des Herrn Julius Cäsar. Romanfragment [entst. 1937-39, Erstdr.d. 2. Buches 1949]. Berlin (Ost) 1957.

Schneider, Reinhold: Las Casas vor Karl V. Szenen aus der Konquistadoren-zeit. Leipzig 1938.

Brunngraber, Rudolf: Opiumkrieg. Roman. Stuttgart 1939.

Mann, Thomas: Lotte in Weimar. Stockholm 1939.

Bergengruen, Werner: Am Himmel wie auf Erden. Roman. Hamburg 1940.

Doderer, Heimito von: Ein Umweg. Roman. Berlin 1940.

Langewiesche, Marianne: Königin der Meere. Roman einer Stadt. Berlin 1940.

Mitterer, Erika: Der Fürst der Welt. Roman. Hamburg 1940.

Rombach, Otto: Der junge Herr Alexius. Roman. Stuttgart 1940.

Jelusich, Mirko: Der Traum vom Reich. Roman. Berlin 1941.

Koenig, Alma Johanna: Der jugendliche Gott. Roman [entst. 1941- 42]. Wien 1947.

Broch, Hermann: Der Tod des Vergil. New York 1945..

Feuchtwanger, Lion: Der Tag wird kommen. Roman. Stockholm 1945.

Sekundärliteratur

Broch, Hermann: Das Böse im Wertsystem der Kunst [1933]. In: H.B., Ge-sammelte Werke. Essays. Zürich 1955, Bd. 1, S. 311- 350, bes. 345 f.

Feuchtwanger, Lion: Vom Sinn und Unsinn des historischen Romans [1935]. In: L.F., Ein Buch nur für meine Freunde. Frankfurt/M. 1984, S.494-502.

Heiseler, Bernt von: Segen und Unsegen des historischen Romans. In: Das Deutsche Wort 11(1935), Nr. 35, S. 6 f., 10 f.

Döblin, Alfred: Der historische Roman und wir. In: Das Wort 1936, Heft 4; wiederabgedr. in: A.D., Aufsätze zur Literatur, Olten 1963, S. 163-186.

Kolbenheyer, E.G.: Wie wurde der deutsche Roman Dichtung? In: Zeit-schrift für Deutsche Bildung 12(1936), S. 465-475.

Stresau, Hermann: Der historische Roman. In: Die neue Rundschau 47(1936), S. 433-448.

Koenigswald, Harald von: Sinn und Rechtfertigung des historischen Romans. In: Das Innere Reich 1938, S. 103-106.

Lukács, Georg: Der Kampf zwischen Liberalismus und Faschismus im Spiegel des historischen Romans [1938]. In: Deutsche Literatur im Exil 1933-45. Hrsg.v. Heinz Ludwig Arnold. Bd. 1: Dokumente, Frankfurt/M. 1974, S. 173-199.

Lukács, Georg: Aktualität und Flucht [1941]. In: G.L., Schicksalswende. Beiträge zu einer Neuen Deutschen Ideologie. Berlin 1948, S. 95-115.

Scholz, Wilhelm von / Stickelberger, Emanuel: Der historische Roman. In: Europäische Literatur 1(1942), S. 4-7.

Jahn, Werner: Der geschichtliche Fortschritt im bürgerlichen historischen Roman des 20. Jahrhunderts. Diss. masch. Rostock 1956.

Jarmatz, Klaus: Aktivität und Perspektive im historischen Roman des kritischen Realismus 1933 bis 1945. In: Weimarer Beiträge 11(1965), S. 350-376.

Steiner, Carl: Untersuchungen zum historischen Roman der deutschen Emigrantenliteratur nach 1933. The George Washington University 1966.

Brekle, Wolfgang: Das antifaschistische schriftstellerische Schaffen deutscher Erzähler in den Jahren 1933-1945 in Deutschland. Diss. Humboldt-Universität Berlin 1967.

Klieneberger, H.R.: The Christian Writers of the Inner Emigration. The Hague 1968.

Keller, Ernst: Nationalismus und Literatur. Langemarck Weimar Stalingrad. Bern 1970.

Schröter, Klaus: Der historische Roman. Zur Kritik seiner spätbürgerlichen Erscheinung. In: Exil und innere Emigration. Third Wisconsin Workshop. Hrsg.v. Reinhold Grimm, Jost Hermand, Frankfurt/M. 1972, S. 111-151.

Nyssen, Elke: Geschichtsbewußtsein und Emigration. Der historische Roman der deutschen Antifaschisten 1933-1945. München 1974.

Schiffels, Walter: Formen historischen Erzählens in den zwanziger Jahren. In: Die deutsche Literatur in der Weimarer Republik. Hrsg. v. Wolfgang Rothe, Stuttgart 1974, S. 195- 211.

Dahlke, Hans: Geschichtsroman und Literaturkritik im Exil. Berlin (Ost) 1976.

Heeg, Günther: Die Kunst in der Geschichte oder die Geschichte im Kunstwerk. Studien zur Genese und Funktion der ›Wendung zur Geschichte‹ in der materialistischen Literaturtheorie und in der literarisch-politischen Praxis antifaschistischer Schriftsteller in den 30er Jahren. Diss. Würzburg 1976 [u.d.T.: Die Wendung zur Geschichte. Konstitutionsprobleme antifaschistischer Literatur im Exil. Stuttgart 1977].

Wippermann, Wolfgang: Geschichte und Ideologie im historischen Roman des Dritten Reiches. In: Die deutsche Literatur im Dritten Reich. Themen – Traditionen – Wirkungen. Hrsg.v. Horst Denkler, Karl Prümm, Stuttgart 1976, S. 183-206.

Werner, Renate: Transparente Kommentare. Überlegungen zu historischen Romanen deutscher Exilautoren. In: Poetica 9(1977), S. 324-351.

Meier, Pirmin A.: Form und Dissonanz. Reinhold Schneider als historiographischer Schriftsteller. Bern 1978.

Werbick, Peter: Der faschistische historische Roman in Deutschland. In: Kunst und Kultur im deutschen Faschismus. Hrsg.v. Ralf Schnell, Stuttgart 1978, S. 157-190.

Vallery, Helmut: Führer, Volk und Charisma. Der nationalsozialistische historische Roman. Köln 1980.

Hanimann, Willy A.: Studien zum historischen Roman (1930-1945). Diss. Basel, Bern 1981.

Schlacher, Karin: Die Gestaltung des Wallensteinstoffes im historischen Roman des 20. Jahrhunderts. Diss. masch. Graz 1981.

Tengler, Heinz Frieder: The Historical Novel in German Exile Literature (1933-1945): Central Characters as Counter- Figures and Analogues to Fascist (and Other) Dictators. Diss. Abstr. 1982, S. 815a-816a.

Hackert, Fritz: Die Forschungsdebatte zum Geschichtsroman im Exil. Ein Literaturbericht. In: Exilforschung. Ein internationales Jahrbuch 1(1983), S. 367-388.

Meier, Hans-Georg: Romane der Konservativen Revolution in der Nachfolge von Nietzsche und Spengler (1918-1941). Diss. Karlsruhe, Frankfurt/M. 1983.

Koopmann, Helmut: »Geschichte ist die Sinngebung des Sinnlosen«. Zur Ästhetik des historischen Romans im Exil. In: Schreiben im Exil. Zur Ästhetik der deutschen Exilliteratur 1933-1945. Hrsg.v. Alexander Stephan, Hans Wagener, Bonn 1985, S. 18- 39.

Sachslehner, Johannes: Führerwort und Führerblick. Mirko Jelusich – Zur Strategie eines Bestsellerautors in den Dreißiger Jahren. Königstein/Ts. 1985.

Wild, Reiner: »Joß Fritz ist irgendwo dabei«. Zu Gustav Reglers Bauernkriegsroman ›Die Saat‹. In: Gustav Regler. Dokumente und Analysen. Tagebuch 1940 und Werkinterpretationen. Festgabe für Gerhard Schmidt-Henkel. Hrsg.v. Uwe Grund u.a., Saarbrücken 1985, S. 197-211.

Frühwald, Wolfgang, Hürten, Heinz (Hrsg.): Christliches Exil und christlicher Widerstand. Ein Symposion an der katholischen Universität Eichstädt 1985. Regensburg 1987.

Broerman, Bruce M.: The German Historical Novel in Exile after 1933. Calliope Contra Clio. The Pennsylvania State University 1986 [dazu den Rezensionsessay von Maja Goth: Der Historische Roman. In: The German Quarterly 61(1988), S. 109-114].

Schock, Ralph: Politisches Lehrstück oder historische Dichtung. Gustav Reglers Bauernkriegsroman ›Die Saat‹. In: Exil. Sonderbd. 1, Meintal 1986, S. 105-113.

Henze, Volker: Jüdischer Kulturpessimismus und das Bild des Alten Österreich im Werk Stefan Zweigs und Joseph Roths. Heidelberg 1988.

Vallery, Helmut: Enthistorisierte Geschichte. Der nationalsozialistische hi-

storische Roman. In: Leid der Worte. Panorama des literarischen Nationalsozialismus. Hrsg. v. Jörg Thunecke, Bonn 1987, S. 90-107.

Pottier, Joel (Hrsg.): Christen im Widerstand gegen das Dritte Reich. Sach-
senheim 1988.

Westenfelder, Frank: Genese, Problematik und Wirkung nationalsozialistischer Literatur am Beispiel des historischen Romans zwischen 1890 und
1945. Frankfurt/M. 1989.

Müller, Harro: Geschichte zwischen Kairos und Katastrophe. Historische
Romane im 20. Jahrhundert. Frankfurt/M. 1988.

Ruchat, Anna: Thomas Manns Roman-Projekt über Friedrich den Großen
im Spiegel der Notizen. Edition und Interpretation. Bonn 1989.

Kliche, Dieter: Joseph Roth ›Die hundert Tage‹ – ein historischer Roman? In:
Joseph Roth. Interpretation – Kritik - Rezeption. Hrsg.v. Michael Kessler,
Fritz Hackert, Tübingen 1990, S. 157-166.

Ohandjanian, Arten: »Diese Sucht, zu erniedrigen...« Über Franz Werfel und
seinen Roman ›Die vierzig Tage des Musa Dagh‹. In: horen 35(1990), S.
158-163.

Roberts, David, Thomson, Philip (Hrsg.): The Modern German Historical
Novel. Paradigms, Problems, Perspectives. New York 1991.

Bernard, Ursula: A propos du ›livre historique‹ des écrivains allemands exilés
du Troisième Reich, 1933-1945. In: Chroniques allemandes 1(1992),
S. 41-63.

4.5.1. Der nationalsozialistische historische Roman

Die nationalsozialistische Literaturpropaganda wendete sich aus unterschiedlichen Gründen dem historischen Roman als einem dienlichen Medium zur Verbreitung ihrer Ideologie zu: Das bildungsge-
schichtliche Gütesiegel der historisierenden Sonderform versprach
eine anerkannte, würdige Plattform für politische Indoktrination.
Zugleich bot die lesepsychologisch bewährte Gattungtradition ein
attraktives ›Verpackungsdesign‹ für banal-brutale Inhalte. Das Bedürfnis, den gegenwärtigen Mißstand durch Hinweise auf seine ver-
meintliche Vorgeschichte zu legitimieren, fand in der mittelalterlichen oder preußischen Geschichte einen üppigen Steinbruch, der
sich beliebig ausschlachten ließ. Gleichzeitig kaschierte die Rück-
wendung in die Vergangenheit die aktuellen Interessen. Überdies
konnte sich der ›moderne‹ nationalsozialistische Geschichtsroman
auf eine breite literarische Vorgeschichte (völkischer historischer
Roman) stützen.

So kommt es, daß der historische Roman »zu einem der beliebte-
sten literarischen Gattungen« (Westenfelder 1989, S.203) aufsteigt;
dagegen fällt weniger ins Gewicht, daß vereinzelt auch Einspruch

gegen die »seuchenartige Verbreitung der sogenannten historischen Romane« (ebd., S.297 f.) erhoben wurde. Geschichte erscheint jetzt als pompöser Bilderbogen nationaler Größe, als grandioser Ausstellungsraum für heroische Führernaturen und als tragische Bühne mit appellativer Wirkung für die Gegenwart.

Für Bernt von Heiseler gelangt »heute, zwei Jahre nach dem Umschwung«, die »alte, wohlerprobte und oftmals totgesagte Form wieder zu Ehren« (Heiseler 1935, S.6). Der historische Roman habe als »Werkzeug nationaler Erziehung« eine volkstümliche Aufgabe; er soll das »Wesen einer Zeit mit wahrhaften Zügen« zur Anschauung bringen und nur darstellen, »was die Ewigkeit angeht«. Nicht nur Freytag, Dahn und Alexis, sondern insbesondere *Vor dem Sturm*, *Witiko* und *Michael Kohlhaas* gelten als Klassiker einer wiedergewonnenen preußischen Geschichtsästhetik. Ihre vorläufige Blüte finde sich in Kutzlebs Cherusker-Roman *Der erste Deutsche*, »seit langem das schönste Buch über Hermann, das ich kenne.« (S.7) In scharfer Wendung gegen den »internationale[n] Sozialismus« und die »westlerischen Humanitätsideologien« demonstriert Kolbenheyer (1936, S.467) am Beispiel des historischen Romans jenes Gesetz, unter dem der Roman Dichtung wird:

»Nicht die Analogie der Gegenwart ist also das Wesentliche der Romandichtung geschichtlicher Stoffe, sondern die Kunst Lebensepochen der Volkswerdung so unmittelbar zur Wirkung zu bringen, daß der Leser sein eigenes Volk in seinen Wesenstiefen zu erleben vermag. [...] Der Lebenswuchs eines Volkes, der über alle historischen Beglaubigungen hinaustreibt, das ist der Gegenstand historischer Romandichtung.« (Kolbenheyer 1936, S.473)

Der nationalsozialistische Geschichtsroman entspricht – in der typologischen Begrifflichkeit Gepperts (1976) – dem traditionellen, illusionistischen Romantypus, der den Hiatus zwischen Historie und Fiktion zu verschleiern sucht (Vallery 1980, S.141 f.). Zur Erzeugung seiner suggestiven Geschichtsbilder greift er naturalistische Darstellungsweisen auf; ›störende‹, ›entautomatisierende‹ Momente müssen ihm fremd bleiben, d.h. er ist grundsätzlich ein triviales Erzeugnis. »Der historische Roman dient also nicht der Ausbildung eines historischen Bewußtseins, sondern der Manipulation der Leser für die politischen Ziele der Gegenwart.« (Westenfelder 1989, S.204; vgl. Nyssen 1974, S.108) Einen wertvollen Geschichtsroman des Nationalsozialismus kann es deshalb grundsätzlich nicht geben.

Im Anschluß an Vallery und Westenfelder läßt sich der nationalsozialistische Geschichtsroman folgendermaßen kennzeichnen: Er transportiert das nationalsozialistische Weltbild im Medium seiner Vergangenheitsentwürfe (Rassismus [Rassentrennung, -vernichtung, -aufzucht], Reichsgläubigkeit, Militarismus, Imperialismus, totale Mobilmachung der Massen, Ahnenkult, Blut- und Boden-Ideologie, Irrationalismus, soziale Hierarchie, Herrentum, Vorsehung). Die Figuren sind als Typen angelegt (ihnen fehlt Individualität und Entwicklung); es dominiert der positive, heroische Protagonist. Die geschichtlichen Kräfte werden polarisiert (Nord-Süd, Abendland-Asien). Feindbilder bestimmen die Konfliktdarstellung, Angst mobilisiert das Handeln, und Grenzland- bzw. Kolonie-Situationen definieren das Leben als fortwährende Notstandssituation, in der man kämpfen muß, wenn man nicht untergehen will. Am geschichtlichen Wandel interessieren nur ›ewige Werte‹. Die Realität wird mythisch überhöht und trotzdem als real ausgewiesen. Ein Hang zur Monumentalität (Trilogie-Form) fällt auf. Die Erzählhaltung ist auktorial mit autoritärem Anspruch. Bevorzugt wird ein pathetischer, pseudoreligiöser Sprachstil. Als ›bedeutendste‹ Autoren gelten Kolbenheyer, Blunck und Beumelburg (Westenfelder 1989, S.205); auch der Schweizer Stickelberger und Jelusich (Sachslehner 1985) erlangten gattungsgeschichtlichen Ruhm. Ob sie sich alle gleichermaßen als nationalsozialistische Dichter verstanden, liegt angesichts der wortwendigen Verhüllungen, zu denen »die gefesselte und geknechtete Binnenliteratur Hitlerdeutschlands« (St. Zweig: Essays, S.498) ihre Zuflucht nahm, nicht immer klar zu Tage (doch vgl. Kutzlebs Vorwort zu seinem Hermann-Roman *Der erste Deutsche* aus dem Jahr 1934: »ich schreibe nicht für ein Museum und für Altertümerfreunde, auch nicht für Romantiker, sondern für Deutsche aus den Tagen Hitlers.«)

Genauer besehen ist der nationalsozialistische Geschichtsroman kein einheitliches Gebilde. Die Wandlungen und Widersprüche der nationalsozialistischen Ideologie spiegeln sich im historischen Roman wieder. Westenfelder schlägt demnach vor, »Fraktionen« zu unterscheiden: Dem genuin nationalsozialistischen Roman (z.B. Bluncks *Wolter von Plettenberg*) stellt er den völkischen Roman (z.B. Kolbenheyers *Das gottgelobte Herz*) entgegen und diesem wiederum den nationalrevolutionären Roman (Bruno Brehms *Die schrecklichen Pferde*). Im völkischen Roman fehle der Führerkult wegen der ausgeprägten Obrigkeitsfeindlichkeit; der Bauer werde verherrlicht, es dominiere eine volksbiologische Sicht, die zur antimodernistischen, regressiven Utopie führe. Auch der nationalrevolutionäre Roman ist eher frei vom Führerkult (auch wenn er einen ›charismatischen Führer‹ erphantasiert); er verzichte auf die rassistische Legitimation und berufe sich statt dessen auf ein (freilich verfälschtes) Preußenbild. So propagiere er einen zentralistischen Militärstaat (Staatsdienst, Pflichtethos, Gehorsam, Opferritual) und huldige dem elitären Leistungsprinzip (der Krieger). Schließlich falle ein Zug zum Männerbündnischen auf.

So ergibt sich eine Fülle von differenzierten Merkmalen, die es ermöglichen sollten, einen historischen Roman eindeutig als nationalsozialistisch zu identifizieren. Dennoch bleibt ein unbefriedigender Rest von Ungewißheit. Denn eigentlich erweist sich neben dem offenen Selbstbekenntnis nur ein einziges Kriterium als zuverlässig: die Empfehlung eines Romans durch offizielle nationalsozialistische Organe (Zensur- und Literaturlenkungsstellen). Unter diesem Gesichtspunkt erstellt Vallery seine Titelliste, und ähnlich geht auch Westenfelder vor. Doch bleiben die Resultate anfechtbar. Die Nationalsozialisten haben – aus Dummheit oder Kalkül – Werke für sich reklamiert, die eindeutig gegen sie gerichtet waren (Rudolf Brunngraber: *Opiumkrieg*, 1939, Erika Mitterer: *Der Fürst der Welt*, 1940); welchen Wert haben literaturwissenschaftliche Kriterien, deren Maschen so grob gestrickt sind, daß sie z.B. aus themenähnlichen (die Figur der Nonne), aber politisch wie ästhetisch entgegengesetzten Werken (einerseits *Das gottgelobte Herz*, andererseits *Der Fürst der Welt* und *Die Abberufung der Jungfrau von Barby*) keine Unterschiede herausholen können?

4.5.2. Der historische Roman der ›inneren Emigration‹

Der Geschichtsroman der sogenannten Inneren Emigration bildet einen Streitfall der Literatur- und Gattungsgeschichte. Das liegt zum Teil an der brisanten Begriffsschöpfung (v. Molo, Thiess), die nicht frei ist von taktischen Zügen und eine Gemeinsamkeit in der Ablehnung der nationalsozialistischen Diktatur unterstellt, die sich durch Quellenstudien nicht stützen läßt (allerdings gehört ja auch der Antifaschismus des sowjetischen Sozialismus in den Bereich der Legendenbildung).

Blickt man auf die in Frage kommenden Romane Bergengruens, Kleppers, le Forts, Mitterers und Schneiders, so zeigt sich unabweisbar ein künstlerischer Höhepunkt der Gattungsgeschichte, der bislang noch nicht literarästhetisch, sondern nur ideologiekritisch erkundet wurde und deshalb eher in negativem Licht erscheinen mußte. Unter widrigsten, tödlichen Bedingungen und ohne Rückhalt, den das Bewußtsein stabiler demokratischer Traditionen in Deutschland hätte vermitteln können, entstanden Kunstwerke abseits der herrschenden Ideologie und gegen die faschistische Barbarei. Es bleibt Aufgabe einer eindringlichen Interpretation, zu ermitteln, ob die spezifisch ästhetische Form des Widerstands im Geschichtsroman tatsächlich nur im Rahmen einer konzeptuellen Dichotomie von ›Kritik‹ am und ›Legitimation‹ des Nationalsozialismus greifbar wird; der kategoriale Kunstwert (Fiktionalität, ästhetisches Spiel) der historischen Gattung, der doch wohl auch hier bedacht sein will, macht die Anwendung und Reichweite von vorzüglich politischen Begriffen fraglich.

Es ist üblich geworden, den Autoren der Inneren Emigration eine fatal blinde Nähe zur nationalsozialistischen Ideologie vorzuhalten bzw. ihnen nachzuweisen, daß ihr Widerstand gegen das Regime auf falschem Boden gründe und deshalb ›objektiv‹ zur Komplizenschaft führen müsse. Der bislang bekannte Katalog der politisch-ideologischen Vorwürfe gegen den historischen Roman der Inneren Emigration führt folgende Gebrechen auf (vgl. Schröter 1972, Werner 1977, Vallery 1980, Westenfelder 1989): Irrationalismus, Religiosität (»Rückzug auf christliche und humanistische Ewigkeitswerte«, Westenfelder 1989, S.292), Metaphysik, Idealismus, Schicksalsgläubigkeit, Geschichtspessimismus, organisches (zyklisches, ahistorisches) Geschichtsbild, mangelndes fortschrittliches Geschichtsbewußtsein, nicht-demokratisches Gesellschafts- und Ordnungsideal, Verherrlichung der hierarchischen Macht, der soldatischen Haltung und des individuellen politischen Verantwortungsgefühls bzw. des Führungsanspruchs, Obrigkeitsdenken und autoritäres Erzählen (»Konzentration der Erzählperspektive auf den Helden oder Herrscher«, Westenfelder 1989, S.293).

Nach Westenfelder ist es ratsam, den Begriff der Inneren Emigration, der eine nicht vorhandene Geschlossenheit der Autoren- bzw. Werkgruppe vorspiegelt, aufzugeben bzw. ihn in differenziertere konzeptuelle Spektren wie »verwendbare«, »kritische« und »antifaschistische« Literatur aufzulösen. Unter solchem Blickwinkel ergibt sich eine Prädikaten-Skala, an deren unterstem, negativem Ende Bergengruens und Kleppers Romane trotz ihrer kritischen (Verführungsthema, Machtmißbrauch) und utopischen Züge (Gegenbild des Vaters) stehen, während le Forts, Weismantels, Thiess' und Reck-Malleczewens Werke für ihre Kritik an Militarismus und Fanatismus gewürdigt werden, aber nur Schneiders und Sailes Romanen das Verdienst zuerkannt wird, eine »konsequent humanistische Gegenposition zur NS-Realität« (Westenfelder 1989, S.288) einzunehmen (gegen Rassismus, Imperialismus und Völkermord und für den Fortschritt).

Jochen Klepper
Über Jochen Kleppers Roman liegt seit einiger Zeit Günter Wirths (1987) mustergültige Interpretation vor. Wirth, der sich schon seit langem mit Klepper auseinandersetzt, würdigt den *Vater* im Kontext subjektiver und objektiver »Ambivalenzen« (Wirth 1987, S.191) und gelangt zu differenzierten Einsichten, die keine noch so ideologie-kritische Arbeit westlicher Provenienz übersehen darf. Der biographische Abriß rückt Kleppers eigenartige Position gegenüber dem Nationalsozialismus ins Licht:

»Kleppers Leben und Schaffen stand unter der Realität eines Grundbegriffs christlicher Existenz, unter dem der ›Führung‹, der angesichts seiner Bezogenheit auf die Königsherrschaft Christi seinen fatalistischen Charakter verlor, und es drängte ihn, menschliche Existenz im Zeichen solcher Führung zu gestalten. Von der Königsherrschaft Jesu Christi aus ergab sich für ihn die Metapher eines historischen Königs. [...] Es war nur die Frage, ob die Metapher wirklich Metapher blieb oder ob die historische Persönlichkeit des Königs sich gleichsam aus ihr herauszulösen vermochte – mit dem Ergebnis, daß ein im Metaphorischen oppositioneller Text durch Auflösung der Metapher zu einem kollaborativen geworden wäre.« (Wirth 1987, S.200 f.)

In seiner überaus feinsinnigen Werkinterpretation legt Wirth alsdann die biblischen Sinnbezüge (unter Auswertung der biblischen Kapitel-Motti) frei, charakterisiert die dominanten Kunstmittel (polar-komplementäre Konfiguration und Spiegel-Motiv, ebd., S.206 f; s.a. den Hinweis auf die »Ketten« der Bilder und Musikstücke) und macht so die ästhetisch vermittelte oppositionelle Kraft dieses historischen Romans deutlich. Es zeigt sich,

»daß ›Der Vater‹ ein Roman ist, der auf dem Hintergrund alttestamentlicher Weisheitsdichtung einen Herrscherspiegel, ein Modell gesellschaftlicher Ordnung und zwischenmenschlicher Beziehungen schafft, eine Utopie, die allerdings rückwärts gewandt, in einem abgeschlossenen historischen Zeitraum angesiedelt ist.« (Wirth 1987, S.219)

So gelangt Wirth zu einer sicheren und gerechten Bewertung eines der bedeutendsten historischen Romane der antifaschistischen Literatur:

»Denn ausgerechnet in einer Domäne der reaktionären Ideologie, in der des Preußischen, wird zur Utopie eines sittlichen Erziehers des Volkes angesetzt, und diese Utopie wird von humanistischen menschheitlichen Traditionen (Weisheitsdichtung des Alten Testaments) gespeist.« (Ebd., S.229)

Literatur

Wirth, Günter: Geschichte in metaphorischer Gestalt. Jochen Klepper: ›Der
Vater‹. In: Erfahrung Nazideutschland. Romane in Deutschland 1933-
1945. Analysen. Hrsg.v. Sigrid Bock, Manfred Hahn, Berlin u. Weimar
1987, S. 189-230, 484-491.

Erika Mitterer

Die Verfälschungen, zu denen ein ›Pragmatismus‹ führt, der das Maß
für Konformität bzw. Kritik hauptsächlich aus den Empfehlungen
der nationalsozialistischen Zensur- und Lenkungsstellen gewinnt,
mögen an einem Beispiel angedeutet werden. Erika Mitterers Roman
Der Fürst der Welt (1940) – bei Vallery (1980, S.37) als empfohlen
nachgewiesen – interpretiert den Machtzuwachs des Nationalsozialismus am Modell der Inquisition zur Zeit des Humanismus. Auf
dem Hintergrund der epochalen Wende vom Mittelalter zur Neuzeit
schildert sie den eigentlich schon anachronistischen Wahn der He-
xenverfolgung als ›Reaktion‹ auf persönliche wie öffentliche Krisen.
Seuchen, wachsende wirtschaftliche Konkurrenz, persönliches
Machtstreben, öffentliche Verschuldung, Wertewandel (Umgang
mit Geld), familiärer Zwist, Bigotterie, Feigheit und der notorische
Drang zur Diskriminierung von Außenseitern verwandeln eine
scheinbar friedliche Kommunität in eine mordbesessene Masse, die
sich aus unterschiedlichen Gründen in der Bereitschaft zu Denun-
ziation, Verleumdung, Sadismus und Mord vereint. Mitterers Geschichte kommt weitgehend ohne Jahreszahlen aus, und auch der
Handlungsort, eine österreichische Provinzstadt, bleibt unbenannt;
nur ein Kapitel erzählt von der (im Grunde vergeblichen) Begegnung
des Arztes Fabri mit den Humanisten in der freien Stadt Nürnberg
(Pirckheimer, Dürer). Im Vordergrund stehen seelische Erfahrungen, berufliche, familiäre und geschlechtliche Rollen, die den einzelnen, vornehmlich junge Frauen, zu Opfern oder auch Tätern stig-
matisieren. Aus der Vielzahl der geschilderten Figuren und Schicksale treten die Schwestern Hildburg und Theres hervor, die beide –
zwar auf unterschiedliche Weise – an der vornehmlich männlich bestimmten epochalen Perversion zugrunde gehen. Insbesondere ver-
irrt sich die ältere Schwester infolge des bigotten und egoistischen
Fehlverhaltens ihrer Eltern und der perfiden Manipulation eines
Beichtvaters heillos in den Wahn, das Böse als Zweck zum Guten
rechtfertigen zu können; anders als Jeanie Deans (*The Heart of Mid-
lothian*: »I may not do evel, even that good may come out of it«,
1818/1970., S.173) verfängt sie sich im »Spinnennetz der Täuschung«
(S.732). Die Segensverheißungen des christlichen Glaubens, gegrün-

det auf Gottesliebe, verkehren sich infolge übermächtiger Teufels-
furcht zum Fluchgebet, das dem Fürsten der Welt die Hölle auf Erden überantwortet; dabei erweist sich gerade dieser Teufelswahn als
panische Blindheit vor der eigenen Brutalität gegenüber den anderen.
Als Zukunftsperspektive deutet sich – an Lessing gemahnend – der
Erziehungs- und Bildungsgedanke an: ›Adoption‹ fremder Kinder
und ›Umbenennung‹ der veralteten Welt aus unbändiger Neugier
(die Neffen des Dr. Fabri). Obwohl die kirchlich organisierte Inquisition in der Figur des Dr. Schuller konkrete, psychologische Gestalt
gewinnt, erweist sie sich nicht eigentlich als Werkzeug einer Art mittelalterlicher Mafia, sondern eher als Initiallösung für latente Kräfte
einer in Bedrängnis geratenen Gemeinschaft; sie löst den Amoklauf
einer ins Ausweglose abgedrängten Kommunität aus, gibt ihm eine
legitime Gestalt und ›erleichtert‹ den brutalen Mord durch den Wahn
einer Notwehr gegen den Überfall ›außerirdischer Ungeheuer‹ (He-
xen). Der »Verlust der Grenze« öffnet das Inferno der ansteckenden
Mordlust, von der alle die Erlösung vom irdischen Übel erwarten.

4.5.3. Der historische Roman der Exilanten

Überwältigend ist die hohe Zahl der guten historischen Romane, die
im Exil entstanden: Heinrich und Thomas Mann, Döblin, Brecht,
Roth und Broch schrieben Geschichtsromane, die der Gattungsgeschichte zwischen 1933 und 1945 ein neues, modernes Profil gaben.
Seither darf der historische Roman mit Recht als vom Historismus
unabhängige und mit modernen Darstellungsmitteln arbeitende
Ausdrucksform gelten; er eignet sich nicht nur abgewandelte historische Inhalte unter aktuellen Wirkungsintentionen an, sondern
greift auch epische Techniken wie die des Bewußtseinsstroms auf
(Hermann Broch), die zunächst den Bedürfnissen der Geschichtse-
pik zu widersprechen scheinen, in Wirklichkeit aber in die Zukunft
weisen (vgl. die Romane George Saikos oder Claude Simons *Die
Schlacht von Pharsalos*). Dabei stand die Form auch unter den Exilanten keineswegs nur in gutem Ruf; sogar ein ›Geschichtsdichter‹
wie Stefan Zweig nannte sie »eine plumpe Geschichtsfälschung unserer Großväterzeit«, eine »Karikatur an der Geschichte, eine ungül-
tige Zwitterform, eine literarische Mißgeburt« (*Die Geschichte als
Dichterin*, zit.n. Dahlke 1976, S.349).
So gerät denn auch zunächst der sensationelle Aufbruch des Geschichtsromans ins Schußfeld der Kritik: Die emphatische Anklage
lautet auf Flucht vor den Problemen der Gegenwart (Weiskopf, Hil-
ler; s. Dahlke 1976, S.87 ff.); man lasse Aktualität vermissen, erweise

sich als unfähig, gegen das Regime anzuschreiben, suche Ersatzbefriedigung oder verschanze sich hinter Neutralität. Feuchtwanger, Döblin u.a. haben sich mit vielen Gründen verteidigt und so Bausteine zu einer Erwartungs- und Wirkungspoetik des historischen Romans zusammengetragen:

>An sich ist der historische Roman selbstverständlich keine Noterscheinung. Aber wo bei Schriftstellern die Emigration ist, ist auch gern der historische Roman. Begreiflicherweise, denn abgesehen vom Mangel an Gegenwart ist da der Wunsch, seine historischen Parallelen zu finden, sich historisch zu lokalisieren, zu rechtfertigen, die Notwendigkeit, sich zu besinnen, die Neigung, sich zu trösten und wenigstens imaginär zu rächen.< (Döblin: Aufsätze, 1963, S.184)

So übernimmt der historische Roman eine Fülle von Aufgaben: Trost durch historische Parallele, Erklärung am historischen Modell, Maskierung im zeitfernen Kostüm (»äsopische Verhüllung«, Dahlke 1976, S.209), Kritik am Analogen, Demonstration historischer Beispiele, genetische Herleitung der Gegenwart, Vergegenwärtigung der Tradition des >anderen, besseren Deutschlands<, imaginäre Ra­che. Die Exilsituation bedingte weiterhin, daß die Geschichte als >Lese-Feld<, auf dem die Interessen eines internationalen Publikums am leichtesten zusammenfanden, den günstigsten Stoffbereich für Autoren darstellte, die ihre Heimatleserschaft zunehmend verloren.

Die bislang umfassendste Interpretation von historischen Romanen aus dem Exil stammt von Broerman (1986). Broerman unterscheidet sich von ähnlichen Arbeiten darin, daß er angesichts der komplexen Beziehungen zwischen »Clio« und »Calliope« eine Analyse nach genuin ästhetischen Kriterien vornimmt; mit Recht beklagt er die bislang dominant ideologiekritische Ausrichtung der Spezialuntersuchungen. Schon auf den ersten Blick fällt das breite Spektrum bedeutender Werktitel auf (zur Werkauswahl s. schon Steiner 1966): neben *Der falsche Nero, Hen. i Quatre, Amazonas, Die hundert Tage, Lotte in Weimar* und *Der Tod des Vergil* gibt es auch Kapitel über Wolfgang Cordans *Julian _ ., Erleuchtete*, Bruno Franks *Cervantes*, Friedrich Neumanns *Struensee* und Joachim Maas' *Don Pedro und der Teufel*. Broerman entdeckt an der Spanne von Cordan zu Broch eine tendenziell zunehmende Subjektivierung im Gebrauch des historischen Materials. Durchgehend beobachtet er im Medium der Geschichtsdichtung die (gegenhistoristische) Auseinandersetzung mit der Gegenwart. Man sucht Parallelen, um zu entdecken, daß man nicht isoliert stehe. Das Interesse richtet sich auf historische Wendepunkte, existentielle Krisen und Phasen konfliktvoller Übergänge von alter zu neuer Zeit (nach Koopmann wird erst jetzt – im Gegensatz zu den 20er Jahren – die Geschichte ernst genommen). Der historische Rückblick erweist sich als Ausschau nach glaubwürdigen Autoritäten. Messianische Ideen werden erphantasiert, aber – und das ist bezeichnend – ihre Realisierung führt regelmäßig zur Katastrophe. Die Vergegenwärtigung geschichtlichen Handelns spiegelt das gegenwärtige Bewußtsein, eigentlich zur Handlungslosigkeit verdammt zu sein. Broerman entdeckt drei charakteristische Stilzüge: den induktiven Realismus, die neoterische Romantik und den modernen Klassizismus. Unter induktivem Realismus versteht er eine realistische Schreibweise, die sich infolge der Entfremdung von der Gegenwart über den Umweg der Vergangenheit mit der Wirklichkeit auseinandersetzen muß. Der Begriff der neoterischen Romantik umfaßt postexpressionistische, existentialistische und tiefenpsychologische Momente; überpersonale Determination, duales (rationalistisches-irrationalistisches) Menschenbild, mythisch-mystische Beziehungen, Metaphysik (Gottsucher-Motiv), Ineins von mythischem Entwurf und psychoanalytischer Destruktion und Neosymbolik kennzeichnen die Stilrichtung. Der moderne Klassizismus äußert sich in der Betonung von Form, Maß, Ganzheit und Einheit; trotz der Idee von einer politischen Verantwortung der literarischen Tätigkeit (›Waffe‹) wahrt man den Anspruch auf künstlerische Autonomie.

Heinrich Mann

Heinrich Manns zweibändiger Roman *Jugend und Vollendung des Königs Henri Quatre* gilt als herausragende Leistung in der Gattungsgeschichte des historischen Romans. Wenn es nach Döblin noch eines Beweises bedürfte, daß der Geschichtsroman im 20. Jahrhundert eine selbständige Entwicklung mit prägnanten Höhepunkten durchlief, so könnte der *Henri Quatre* die besten Argumente dafür liefern.

Das Werk verlebendigt in seiner neuen Form dennoch alte, stattliche Traditionen: den Bildungs-, Entwicklungs- und Erziehungsroman zumal (im Grunde den ›Erkenntnisroman‹ demokratischer Prägung und den Liebesroman über das alte Thema der »Entzückung an der Frau«, die zu Taten inspiriert, 1938/1962 II,804), die Parabel als Schlüsselroman, das Märchen als unbändige Freiheit der Wunschphantasie und den Fürstenspiegel mit seinem utopischen Auftrag. Individual- und Vielheitsroman vereinen sich zur abenteuerlichen Ontogenese des historischen und politischen Ichs. Auch nicht-epische Traditionslinien machen sich geltend, insbesondere der Essay und die »Posse« (I,54). Von Scott und seinen genrestiftenden Folgen zeigen sich weniger deutliche Spuren; dennoch fehlen sie nicht gänzlich: die sprechende historische Natur, die Dramaturgie des Interkulturellen, die politische Abenteuerreise durch die Geschichtsregionen und die Mehrsprachigkeit. Freilich ein ›mittlerer Held‹ ist Henri nicht, weder ist er fiktiv (im alten Sinn, im modernen ist er dies im hohen Maß als utopische Person), noch ist er eine durchschnittliche Figur, vielmehr die unerhörte Ausnahme. Aber als die »Majestät« alles Menschlichen (H.Mann: Verteidigung der Kultur, 1960, S. 520), als figurale Abbreviatur der Menschwerdung und symbolische Energie für das, was Menschenkraft in finsterer Zeit vermag, steht er nicht heroisch über der Welt, sondern lebt in ihr zusammen mit vielen und stellt nun doch gleichsam den ›wandernden Blickpunkt‹ (Iser 1972) dar, durch den lesend die Gegenwart erkannt und die notwendige Tat für die Zukunft vorbereitet wird. Der moderne historische Roman erweist sich im Augenblick ärgster Bedrängnis für die Gegenwart als Zukunftsdichtung auf dem Boden des Prinzips Hoffnung:

»Wir werden eine historische Gestalt immer auch auf unser Zeitalter beziehen. Sonst wäre sie allenfalls ein schönes Bildnis, das uns fesseln kann, aber fremd bleibt. Nein, die historische Gestalt wird, unter unseren Händen, ob wir es wollen oder nicht, zum angewendeten Beispiel unserer Erlebnisse werden, sie wird nicht nur bedeuten, sondern sein, was die weilende Epoche hervorbringt oder leider versäumt. Wir werden sie den Mitlebenden schmerzlich vorhalten: seht dies Beispiel. Da aber das Beispiel einst gegeben worden ist, die historische Gestalt leben und handeln konnte, sind wir berechtigt, Mut zu fassen und ihn anderen mitzuteilen.« (Verteidigung der Kultur 1960, S.516)

So wählt der Zeitroman für seinen Zukunftssprung den Anlauf in der Vergangenheit, damit er über die Gegenwart hinwegkommt.

Geist und Tat verdichten sich zur positiven Figur des ersten Bourbonen in der französischen Königsgeschichte. Erzählt wird ihr ›Spracherwerb‹, ihr ›passionsreicher‹ Weg zur »Vox humana« (Verteidigung der Kultur, S.458). Den situativen Rahmen liefert kein pädagogischer Garten, sondern die brutale Wildnis der Religionskriege des 16. Jahrhunderts mit ihren organisierten Massenvernichtungen (Bartholomäusnacht). In dieser Schule bildet sich ein unermeßliches Vermögen heran, die »Macht der Güte« (Ein Zeitalter wird besichtigt, Berlin: Aufbau-Vlg. 1947, S.486), eine nahezu undenkbare Utopie, da sie wehrhaft bleibt und »zuschlagen« kann (Verteidigung der Kultur, S.150) und trotzdem eine »Macht des Königs« begründet, die nicht »töten, sondern leben helfen« will (II,231). »Aus seinen Abenteuern, Taten, Leiden habe ich eine lange Reihe von Bildern und Szenen gemacht, bunt zu lesen und anzusehen. Alle zusammen haben den Sinn, daß das Böse und Furchtbare überwunden werden kann durch Kämpfer, die das Unglück zum Denken erzog, wie auch durch Denkende, die gelernt haben, zu reiten und zuzuschlagen.« (Verteidigung der Kultur, S.151)

Vielleicht überfordert Heinrich Manns Roman bis heute sein Publikum: Gerade in der modernen Kritik an seinem Moralkonzept behauptet sich eine Art Schwerfälligkeit des politischen Denkens, das angesichts der Utopie aus mörderischer Zeit im gegenwärtigen nominell demokratischen Umfeld nur mit dem Illusionsvorwurf reagieren kann. So urteilt z.B. Müller:

»Die ausdifferenzierten Teilsysteme – sei es Politik oder Ökonomie mit ihren Kommunikationsmedien Macht und Geld (Luhmann) – funktionieren mitnichten gemäß den Regeln einer universalisierbaren Moralkonzeption, die für sich Herrschaftsfreiheit proklamiert. Das mag man bedauern, muß es jedoch erst einmal zur Kenntnis nehmen. Deshalb tragen das ganze Art-social-Projekt und seine ästhetische Realisierung im ›Henri IV‹ zumindest partiell illusionäre Züge.« (Müller 1988, S.51)

Steht dieses »Deshalb« hier wirklich zu Recht? Wäre es – angesichts der durchaus wahrgenommenen »Spielfreude« (ebd.,S.52) – nicht angemessener, unter denselben Voraussetzungen auf die Bewährung des Art-social-Projekts und seine ästhetische Realisierung zu schließen? Unbestreitbar ist doch die ›Offenheit‹ dieses ›anderen‹ historischen Romans, d.h. er läßt auch heute nicht zu, daß wir unser Gegenwartsbewußtsein feierlich bestätigt finden, selbst wenn wir es soziologisch fundiert hätten; das ›Andere‹ dieses historischen Romans bleibt seine unzeitgemäße Moral. »Henri, wir sind mitnichten ›hier fertig‹. Eher müßten wir unsterblich sein: so endlos haben wir zu kämpfen um unseren Teil. Unser Teil sind die Menschen.« (II,79)

Literatur

Grieninger, Ilse: Heinrich Manns Roman ›Jugend und Vollendung des Königs Henri IV. Eine Strukturanalyse. Tübingen 1970.

Hinrichs, Ernst: Die Legende als Gleichnis. Zu Heinrich Manns Henri-Quatre-Romanen. In: Heinrich Mann. Text + Kritik 1971, S. 100-114.

Müller, Gerd: Geschichte, Utopie und Wirklichkeit. Vorstudie zu Heinrich Manns Henri Quatre-Roman. In: Orbis Litterarum 26(1971), S. 94-121.

Blattmann, Ekkehard: Henri Quatre Salvator. Studien und Quellen zu Heinrich Manns Henri Quatre. 2 Bde., Freiburg 1972.

Koopmann, Helmut: Der gute König und die böse Fee. Die Geschichte als Gegenwart in Heinrich Manns ›Henri Quatre‹. In: Untersuchungen zur

Literatur als Geschichte. Festschrift für Benno von Wiese. Hrsg.v. Vincent J. Günther u.a., Berlin 1973, S. 522-544.

Köpf, Gerhard: Humanität und Vernunft. Eine Studie zu Heinrich Manns ›Henri Quatre‹. Bern 1975.

Stadler, Ulrich: Von der Exemplarursache zur Dialektik. Über den Gleichnischarakter von Heinrich Manns Henri-IV-Romanen. In: Literaturwissenschaft und Geschichtsphilosophie. Festschrift für Wilhelm Emrich. Hrsg.v. Helmut Arntzen, Berlin 1975, S. 539-560.

Jöckel, Wolf: Heinrich Manns ›Henri Quatre‹ als Gegenbild zum nationalsozialistischen Deutschland. Worms 1977.

Hahn, Manfred: »Wahres Gleichnis«. Heinrich Mann ›Die Jugend des Königs Henri Quatre‹ und ›Die Vollendung des Königs Henri Quatre‹. In: Erfahrung Exil. Antifaschistische Romane 1933- 1945. Analysen. Hrsg.v. Sigrid Bock, M. Hahn, Berlin/Weimar 1979, S. 169 ff.

Haupt, Jürgen: Heinrich Mann. Stuttgart 1980, S. 143-147, 151- 153.

Lichtmann, Tamás: Der antifaschistische deutsche historische Roman. ›Die Jugend‹ und ›Die Vollendung des Königs Henri Quatre‹ von Heinrich Mann. In: Német Filológiai Tanulmányok. Arbeiten zur deutschen Philologie 16(1985), S. 95-104.

Hermann Kesten

Es heißt: Unter den Exilautoren gehöre Hermann Kesten zu jener Gruppe, die »am stärksten den traditionellen Modellen des historischen (Unterhaltungs-)Romans des späten 19. Jahrhunderts verhaftet geblieben« seien (Werner 1977, S.332); der Grund läge in einem Geschichtsbild, das nur ein »willkürliches Auf und Ab von Glück und Unglück, Macht und Ohnmacht« (ebd.) kenne. Das klingt ungerecht und trifft eigentlich noch nicht einmal das 19. Jahrhundert. Freilich hat Kesten (im Gegensatz zu Feuchtwanger) noch wenig wissenschaftliches Interesse gefunden. In *Ferdinand und Isabella* (1936/1982) entlarvt Kesten die Prunkstücke der Weltgeschichte (Einheit, S.205, Größe, S.312, das Gute, S.205/457, Glück, S.312, Friede, S.312, Nächstenliebe, S.456, Ordnung, S.457, Wohlstand, S.457) als »heroisches Eiapopeia« (S.757), als Schachzüge in einer brutalen Machtpolitik, deren einziger Zweck in der Unterdrückung, Ausbeutung und maßlosen Bereicherung einer vermeintlich ›Berufenen‹ liegt, und als Schlächterphantatasie einer bigotten Regentin, ausgebrütet im gottgeschützten Tollhaus. Kesten präfiguriert den modernen Faschismus am Modell der spanischen Weltgeschichte (Ende 15. Jahrhundert.), dekuvriert das ›Volkstum‹ der realpolitischen Macht und legt die Wurzeln der Völkermorde in der Geburtsstunde der geheiligten Inquisition frei. Angesichts des grenzenlosen Zynismus der Herrschenden muß der Leser sich dazu bequemen, geradezu archäologisch die Werte des Humanismus, die unter den Wirtschaftsblöcken des Imperialismus verschüttet liegen, freizulegen. Nur an wenigen Stellen hilft ihm der Erzähler dazu, so in seiner Verteidigungsrede Heinrichs IV.:

»König Heinrich der Vierte von Kastilien galt für einfältig. Denn er wollte kein Blut vergiessen. Er ward verachtet, weil er Verhandlungen allen Kriegen und Schlächtereien vorzog. Man lachte ihn aus, weil er sein Geld verschenkte, statt andern ihr Gut wegzunehmen. Man hiess ihn einen Ketzer und Heiden, weil er Juden und Mohren für Menschen hielt. Man leugnete sein Christentum, weil er seine Frau Blanka fortschickte, statt sie vergiften zu lassen [...] oder weil er die Interessen seiner Tochter Johanna dem Frieden opferte.« (S.405)

Kesten analysiert nicht aus rationaler Distanz, er agitiert auch nicht aus parteilich-perspektivischer Betroffenheit, aber er zeigt und verurteilt mit sinnlicher Deutlichkeit, sprachlicher Prägnanz und aus leidenschaftlicher Gewißheit die Automatik eines totalitären Systems, das Leichenberge auftürmt, um sich am Ende in den Gestank der eigenen Verwesung zu verlieben:

»Darum die Mühen der grossen Könige Ferdinand und Isabella, darum Genie, Mord und Diktatur, Usurpation und Schlächter, darum Millionen Menschen geschlachtet, die Juden vertrieben, die Mohren vertrieben, die Indianer geschlachtet, die Spanier geknechtet, die brennenden Autosdafé, die Heiligen und die Könige, die Kriege und Verträge und Lug und Betrug und Zensur und Sklaverei, und ein halbes Weltreich begründet, damit eine verrückte Königin regiere und mit der Fäulnis öffentlich buhle? Darum Greuel, Blut und Knechtschaft? Und darum die Reinheit des Blutes gepriesen und darum die eigene Nation vergöttert und blinder Nationalismus verherrlicht, damit aus der Ferne eine fremde Familie komme, die Familie Habsburg mit der komischen Lippe, und Spanien regiere?« (S.765 f.)

Der Sinn der Großmachtpolitik ist ihr blutiger Unsinn. Weltgeschichte und Weltreich sind Augenblicke des blutigen Erwachens aus dem Alptraum des Wahnsinns. Sie entstehen aus der Anmaßung der Herrschenden, die den Grundsatz der Gleichheit aller Menschen verschmähen:

»Du aber stehst gross und oben und einzig und vergisst, dass du ihnen [den Vielen, Namenlosen] gleichst, schwitzest, wenn du läufst, lachst, wenn man dich kitzelt, weinst, wenn man dich schlägt, und gerührt bist von rührender Musik, und wenn du gegessen, später es von dir gibst, und wenn man dir auf den Kopf haut, hin bist und verfaulst. Warum vergisst du das, du da oben? Warum überhebst du dich? Bist du nicht sterblich, du da oben? Wirst du nicht fallen? Wie lange dauern deine Triumphe, du da oben? Später wirst du jammern und verzweifeln, unten mit gebrochenen Flügeln, du da!« (S.306)

Kesten beschreibt, modelliert und entlarvt das politische Universum der verkehrten Welt, dessen Form die Traditionen von Fürstenspiegel, Eheroman, Völkergeschichte, Wahnsinnsbiographie, Satire und Parabel verschmilzt. Eine Miniaturstudie historischen Erklärens, ins Satirische gewendet, ist das Kapitel »Die tragische Gans«: Hier erscheinen im Umriß die Momente einer Verkettung, die von der Lapalie einer abhanden gekommenen Gans bis zur Haupt- und Staatsaktion des Völkermords reichen.

Bertolt Brecht

»Brechts Caesar-Roman bezeichnet [...] die avancierteste Position des historischen Exilromans und zugleich die avancierteste Position, die historisches Erzählen im deutschen Roman der ersten Hälfte des 20. Jahrhunderts erreichte.« (Werner 1977, S.351) Das ist – verglichen mit Döblin, H. Mann und Broch – unnötig hoch gegriffen, denn ›dissoziative Schreibweisen‹ finden sich schon früher in vollendeter Form (bei Meyer), und die Verfremdungstechniken der Montage und des Blickpunktwechsels, die den Leser aus der Bevormundung durch das ›geschlossene Kunstwerk‹ befreien sollten, werden doch nicht nur deshalb eingesetzt, um ihn einer »Lektüreanweisung« zu überantworten, die dafür sorgt, daß er »die Realvorgänge rekonstruiert und auf ihren Kausalnexus schließt.« Auch hier liefe demnach alles darauf hinaus, mit den derzeit effektivsten Mitteln zu zeigen, »wie es eigentlich gewesen« ist; verloren geht dabei, was Harro Müller die »hypothetische(n) Re-konstruktionsarbeit« (1988, S.62 f.) genannt hat. Vielleicht aber darf gelten, daß Brecht als Nestroy des historischen Romans bezeichnet werden kann. Die satirische Form ist – abgesehen vom parodistischen Seitenzweig (vgl. Thackerays *Rebecca and Rowena*, Twains *A Connecticut Yankee in King Arthur's Court*) – im historischen Erzählgenre selten vertreten.

Vierzig Jahre vor Heyms Bibel-Report-Roman erteilt Brecht am Faden eines biographischen Projekts mit heroischem Thema einen epischen Anschauungsunterricht über die Hintergründe der Karriere eines Diktators und des Entstehens seines ›Imperiums‹. Die ›montierte‹ (nicht auktorial gesetzte) Erwartungshaltung, die – geschult durch die gängigen Geschichtsbücher (wenn auch schon legendenkritisch getönt; 1957/1989, S.171) – nach individueller und wahrer »Größe« Ausschau hält, stößt alsbald auf die eigentlichen Kräfte des ›Systems‹ (Besitz, Handel, Sklaverei); trotz der ›Renitenz‹ des Blickwinkels entsteht infolge der »Montage der beiden fiktiven Schreiberstandpunkte« (Brechts eigener Standpunkt; vgl. ebd., S.513) und des sich selbst entlarvenden Sprechens der Umriß einer Sklavenhalter-

Epoche mit ihren typischen ökonomischen Machtkämpfen und organisatorischen ›Lösungen‹ (Diktatur, Weltkrieg). Die zahllosen Anachronismen (City, junkerliche Unfähigkeit, Konkurse, Exporttrust, Rotte) spielen nicht nur auf die Gegenwart an, sondern enthüllen auch die Strukturen der Vergangenheit. Hinzu kommen sprechende Namen (Spicer, Carbo, Rarus) und satirisches Sprachspiel (»›Sahen Sie ihn aus der Nähe?‹ ›500 Schritt das eine Mal, tausend Schritt das andre Mal‹« S.189; »Es muß im Gehirn des Händlers gewesen sein, daß der erste friedliche Gedanke auftauchte, die Idee von der Nützlichkeit eines milden Vorgehens.[...] In der Tat ist eine Verurteilung zum Hungertod etwas Milderes als die Verurteilung zum Tod durch das Schwert.« S.194)

So entfaltet sich ein Wechselspiel der Parallelen, in dem der Anspruch auf geschichtliche Analyse nicht aufgegeben wird und doch jedes Geschehen den gegenwärtigen Zustand meint (Senat – Demokratie – Diktatur = Kaiserreich – Weimarer Republik – Drittes Reich; H.Müller 1988, S.60). Die unterschiedlichen Perspektiven bilden einen Bogen, der konzentrisch auf die strukturelle Determination der politischen Praxis und insbesondere des »geschäftsführers des weltgeistes« (Brechts Romane, 1984, S.257) hinweisen. Doch je konziser und überzeugender diese ökonomische Logik arbeitet, desto enger wird der Spielraum für den episch-appellativen Zweck des Romans, Alternativen ansichtig zu machen (»den andern weg als einen möglichen sehen«, ebd., S.256) und Hoffnung zu wecken.

Brechts Romanfragment entstand in den Jahren 1938/39, erschien aber erst (nach einer Teilveröffentlichung 1949) posthum 1957. Sein gattungsgeschichtlicher Einfluß verschiebt sich dadurch um fast zwanzig Jahre.

Literatur

Knopf, Jan: Ohnmacht der Macht oder Buchhaltung ohne Geschäftsführer. Historiographie in Brechts Cäsar-Fragment. In: Der Deutschunterricht 27,3(1975), S. 18-32.

Lehmann, Elmar: Dreimal Caesar. Versuch über den modernen historischen Roman. In: Poetica 9(1977), S. 352-369.

Claas, Herbert: Satirische Gesellschaftsromane mit historischem Stoff bei Lion Feuchtwanger und Bertolt Brecht. In: Antifaschistische Literatur. Prosaformen. Hrsg.v. Lutz Winkler, Kronberg/Ts. 1979, S. 202-226.

Busch, Walter: Cäsarismus und epische Historik. Zur Entwicklung der politischen Ästhetik Bertolt Brechts 1936-1940. Frankfurt/M. 1982.

Jeske, Wolfgang: Bertolt Brechts Poetik des Romans. Frankfurt/M. 1984, S. 218- 313.

Jeske, Wolfgang (Hrsg.): Brechts Romane. Frankfurt/M. 1984, S. 241-370.

Albrecher, Maria: Der historische Roman des deutschen Exils am Beispiel von Bertolt Brechts Roman: »Die Geschäfte des Herrn Julius Caesar«. Diplomarbeit Graz 1988.

Schwob, Rainer Josef: Bertolt Brechts ›Die Geschäfte des Herrn Julius Cäsar‹ – ein Vergleich mit den historischen und literarischen Quellen. In: Jahresbericht des Akademischen Gymnasiums in Graz 1989/90. Graz 1990, S. 9-25.

Faber, Richard: Cäsarismus – Bonapartismus – Faschismus. Zur Rekonstruktion des Brechtschen ›Cäsar‹-Romans. In: kultuRRevolution 24(1991), S. 17-22.

4.6. Der historische Roman in der Gegenwart

Unmittelbar nach 1945 stehen die Zeichen für den historischen Roman denkbar ungünstig. Die ganze Gattung gilt als veraltet oder verkommen. »Gegen Ende des 19. Jahrhunderts ist der historische Roman als eine wesentlich einer bestimmten kulturellen Situation entsprechende Literaturgattung erlahmt, seither nahezu erloschen und von einer neuen Spezies, der belletristischen Biographie, abgelöst worden.« (Kauer 1946, S. 12) Das sind zwar falsche Urteile, die weder dem 19. noch 20. Jahrhundert qualitativ gerecht werden (vielleicht treffen sie die statistische Lage), aber sie kennzeichnen den genrespezifischen Erwartungshorizont. Später besinnt man sich wieder auf die ›Tradition‹, aber sie trägt Vorzeichen, die den neuen Weg des Genres von Döblin und Feuchtwanger über H. Mann, Brecht und Broch über längere Zeit hinweg ausklammern.

Nun gabelt sich nach 1945 der Verlauf der Gattungsgeschichte infolge der Aufteilung Deutschlands in zwei getrennte Staaten mit entgegengesetzter politischer, gesellschaftlicher wie ideeler Grundlage; der historische Roman als eminent politische Gattung kann davon nicht unberührt bleiben und scheint besonders in der DDR bedeutend günstigere Entwicklungsvoraussetzungen zu haben als in der BRD. Welchen Sonderweg Österreich (von Doderer und Saiko bis Ransmayr) und die deutschsprachige Schweiz nehmen (von Emanuel Stickelberger bis Adolf Muschg, Hugo Loetscher, Kuno Raeber und Eveline Hasler; s. von Matt 1987), wäre darüber hinaus noch zu erkunden. Zwar gibt es auch ›oberhalb‹ der staatlichen Teilung eine ›Kontinuität‹ des historischen Romans aus der Zeit vor 1945: zu denken ist an Döblin, Brod und insbesondere Feuchtwanger; aber gerade Feuchtwanger kehrt aus dem amerikanischen Exil nicht zurück, seine Werke erscheinen sowohl in der DDR als auch in der BRD, werden in Westdeutschland aber kaum beachtet. Döblin, Heinrich Mann und Brecht gelten zwar in der DDR als Klassiker des Genres, können aber auch hier wegen ihrer ›bürgerlichen Schwächen‹ nicht vorbehaltlos ›nachgeahmt‹ (Reso 1976, S.216,219) werden, so daß für beide Teilstaaten gilt, daß sie den gattungsgeschichtlich relevanten Anschluß über längere Zeit hinweg versäumten.

Literatur

Romane

Feuchtwanger, Lion: Waffen für Amerika. Amsterdam 1947.

Tralow, Johannes: Irene von Trapezunt. Roman. Wiesentheid 1947.

Brod, Max: Galilei in Gefangenschaft. Roman. Winterthur 1948.

Döblin, Alfred: November 1918. Eine deutsche Revolution. Erzählwerk. München 1948-50.

Edschmid, Kasimir: Wenn es Rosen sind, werden sie blühen. Roman. München 1950.

Meyer-Eckhardt, Victor: Madame Sodale. Roman. Düsseldorf (1950).

Doderer, Heimito von: Die Strudlhofstiege oder Melzer und die Tiefe der Jahre. München 1951.

Feuchtwanger, Lion: Goya oder Der arge Weg der Erkenntnis. Frankfurt/M. 1951.

Mann, Thomas: Der Erwählte. Roman. Frankfurt/M. 1951.

Selinko, Annemarie: Désirée. Roman. Köln 1951.

Feuchtwanger, Lion: Narrenweisheit oder Tod und Verklärung des Jean-Jacques Rousseau. Roman. Frankfurt/M. 1952.

Edschmid, Kasimir: Der Marschall und die Gnade. Der Roman des Simon Bolivar. Wien 1954.

Zuchardt, Karl: Der Spießrutenlauf. Roman. Halle/S. 1954.

Feuchtwanger, Lion: Spanische Ballade. Roman. Hamburg 1955.

Saiko, George: Der Mann im Schilf. Hamburg 1955; vollst. Ausg. Zürich 1971.

Lorbeer, Hans: Das Fegefeuer. Ein Roman um Luthers Thesenanschlag. Halle 1956.

Feuchtwanger, Lion: Jefta und seine Tochter. Roman. Berlin (Ost) 1957.

Hagelstange, Rudolf: Spielball der Götter. Aufzeichnungen eines trojanischen Prinzen. Hamburg 1959.

Schuder, Rosemarie: Der Sohn der Hexe. Berlin (Ost) 1957.

Niebelschütz, Wolf von: Die Kinder der Finsternis. Roman. Düsseldorf 1959.

Freundlich, Elisabeth: Der eherne Reiter. Roman. Wien 1960; rev. Fass. Frankfurt/M. 1982.

Gütersloh, Albert Paris: Sonne und Mond. Ein historischer Roman aus der Gegenwart. München 1962.

Bobrowski, Johannes: Levins Mühle. 34 Sätze über meinen Großvater. Roman. Berlin (Ost) 1964 [Frankfurt/M. 1964].

Kluge, Alexander: Schlachtbeschreibung. Olten 1964; überarb. Fassung u.d.T.: Schlachtbeschreibung. Roman. 1978.

Schuder, Rosemarie: Die Erleuchteten oder das Bild des armen Lazarus zu Münster in Westfalen von wenig Furchtsamen auch der Terror der Liebe genannt. Berlin (Ost) 1968.

Kühn, Dieter: N. Frankfurt/M. 1970.

Heym, Stefan: Der König David Bericht. Roman. München 1972.

Paretti, Sandra: Der Winter, der ein Sommer war. Roman. München 1972.

Franke, Manfred: Mordverläufe 9./10. X. 1938. Ein Protokoll von der Angst, von Mißhandlung und Tod, vom Auffinden der Spuren und deren Wiederentdeckung. Roman. Darmstadt 1973.

Pfeiffer, Hans: Thomas Müntzer. Biographischer Roman. Berlin (Ost) 1975.

Schwede, Alfred Otto: Der Widersacher. Ein Karlstadt-Roman. Berlin (Ost) 1975.

Schuder, Rosemarie: Agrippa und das Schiff der Zufriedenen. Roman. Berlin (Ost) 1977.

Härtling, Peter: Hölderlin. Ein Roman. Darmstadt 1976.

Timm, Uwe: Morenga. Roman. München 1978.

Plessen, Elisabeth: Kohlhaas. Roman. Zürich 1979.

Fritz, Marianne: Das Kind der Gewalt und die Sterne der Romani. Roman. Frankfurt/M. 1980.

Kruse, Matthias Werner: Pan Twardowski oder Der polnische Faust. Phantastisch-historischer Roman. Rudolstadt 1981.

Spiel, Hilde: Die Früchte des Wohlstands. München 1981.

Nadolny, Sten: Die Entdeckung der Langsamkeit. Roman. München 1983.

Loest, Erich: Völkerschlachtdenkmal. Roman. Hamburg 1984.

Buch, Hans Christoph: Die Hochzeit von Port-au-Prince. Roman. Frankfurt/M. 1984.

Ebersbach, Volker: Der Schatten eines Satyrs. Historischer Roman. Berlin (Ost) 1985.

Hasler, Eveline: Ibicaba. Das Paradies in den Köpfen. Roman. Zürich 1985.

Sloterdijk, Peter: Der Zauberbaum. Die Entstehung der Psychoanalyse im Jahr 1785. Epischer Versuch zur Philosophie der Psychologie. Frankfurt/M. 1985.

Süskind, Patrick: Das Parfum. Die Geschichte eines Mörders. Zürich 1985.

Köpf, Gerhard: Die Erbengemeinschaft. Roman. Frankfurt/M. 1987.

Härtling, Peter: Waiblingers Augen. Roman. Darmstadt 1987.

Marnau, Alfred: Die Mitwirkenden. 3 Bde., Nördlingen 1987.

Hasler, Eveline: Der Riese im Baum. Roman. Zürich 1988.

Ransmayr, Christoph: Die letzte Welt. Roman. Nördlingen 1988.

Haefs, Gisbert: Hannibal. Der Roman Karthagos. Zürich 1989.

Hilsenrath, Edgar: Das Märchen vom letzten Gedanken. Roman. München 1989.

Trommer, Gerd: Saturnin. Verschwörer für Rom. Historischer Roman. Halle 1989.

Karasek, Horst: Die Stelzer. Ein historischer Roman. Frankfurt/M. 1990.

Berling, Peter: Die Kinder des Gral. Roman. Bergisch Gladbach 1991.

Krausser, Helmut: Melodien oder Nachträge zum quecksilbernen Zeitalter. Roman. München 1993.

Muschg, Adolf: Der Rote Ritter. Eine Geschichte vom Parzivâl. Frankfurt/M. 1993.

Sekundärliteratur

Kauer, Edmund Th.: Die politische Funktion des historischen Romans. In: Pandora. Schriften für lebendige Überlieferung, 1946, Heft 2, S. 10-21.

Raddatz, Fritz Joachim: Einige Probleme des historischen Romans. In: Heute und Morgen 1953, S. 246-248.

Jenssen, Christian: Möglichkeiten und Gefahren des historischen Romans. In: Der historische Roman. Veröffentlichung der Bücherkundlichen Arbeits- und Auskunftsstelle für die Erwachsenenbildung in Schleswig-Holstein. Rendsburg 1954, S. 3-17.

Brod, Max: Von Sinn und Würde des historischen Romans. In: Neue Rundschau 67(1956), S. 491-502.

Brod, Max: Der Wahrheitsgehalt des historischen Romans. In: Eckart 26(1957), S. 323-328.

Thiess, Frank: Sind »Historische Romane« noch möglich? In: Wort in der Zeit, 1958, S. 33-35.

Feuchtwanger, Lion: Das Haus der Desdemona oder Größe und Grenzen der historischen Dichtung. Rudolstadt 1961; Nachdr., Frankfurt/M. 1986 (= Fischer Tb.).

Csokor, Franz Theodor: Ist der historische Roman noch möglich? In: Wort in der Zeit 1962, S. 46-50.

Grözinger, Wolfgang: Geschichtsbewußtsein und Geschichtsroman. In: Frankfurter Hefte 1962, S. 840-846.

Peters, Hans Georg: Geschichte als Dichtung. Zur Problematik des historischen Romans. In: Neue Deutsche Hefte 10(1963), S. 5- 23.

Härtling, Peter: Das Ende der Geschichte. Über die Arbeit an einem »historischen Roman«. Wiesbaden 1968.

Renk, Hannelore, Streisand, Joachim: Der historische Roman auf dem Weg zum sozialistischen Realismus. In: Sinn und Form 22(1970), S. 1235-1242.

Herting, Helga: Der historische Roman in unserer Zeit. Zum Werk von Rosemarie Schuder. In: WB 19,4(1973), S. 82-102.

Schuder, Rosemarie: Interview (mit Helga Herting). In: Weimarer Beiträge 19,4(1973), S. 67-81.

Pfeiffer, Hans: Gespräch (mit Erika Stephan). In: Theater der Zeit 1975, H. 7, S. 48- 51.

Reso, Martin: Immer mal wieder: Poesie und Geschichte. Bemerkungen zur historischen Belletristik in der sozialistischen Gegenwartsliteratur. In: Ansichten. Aufsätze zur Literatur der DDR. Hrsg.v. Klaus Walther, Halle 1976, S. 198-261.

Dor, Milo: Gespenster der Vergangenheit – Gespenster der Gegenwart. Reflexionen über den »historischen« Roman. In: Literatur und Kritik 14(1979), S. 539-544.

Herting, Helga: Geschichte für die Gegenwart. Historische Belletristik in der Literatur der DDR. Berlin (Ost) 1979.

Der historische Roman. In: Neue Deutsche Literatur 27,11(1979).

Schuder, Rosemarie: Gespräch (mit Achim Roscher). In: Neue Deutsche Literatur 27(1979), S. 54-60.

Kuczynski, Jürgen: Gegenwart und Geschichte [1980]. In: J.K., Jahre mit Büchern. Berlin (Ost) 1986, S. 53-60.

Plessen, Elisabeth: Über die Schwierigkeiten, einen historischen Roman zu schreiben (Am Beispiel des Kohlhaas). In: Deutsche Literatur in der Bundesrepublik seit 1965. Hrsg.v. Paul Michael Lützeler und Egon Schwarz, Königstein/Ts. 1980, S. 195-201.

Martini, Fritz: Über die gegenwärtigen Schwierigkeiten des historischen Erzählens [1981]. In: F.M., Literarische Form und Geschichte. Aufsätze zu Gattungstheorie und Gattungsentwicklung vom Sturm und Drang bis zum Erzählen heute. Stuttgart 1984, S. 201-218, 236 f.

Rosellini, Jay: Zur Funktionsbestimmung des historischen Romans in der DDR-Literatur. In: Amsterdamer Beiträge zur Neueren Germanistik, 11-12(1981), S. 61-101.

Ott, Elisabeth: Historische Romane für Kinder und Jugendliche. Die römische Geschichte und die Französische Revolution im Spiegel der historischen Kinder- und Jugendliteratur der Jahre 1960 bis 1983. Frankfurt/M. 1985.

Bohnert, Ch.: Stefan Heym: Der König David Bericht. Ohnmacht der Macht vor der Geschichte. In: Jahrbuch zur Literatur in der DDR 5(1986), S. 143-195.

Hutchinson, Peter: Problems of Socialist Historiography: The Example of Stefan Heym's ›The King David Report‹. In: Modern Language Revue 81(1986), S. 131-138.

Langermann, Martina u. Detlef: Greifswalder Kolloquium zur Historischen Belletristik. In: Weimarer Beiträge 32(1986), S. 1393-1396.

Matt, Beatrice von: Historische Romane der deutschsprachigen Schweiz. In: Neue Zürcher Zeitung v. 21.8.1987

Neubert, Werner: Gedanken zum historischen Roman. In: Neue deutsche Literatur 35(1987), S. 72-76.

Bachmann, Peter: Die Auferstehung des Mythos in der Postmoderne. Philosophische Voraussetzungen zu Christoph Ransmayrs Roman ›Die letzte Welt‹. In: Diskussion Deutsch 21(1990), S. 639- 651.

Bartsch, Kurt: Dialog mit Antike und Mythos. Christoph Ransmayrs Ovid-Roman ›Die letzte Welt‹. In: Modern Austrian Literature 23(1990), S. 121-133.

Roberts, David: Aufklärung und Angst. Überlegungen zum deutschen historischen Roman nach 1945. In: Literatur und Geschichte 1788-1988. Hrsg.v. Gerhard Schulz u.a., Bern 1990, S. 251- 261.

Strickhausen, Waltraud: Hilde Spiels historischer Roman ›Die Früchte des

Wohlstands‹. Ein erster Reflex der Erfahrungen von Nationalsozialismus, Krieg und Exil. In: Exil 10(1990), S. 27-42.

Bernsmeier, Helmut: »Keinem bleibt seine Gestalt« – Ransmayrs ›Letzte Welt‹. In: Euphorion 85(1991), S. 168-181.

Palm, Christine: Alterität, Verbannung, Abgelegenheit und eine Geschichte der Entwicklung der Menschheit im Roman ›Die letzte Welt‹ von Christoph Ransmayr. In: Begegnung mit dem ›Fremden‹. Bd. 2, München 1991, S. 236- 242.

Schnell, Ralf: Zwischen Geschichtsphilosophie und ›Posthistoire‹. Geschichte im deutschen Gegenwartsroman. In: Weimarer Beiträge 37(1991), S. 342-355.

Unger, Karl: Die Erfindung der Vergangenheit. Über den neuen historischen Roman in der Bundesrepublik. Sendemanuskript für WDR 3 v. 24.10.1990.

Roberts, David / Thomson, Philip (Hrsg.): The Modern German Historical Novel. Paradigms, Problems, Perspectives. New York 1991.

Derré, Françoise: Un avatar du roman historique: ›Der Mann im Schilf‹ de George Saiko. In: Chroniques allemandes 1(1992), S. 65-85.

Epple, Thomas: Christoph Ransmayr ›Die letzte Welt‹. München 1992.

Kilb, Andreas: Die Archai kommen! Der Geist aus den Archiven: Helmut Kraussers historischer Großroman ›Melodien‹. In: Die Zeit Nr. 32 v. 6. August 1993, S. 39.

Kohpeiß, Ralph: Der historische Roman der Gegenwart in der Bundesrepublik Deutschland. Ästhetische Konzeption und Wirkungsintention. Stuttgart 1993.

4.6.1. Der historische Roman in der Bundesrepublik Deutschland

Insofern der historische Roman an der Dialektik von Politik und Poesie teilnimmt und sie auf das Wechselspiel zwischen Gegenwart und Vergangenheit anwendet, wird er in einem kulturellen Raum, der – wie die Bundesrepublik der Nachkriegszeit – durch geschichtslosen Neuanfang (Sontheimer: Deutschland zwischen Demokratie und Antidemokratie. München 1971, S.37) und ›Entpolitisierung‹ gekennzeichnet ist, einen schweren Stand haben. Symptomatisch ist die folgende Bekundung: »Der historische Roman ist eben nur dann der legitime Nachfolger des Epos, wenn er einen tieferfüllten menschlichen, mythischen oder religiösen, also einen metahistorischen Hintergrund hat.« (Jenssen 1954, S.4) Daraus folgt nicht unbedingt die Auslöschung, aber gewiß die Sterilisierung alles Geschichtlichen im Verein mit der Entmündigung dessen, der um seiner Gegenwart willen erzählt. Die später beklagte »Geschichtsmüdigkeit« (Sontheimer) hat frühe Quellen: »Unberührt sollte der historische Roman von der jeweiligen politischen Konstellation bleiben, unter der sein Verfasser zu leben genötigt ist, es sei denn, daß ein innerer und höherer Ruf an den Dichter ergeht, seiner Zeit sub specie aeternitatis das aufrüttelnde oder warnende geschichtliche Gleichnis vorzuhalten.« (Jenssen 1954, S.6) Die Bedingungen, unter denen ein solcher Ruf ergehen kann, werden merkmalsreich ausgeschrieben; sie variieren alle das ›Geist und Tat‹-Verbot und verschreiben leitmotivisch Gefühle, Affekte und Apathie:

»Die Voraussetzungen dieser Art epischer Dichtung sind Ergriffenheit von den säkularen Persönlichkeiten und Ereignissen, die das Schicksal von Völkern bestimmen und Erhebung, Erschütterung oder Untergang, vervielfachtes Glück aufbauender Tatkraft oder vervielfachtes Leid durch Not, Furcht und Schrecken verursachen; demütige oder schaudernde Verehrung des Geheimnisses, das in ihnen waltet, Ahnung göttlicher und dämonischer Gewalten, die mit ihnen über die Erde, über Völker und Menschen heil- oder verderbenbringend kommen; und nicht zuletzt das Forschen nach den großen, heiligen oder unheiligen politischen Zielvorstellungen und den tiefsten seelischen Antrieben des geschichtlichen Helden. Nur wenn der Dichter es vermag, uns in die eigentlichen seelischen Beweggründe zu versetzen, wird das Bild des Helden in uns lebendig. Es ist nicht der Sinn des historischen Romans, den Leser in eine ihm innerlich entlegene vergangene Lebenswelt zu versetzen, sondern umgekehrt das erschaute geschichtliche Lebensbild in den Leser zu versetzen, so daß er es als das lebendige Innesein jener immer fortwirkenden geschichtlichen Kräfte erfährt, aus denen auch sein eigenes Wesen und Schicksal sich mit auferbaut.« (Jenssen 1954, S.6 f.)

Dieses kritische Rüstzeug der Genreschau mag sich im Einklang wissen mit den Selbsteinschätzungen Brods oder le Forts, es vermag vielleicht die Romane Scheffels, Freytags, Dahns und Ebers' aus dem Kanon des Wesentlichen auszuschließen, es bleibt aber nicht gefeit vor Anwärtern wie Blunck und Jelusich (letzterer habe es zu »hervorragenden und verantwortungsvollen Leistungen« gebracht; Jenssen 1954, S.17), es verharmlost den »Widerstand« von kanonisierten Autoren wie le Fort und Klepper und rechnet Werke von Meyer-Eckardt »zweifellos zu den bemerkenswertesten historischen Romanen der jüngsten Jahre.« (Ebd., S.7) Der historische Roman der Exilanten spielt in den fünfziger Jahren keine Rolle. Frank Thiess, der sich 1958 mit der Frage beschäftigt, ob »›historische Romane‹ noch möglich« seien, charakterisiert die vertraute Tradition mit den Namen Bulwer, Freytag und Dahn, hebt die Bedeutung von Edschmids Bolivar- und insbesondere Stuckens Inka-Roman hervor, schließt den Vergil-Roman Brochs (wie Belzners *Juanas großer Seemann*) aus der Gattungsgeschichte aus und verweist als einziges Beispiel für einen »modernen historischen Roman« auf Herbert Steins *Nicht vom Chronisten berichtet.*

Dennoch gibt es auch eine in die Zukunft gerichtete Poetik des historischen Romans. Schon Kauer stellte dem Genre eine doppelte Aufgabe, zum einen: »am Imperativ eigener politischer Klarheit und Durchdrungenheit zu jener eigentlichen und echten Form des historischen Romans durch[zu]finden, die nicht der Flucht in eine trügerische Vergangenheit Vorschub leistet, sondern unsere aktuellen geistigen und sozialen Probleme aus der Geschichte herausdestilliert und experimentell zu lösen unternimmt«; zum anderen »müssen die Erneuerer des historischen Romans den geistigen Standort ihrer nunmehr nicht mehr bürgerlichen, sondern ohne eine echte und bewußte Revolution mehr durch Verpauverung klassenlos gewordene Leserschaft ermitteln.« (Kauer 1946, S.21) Auf eine Tradition, der tatsächlich eine »Wirkung in die Zukunft gesichert scheint«, weist Csokor (1962, S.48) hin, wenn er daran erinnert, daß sich »fast jeder der richtungweisenden Romane unserer Epoche [...] keineswegs nur mit der Zeit, darin wir leben oder lebten« (ebd., S.46) beschäftigt, und als Beispiel Musils *Mann ohne Eigenschaften* (der einem Nachwort-Entwurf seines Autors zufolge »unter der Hand ein historischer Roman geworden« sei, 1952/68, S.1601) oder von Doderers *Dämonen* anführt. Der für Csokor »noch mögliche« historische Roman hat jetzt wenig gemein mit jener »ausgeleierten« Variante, die ihn in Verruf gebracht hatte; er sprengt den »zeitlichen Ablauf des Hintereinander« und erteilt der »kausal bedingten und verknüpften Darstellung« (Csokor 1962, S.47) eine Absage. An deren Stelle treten die Formmodelle von Broch, Th. Mann, Bronnen (*Aisopos*), Edschmid (*Der Marschall und die Gnade*) sowie des eigenen Versuchs (*Der Schlüssel zum Abgrund*). Nichtsdestotrotz hat es der historische Roman in den fünfziger Jahren schwer (Peters 1963, S.16). Der Zehntausendmark-Preis, den der Süddeutsche Verlag für den besten Roman ausschrieb, konnte »aus Mangel an ernstzunehmenden Einsendungen« im Jahr 1960 nicht verliehen werden (Grözinger 1962, S.840) Und doch bleibt er eine »Notwendigkeit«, »wenn wir den Geschichtsdruck und das Geschichtsgefälle erwägen, dem die Existenz des modernen Menschen ausgesetzt ist.« (Ebd., S.846) Diesem modernen »Bedürfnis« scheint »gerade der experimentelle Roman« in der Art von Butors *L'Emploi du temps* entgegenzukommen.

Die (vorläufig noch spärlichen) literaturwissenschaftlichen Analysen bestätigen den von den Zeitgenossen empfundenen Mangel an überzeugenden Gattungsrepräsentanten, ergründen die symptomatischen Fehleinschätzungen, stützen aber auch die Hoffnungen, die sich auf eine modernisierte Fortsetzung der Gattungsgeschichte im Zeichen der ›Krise des Romans‹ richten. In der neuesten themenspezifischen Monographie von Kohpeiß (1993) wird auf breiterer Materialgrundlage der »Niedergang des historischen Romans nach 1945« zur Gewißheit. Was sich erhält, ist »biedere Unterhaltungsliteratur, im Umgang mit der Geschichte unreflektiert, privatisierend und personalisierend, ästhetisch konservativ und im Stil epigonal.« (Kohpeiß 1993, S.72) Wo der Kunstanspruch nicht in Abrede gestellt werden kann, sind hier die Fortläufer der Inneren Emigration gemeint (le Fort, Bergengruen, Thiess, Stickelberger); im übrigen setzt sich der ›Zeitgeschmack‹ durch (neben Rombach und Tralow insbesondere Selinkos *Desirée* und Brigitte von Tessins *Der Bastard*, 1954)

Ein Bündel von Gründen, deren regionale Spezifik noch erarbeitet werden müßte, macht Stillstand bzw. Rückfall des Geschichtsromans deutlich (nach Westenfelder): kollektive Verdrängung der Vergangenheit (auch ihre spätere Aufarbeitung kommt nicht dem historischen Roman zugute), Antikommunismus (von Seiten der BRD, von Seiten der DDR wäre die antidemokratische Kadermentalität zu nennen), Ideologieverdacht der kritischen Aufarbeitung von Vergangenheit, die einerseits zur Entpolitisierung, andererseits zur Legende des sozialistischen Widerstands führte, Kontinuität des nationalsozialistischen Geschichtsromans (Führerkult und positiver Held, Militarismus, Ost-West-Imperialismus).

Die historischen Romane der fünfziger Jahre, die eine neue Epoche der Gattungsgeschichte einleiten könnten, sind spärlich gesät, aber sie fehlen nicht ganz. Brod, Perutz und Feuchtwanger bleiben wichtig, auch Thomas Manns *Der Erwählte* verändert das Gattungsbild. Bislang ohne Resonanz blieb Wolf von Niebelschütz' geschichtsmythischer Roman *Die Kinder der Finsternis*. Die ›Aufarbeitung der Vergangenheit‹ erfolgte eher im Rahmen eines zeitkritischen Romans (vgl. *Die Blechtrommel*), so daß der historische Roman fast automatisch mit Vor-›Vergangenheitsstoffen‹ assoziiert wurde (doch vgl. Peter Weiss: *Die Ästhetik des Widerstands*, der gelegentlich schon zum historischen Genre gezählt wird). In Österreich passen Doderer und Gütersloh die historische Form dem modernen Roman an; was ein »historischer Roman aus der Gegenwart« dem gattungsgeschichtlichen Begriff zu sagen hätte, müßte noch untersucht werden. George Saikos *Der Mann im Schilf* (1955) wurde – trotz Brochs Empfehlung – übersehen; seine Bewußtseinsgeschichte des faschistischen Putsches (Österreich im Jahr 1934) bereichert die Gattungsgeschichte um einen modernen Klassiker: Nach altem Muster und dennoch ganz anders stürzen auch hier Reisende (eine Gruppe von Archäologen) in die Brutalität der geschichtlichen Bewegung innerhalb des Salzburger

Grenzlandes und verstricken sich im Netz einer Verschwörung, das nur Gemordete preisgibt. Kohpeiß, der sich nur auf die Bundesrepublik konzentriert, konstatiert »für die sechziger Jahre schlicht den Exitus der Gattung« (Kohpeiß 1993, S.73). Die große Ausnahme stellt auch für ihn Kluges *Schlachtbeschreibung* dar.

Alexander Kluge

Das Muster eines nicht-erzählenden, den Erzählvorgang verweigernden historischen Romans ist Alexander Kluges *Schlachtbeschreibung* (1964/78). Kluge hat sein Werk mehrfach überarbeitet und erst später als »Roman« gekennzeichnet. ›Historisch‹ und sogar ›vaterländisch‹ ist dieser Roman, insofern er eine ›Haupt- und Staatsaktion‹ der nationalen Vergangenheit aufgreift, die – nach Scottscher Regelung – die großelterliche Vorgeschichte der Gegenwart darstellt (vgl. dagegen Theodor Plieviers zeitgeschichtliche Version desselben Themas). Ihr gewöhnlicher ›Münzwert‹ ist ablesbar am »malerische[n] Eifer«, an »der Lust, ein Grauen, das sich jeder Erzählung verweigert, doch noch zu ›packen‹ und halb erschüttert, halb genießerisch zu reproduzieren.« (Die Zeit, 22.1.1993, S.45) Als Schlacht-»Beschreibung« aber rückt das Werk diametral von dieser epischen Aufgabenstellung ab. Das bedeutet keine Absage an alle Formprinzipien, doch werden diese eher ihrem Gegenstand selbst zugeschrieben, so daß die ›Ordnung des Erzählens‹ hier als »organisatorischer Aufbau eines Unglücks« (so der Untertitel der Überarbeitung von 1978) erscheint. Ursache und Wirkung, Absicht und Erfolg, Schuld und Sühne, Anfang und Ende, Person und Tat, Individuum und Institution, Geschehen und Mitteilung erweisen sich als Momente einer Organisation, die nicht gestaltet, sondern anrichtet, was geschah und demzufolge als Wahrheit gilt.

Einer solchen ›Okkupation‹ des Episch-Fiktiven durch das Faktische setzt Kluge seine Montage-Form entgegen. Sie stützt sich auf Traditionen des ›Vielheitsromans‹ (Fontane), geht aber im weiteren eigene, dokumentarische Wege. Ihre künstlich-kunstvollen Schnitte zerreißen und flicken eine Vergangenheit, die als ›ästhetische Ganzheit‹ unanfechtbar erscheint.

Der Begriff der Montage deutet nicht auf die Auswirkung eines aleatorischen Prinzips hin; im Gegenteil scheint es doch auf die rechte Reihenfolge der Teile anzukommen. Die Erstfassung beginnt mit dem Schein der annalistischen Dokumentation (»Rechenschaftsbericht«), entlarvt sodann ihren realistischen Aufputz als verordnete Komposition (»Pressemäßige Behandlung«), dekomponiert anschließend das ›Repertoire‹ der Ereignisse und ihrer Beschreibungen und kehrt schließlich zur vertieften Chronik (»Tagesläufe«) zurück. Hierauf folgen eine »Rekapitulation«, eine dem Geschichtsdrama abgelesene »Personenliste« und diverse »Anhänge«, die abermals den Kommentar-Paradigmen des geschichtlichen Handelns gelten.

Die (vorläufige) Endfassung ist – abgesehen von den mannigfachen Ergänzungen – durch eine Neuanordnung der alten Teile gekennzeichnet, fast möchte man sagen durch eine Art Rahmentechnik oder gar Kesselstruktur: Die »Tagesläufe« rücken nun als »Unglückstage« nach vorne, und der »Rechenschaftsbericht« bildet den Romanabschluß. Als prologartiger Beginn dient jetzt das ›Repertoire‹ an materiellen, habituellen und verbalen Ausrüstungen. Die ›Binnenhandlung‹ enthält die Reflexionen über die Paradigmen des geschichtlichen Handelns und mündet in die organisierten ›Vorzeichen‹ für den rahmenschließenden »Rechenschaftsbericht«.

Wiederholung, Wechsel des Blickpunkts, Widerspruch, Zerlegung von Zusammenhängen und materiellen wie menschlichen Körpern sind die markanten Verfahren dieses Romans, dessen ›Realismus‹ darin liegt, die Fiktionen der Wirklichkeit beim Wort zu nehmen.

Zu den neu hinzugekommenen Teilen der Endfassung gehört das Kapitel »Verhedderung«. Es beginnt mit einem Abschnitt, der zwar eine selbständige Episode darstellt, aber zum ›Mosaik‹ dessen gehört, was den Begriff der Verwirrung umfaßt. ›Erzählt‹ wird die ›Geschichte‹ von vier deutschen Offizieren. Ihnen gelingt in letzter Minute die Flucht aus dem Kessel nach China, wo sie sich nach anfänglichen Schwierigkeiten ›nützlich‹ machen können; bald stehen ihnen Karrieren als Geheimagenten bevor, und wir sehen sie schließlich als »gefährlichste Gegner« in galaktische Kämpfe verwickelt. Was geschieht hier im Raum eines nicht-erzählten historischen Romans? Der Episoden-Beginn klingt fiktional: In der Art eines Fotoromans sehen wir ein Bild wie aus Vilsmaiers Film. Darunter berichtet eine (Erzähler-)Stimme über die Situation von Stalingrad am 10. Januar 1943. Der dritte Abschnitt vollzieht das, was als ›zweischenkliger Satz‹ (Geppert) in der Poetik des historischen Romans vertraut ist. Dennoch entspinnt sich im folgenden keine Fluchtgeschichte nach dem Muster des ›So weit die Füße tragen‹; vielmehr werden Fäden gewoben zu jener zukünftigen Schlachtbeschreibung, die dann als ›Tatort‹ und Odfeld nur noch ein »östliches Fragment der ehemaligen Erdkugel« (S.279) präsentieren kann. So entsteht im historischen Roman – erzählend, malend und per Sprechfunk dialogisierend – Science Fiction, wissenschaftliche Fiktion und Zukunftsphantasie, die in den Nahtstellen der sich verheddernden Dokumentation die Fäden zur stellaren »Endkatastrophe« (S.273) und zum ›ewigen Leben‹ glättet. Die Form dieser Textur ist die Groteske. Rückblickend aus dem Jahr 2103 räsoniert der Stalingrad-Flüchtling Boltzmann: »Kein Mensch will sterben, wenn er nie gelebt hat. Solange unser Leben keinen Sinn hat, können wir ihm nur den einen Sinn geben: daß es ewig dauert. Zwicki: Das haben wir ja praktisch jetzt auch erreicht.« (S.271, Fn.4) Diese Fußnote könnte fast ein Zitat sein, freilich in parodierter Umkehrung. Seine ›Normalform‹ findet sich in Dahns Roman. Dort ist vom heroischen Leben in auswegloser Zeit und seinen Erträgen ›danach‹ die Rede: »Nur auf eines kommt es hier unten an«, verkündet der alte Waffenmeister Hildebrand, »ein treuer Mann gewesen zu sein, kein Neiding, und den Schlachttot sterben, nicht den Strohtod. Den treuen Helden aber tragen die Walküren aus dem blutigen Feld auf roten Wolken hinauf in Odhins Saal [...]. Und so leben wir fort in alle Ewigkeit in Licht und heller Freude, vergessen der Erde hier unten und alles ihres Wehs.« (II,139)

Literatur

Lewandowski, Rainer: Alexander Kluge. München 1980.
Visch, Marijke: Zur Funktion von Dokumenten im historischen Roman. Eine exemplarische Untersuchung anhand von Alexander Kluges ›Schlachtbeschreibung‹. In: Neophilologus 64(1980), S. 564-582
Bechthold, Gerhard: Sinnliche Wahrnehmung von sozialer Wirklichkeit. Die multimedialen Montage-Texte von Alexander Kluge. Tübingen 1983.
Alexander Kluge. In: Text + Kritik H. 85/86(1985).
Carp, Stefanie: Kriegsgeschichten. Zum Werk Alexander Kluges. München 1987.
Vogt, Ludgera: Die montierte Realität: Text und Bild in Alexander Kluges ›Schlachtbeschreibung‹. In: kultuRRevolution 1990, S. 80-83.
Voss, Dietmar: Augen des Lebendigen, tiefgekühlt. Streifzüge durch Alexander Kluges Erzählwerk. In: Merkur 44(1990), S. 282-297.

Während der siebziger Jahre macht der historische Roman von sich reden: Stefan Heyms *Der König David Bericht* (1972) setzt am Beispiel seines angestellten Historikers Ethan Brechts Aufklärungsarbeit fort. Aus der dokumentarisch-neorealistischen Strömung ausbrechend, erkundet das Genre neue Wege der historisch-erzählerischen Phantasie, der Subjektivität und Ich-Findung. Den historisch-biographischen Roman im Paradigma des Möglichkeitsdenkens erfindet Dieter Kühn (*N.* 1970). Härtling schreibt »seine« *Hölderlin*-Romanbiographie, und Elisabeth Plessen befaßt sich mit »ihrem« *Kohlhaas*. Eine Sensation im historischen Genre stellt Christoph Ransmayrs *Die letzte Welt* dar, die das Ende der Geschichte zeitüberblendend und als mythisch-realen Prozeß der Verwandlung (Versteinerung, Vereisung) vor Augen führt. Wahrscheinlich wird auch Alfred Marnaus Trilogie *Die Mitwirkenden* (1987) das aktuelle Bild der Gattung beeinflussen. Der Zusammenhang von Geschichte und Mythos spielt wieder eine wichtige Rolle (vgl.a. Marianne Fritz: *Das Kind der Gewalt und die Sterne der Romani* 1980).

Von diesem Abschnitt der allerneuesten Gattungsgeschichte handelt die umfassende Monographie von Kohpeiß (1993). In mehreren Werkanalysen und summarischen Reihungen gewinnt er einen differenzierten Merkmalskatalog des historischen Romans und der Romanbiographie in den siebziger und achtziger Jahren. Manches erinnert an Gepperts oder Müllers dichotome Typologie, doch unterstreicht Kohpeiß die vielfältigen Überschneidungen, die eine Gruppierung des gegenwärtigen historischen Romans in konventionelle und moderne Form nicht zulassen. »Im historischen Roman der Gegenwart verknüpfen sich nicht nur – stärker noch als im historischen Roman des Exils – konventionelle und moderne Erzählverfahren, sondern die Autoren sind sich auch durchweg des ›Hiats‹ zwischen Geschichte und Fiktion bewußt, wenngleich sie von diesem Wissen sehr unterschiedlichen Gebrauch machen.« (Kohpeiß 1993, S.336) Immerhin aber lassen sich Härtling, Harig, Plessen, Buch, Sloterdijk, Köpf und Hilsenrath nennen, wenn es um die »innovative(n) Weiterentwicklung der Gattung« geht. Folgende Eigenschaften fallen hier ins Auge: Fortschritts- und Zivilisationskritik, Selbstbezüglichkeit und reflexive Elemente, Illusionsbrüche und Desillusionierung, Verfremdung und Demontage, Irritation konventioneller Publikumserwartungen und Angebot von Verstehens- bzw. Argumentationsspielräumen, Polyperspektivik, Perspektive von Unten (Opfer, Unterdrückte) und Mehrsträngigkeit, Dokumentenmontage und filmische Schnitttechnik, offene Form, Möglichkeitsdenken, rational-konstruktive Imagination, Parodie und bewußte Trivialisierung und schließlich Analogisierungen zwischen Vergangenheit und Gegenwart durch Überblendungen und Assoziationen. An einer Reihe von Autoren (Nadolny, Stern, Haefs, Kempowski) sucht Kohpeiß auch traditionelle Komponenten nachzuweisen: bruchlose Verflechtung von Fakten, Konjekturen und Imaginationen, naives und reflexionsfreies Erzählen, Idealisierung und Heroisierung, Betonung anthropologischer Konstanten und Identifizierungsangebote.

Elisabeth Plessen

Elisabeth Plessens »Schwierigkeiten« (1980) mit der alten Form sind bezeichnend. Am Anfang steht, wie immer, der Rechtfertigungsdruck gegenüber den vielen Voreingenommenen und »Zensierern«. Da heißt es leitmotivisch: Historische Romane zu schreiben mache soviel Arbeit, stünde im Verdacht der Flucht aus der Gegenwart und sei reaktionär; auch gäbe es kaum noch unbearbeitete Stoffe, und der poetische Plan ziele auf ein »Unding« (»Kalb mit zwei Köpfen«, 1980, S.195). Dennoch überwiegen für Plessen die Gründe, sich dem »Stiefkind der zeitgenössischen Literatur« (ebd.) zuzuwenden: Die Schwierigkeit im Umgang mit historischen Stoffen unterscheide sich kaum von der anderer. Der negative Ruf der Gattung verfehle die eigentlichen Vorbilder (Scott, H. und Th. Mann, Bergengruen, Feuchtwanger, Simon, Kühn und vor allem Aragon). Gerade der historische Roman sei kein »fixes Genre« (ebd.), sondern eröffne viele Möglichkeiten, insbesondere auch die, »aus Mangel an Quellen Quellen zu erfinden.« (Ebd., S.196) Plessen durchschaut den genrespezifischen Objektivitätsanspruch als »Täuschung«, »Trick oder Götterglaube« (ebd.) und orientiert sich ihrerseits an der zur Schau gestellten Subjektivität in Aragons *Karwoche*. Der aktuelle historische Roman wendet die Mittel des modernen Romans an, er fesselt sich nicht an das Gewesene, sondern sucht die »Ähnlichkeiten [...] zwischen dem Gestern und Heute« (Ebd., S.198) auf, er pendelt »hin und her« (ebd.) zwischen Faktentreue und Erfindungslust. Seine Schwierigkeiten sind nicht gering: Die Schriftstellerin verkommt zur »Buchhalterin« (ebd., S.199), ihrer Sprache droht die Entfremdung durch die ›Aktensprache‹, »Gesichter« müssen für Namen aus Akten (ebd., S.199 f.) gefunden werden, und immer wieder geraten Schreibzeit und beschriebene Zeit gegeneinander. Wohl wissend, daß diese Geschichte schon einmal, und zwar bestens, erzählt wurde, liegt aller Sinn der erneuten Mühe im Interesse an der Gegenwartsbedeutung des doppelt Vergangenen.

Auftakt und Leitmotiv der wiedererzählten *Kohlhaas*-Geschichte rücken die ›Subjektivität‹ der Erzählerin in den Vordergrund. Ihre Zeit (1978), ihre Erfahrung (Angst) und ihre Sprache (Modernismen wie »Fernsehantennen«, »den langen Marsch durch die Behörden«, »Untergrund«, »Sympathisanten«, »Drop outs«) setzen sich gegen die ›alte‹ Geschichte durch: Nicht etwa, daß die »Quellen« der Vergangenheit nur »phantastische moralindurchsetzte Räuberpistolen« (1979, S.123) bieten, stellt nunmehr das Hauptproblem dar, sondern daß die ›Quellen der Gegenwart‹, z.B. das stern-Interview mit Astrid Proll, zum Poetik-Problem des subjektivierten historischen Romans anwächst: »Ich frage mich, ob eine meiner Romanfiguren diese Sätze sagen könnte, ob ich sie diese Sätze sagen lassen könnte. Möglich scheint mir einzig der Satz mit den Gräbern. Diese Moral könnten viele sagen. Alles andere paßt nicht in die Zeitumstände, es sei denn, ich hätte auf die Historie einfach als einen Spiegel für gegenwärtige Probleme vertraut.« (S.275) Die durch »Unwissenheit« (S.54) entbundene Vorstellungskraft verlebendigt und nostrifiziert (»(m)eine«, S.54, »wir«, S.287) nicht nur Geschichte gegen ein nahezu fünfhundert Jahre währendes Zeitgrab, sondern plaziert in ihr die eigene Situation, deren Wahrnehmungsraum vom ›Sehen‹ konstituiert wird. Gerade aus solcher Subjektivität entsteht Einsicht in anderes und Übersicht über vieles: »Ich weiß ja mehr als Kohlhaas selber über sich. So bin ich immer schon weiter als er. Ich habe ja stets schon die Gedanken anderer Leute im Kopf. Ich habe Gleichzeitiges in meinem Kopf.« (S.177)

Literatur

Kraft, Helga W./Mashall, Harry: Elisabeth Plessen's Discourse With the Past: Two Historical Novels from the 1970's. In: Monatshefte 77(1985), S. 157-170.

Edgar Hilsenrath

Das ›Märchen‹, das Döblin (1936) auf die Gegenseite des historischen Romans gerückt hatte, beginnt in Edgar Hilsenraths »Epos« (Klappentext) *Das Märchen vom letzten Gedanken* (1989) das Wort zu ergreifen: Ein Märchenerzähler läßt sich im Jahr 1988 in ein Zwiegespräch mit dem »letzten Gedanken« eines sterbenden Armeniers ein und führt diesen Gedanken – in fiktiver und zeitlich gedehnter Vorwegnahme eines punktuellen Ereignisses im Tod – in das Jahr 1915 zurück, um dem Sterbenden am Beispiel seines Vaters die organisierte Ausrottung seines Volkes durch die Türken zu zeigen. So aktualisiert sich der ethnographische Roman (Sealsfield) mit den epischen ›Denkverfahren‹ Brochs und Joyces als historischer Dialogroman, der in der Redeform des Märchens daran erinnert, was einerseits nicht »in unseren Geschichtsbüchern« (S.16) steht, weil es eine »Geschichtslücke« ist, was aber andererseits auch zu wortreich besprochen werden könnte (S. 174). Die Märchenrede entsteht durch das, wovon sie inhaltlich zeugt: der spurenlosen Vernichtung aller historischen Quellen (S.397) und dem wohlfunktionierenden Mechanismus des Dementierens: »Dieser Fall war wie ein türkisches Märchen, von dem man sagt: Es war einmal einer, und es war einmal keiner. – Diesen Fall, Efendiler, den gibt es gar nicht. Und es gab ihn nicht, und es hat ihn auch nie gegeben.« (S.423) Zugleich signalisiert sie das Entsetzen an der furchtbaren Wahrheit, daß Geschichts- und Lehrbücher »doch im Grunde nur eine Aneinanderreihung« enthalten, »die Aneinanderreihung kleinerer und größerer Massenmorde vom Anbeginn der Zeit an. Und alle sind begründet. Für jeden gab es einen Vorwand. Und für jeden Vorwand eine Anklage.« (S.423 f.) Von hier bezieht der Märchenerzähler seine Lizenz, faktische Einzelheiten wie den ›Fall Khatisian‹ (von ihm handelt immerhin der ganze Roman) hinsichtlich ihrer Verbürgtheit für gleichgültig zu erachten und dennoch auf seinem Anspruch zu bestehen: »Die Märchen, die ich erzähle, sind keine Märchen. Es sind wahre Geschichten.« (S.431) So überbrückt das ›Märchen‹ nicht nur die Kluft zwischen der ›freien Erfindung‹ und den ›wahren historischen Hintergründen‹ (Nachbemerkung des Autors, S.507), sondern aktualisiert auch seine alte Gedächtnisfunktion (Döblin), indem Hilsenrath diese gleich doppelt personifiziert: als Märchenerzähler und Zentralfigur, den Dichter Wartan; denn: »Die Dichter sind unsere Erinnerung«. (S.460) Mit der Märchenform ergreift Hilsenrath die phantasievolle Gelegenheit, den auktorialen Erzähler wieder einzuführen, der überall und ewig ist, alles weiß und dennoch nur die »Stimmen unserer Gedanken« (S.390) verkörpert, und zwar der letzten.

Gerstenberger, Katharina / Pohland, Vera: Der Wichser. Edgar Hilsenrath – Schreiben über den Holocaust, Identität und Sexualität. In: Der Deutschunterricht 44,3(1992), S. 74-91.

4.6.2. Der historische Roman in der Deutschen Demokratischen Republik

In der Deutschen Demokratischen Republik übernahm der historische Roman eine »staatspädagogische Funktion« (Martini 1981/84, S.202). Eingezwängt in die Doktrin des sozialistischen Realismus entstanden konforme Romane über eine der verordneten Gegenwart angepaßte Vergangenheit:

»Einer, der im Jahre 1972 in der DDR historische Romane schreibt, muß sich darauf gründen und kann sich darauf gründen, daß das Geschichtsbewußtsein in der sozialistischen Gesellschaft eine ganz andere Dimension bekommt im Vergleich zu allen früheren schon deshalb, weil ja erst seit Marx und Engels erkannt ist, daß die Geschichte sich nicht zufällig vollzieht, sondern gesetzmäßig abläuft, daß Gesetzmäßigkeiten wirksam sind.« Und: »Habe ich die Gesetzmäßigkeiten des Klassenkampfes erfaßt, dann fügen sich die Fakten meiner Darstellung.« (Schuder 1973, S. 67, 75)

Verglichen mit der bundesrepublikanischen »Geschichtsmüdigkeit« scheint die demokratisch-republikanische »Lage ganz anders« auszusehen (Rosellini 1981, S.62): Im Rahmen des wissenschaftlich fundierten Marxismus-Leninismus gehört das Geschichtsbewußtsein als Fähigkeit, historische Abläufe als Klassenkämpfe zu durchschauen, und als Disposition, sich an die fortschrittlichen Epochen der Vergangenheit erinnern zu können, zum wesentlichen Bestandteil der sozialistischen Persönlichkeit. Das sind Rahmenbedingungen, die enger oder weiter gefaßt werden können. Als »entscheidende Kriterien für historische Belletristik« nennt Reso (1976, S.247): »Die Erforschung der Triebkräfte der Geschichte, die Darstellung der Vergangenheit vom Standpunkt des historischen Materialismus und die Gestaltung der führenden Rolle des Volkes als dem Schöpfer und Motor der Geschichte und ihrer progressiven Weiterentwicklung.« Eine allgemeinere und offenere Bestimmung gibt Neubert:

»Das Charakteristische des historischen Romans ist seine sinnlich-konkrete Darstellung der widerspruchsvollen Rolle des Subjekts im Kampf zwischen gesellschaftlichem Fortschritt und Reaktion – genauer: zwischen Humanismus und Antihumanismus, fortschreitender Erkenntnis (Aufklärung im weitesten Sinne) und geistiger Verdunklung, die Kenntlichmachung der bewegenden sozialen Kräfte, ihrer Motivationen und Zielsetzungen in der gegebenen Periode beziehungsweise Epoche. Der historische Roman kann zur Identitätsfindung von Nationen beitragen, auf alle Fälle zu dem, was wir Geschichtsbewußtsein nennen.« (Neubert 1987, S.74)

Auf dieser Grundlage und im Verein mit den Richtlinien des ›sozialistischen Realismus‹ wäre eigentlich eine Blüte des historischen Romans zu erwarten. Die aber bleibt trotz emphatischer Stoffempfehlungen (Reformation und Bauernkriege als Epoche der »frühbürgerlichen Revolution«) und formaler Trendsetzung (Biographie der großen Persönlichkeiten) aus. Rosellini (1981, S.69), der die Diskussion um das Genre an Hand von Werkrezensionen nachzeichnet (im Mittelpunkt der Überlegungen steht das »Phänomen Lukács«), stößt auf folgenden Verdacht: »Allmählich kommt die Vermutung auf, daß es sich bei diesem Genre um ein ›didaktisches Großprojekt‹ handeln könnte, welches eher zufällig mit ästhetischen Mitteln zu bewältigen wäre«. Es zeichnet sich ab, daß solche ›in Auftrag gegebenen‹ Werke strukturell den ›üblichen‹ historischen Roman fortschreiben. Auch Reso (1976, S.259) gibt zu: »Künstlerische Experimente in größerem Umfang werden vermißt. Man hält sich ans Überkommene und bewegt sich im Rahmen bewährter Formen.« Dabei klingen zuweilen typische Motive des alten Geschichtsromans nach: Fahnenfetischismus z.B. findet sich bei Freytag (*Ingo*) wie bei Lorbeer (*Die Obrig-*

keit). So ist trotz gegenteiliger Beteuerungen nicht ausgeschlossen, daß abermals ›nationale‹ Werke entstehen, die ihre Leser im Medium der Vergangenheitserzählung mobilisieren, damit sie in der Gegenwart stillhalten; auch auf sie dürfte das Döblin-Wort zutreffen: »sie wollten ja nur billigen und verherrlichen. Sie waren einverstanden.« (Aufsätze, 1963, S.185) Nach Herting allerdings befriedigt das Genre zwei elementare Bedürfnisse:

»Der Mensch in der entwickelten sozialistischen Gesellschaft empfindet das Verlangen zurückzublicken, um das Ausmaß der revolutionären Umwälzungen sowie die Gesetzmäßigkeiten und einzelnen Etappen des historischen Weges zum Sozialismus, sein Leben und sich selbst tiefer zu begreifen.« Und: »Umgekehrt vertieft die Beschäftigung mit Geschichte das Bewußtsein von Größe und Bedeutsamkeit des Erreichten als Ergebnis eines jahrhundertelangen opfervollen Kampfes der Volksmassen.« (1979, S.6 f.)

Manche dieser Romane gewähren eine spannende Lektüre ausgewählter historischer Stoffe im Licht klassenkämpferischer und fortschrittsgläubiger Geschichtsdeutung; ihr gegenwartskritisches Potential, das nicht nur das imperialistische Feindbild, sondern auch die eigene Situation betreffen könnte (Rosellini 1981, S.77), wäre noch aufzuarbeiten. Brechts posthumes Roman-Fragment hatte keine produktive Nachwirkung, weil der ›sozialistische Realismus‹ die ›Hampelmann‹-Rolle geschichtlicher Heroen nicht auf sich selbst, auf sein Bild des ›positiven Heldentyps‹ (Reso 1976, S.213) anwenden wollte. Statt dessen wurden traditionelle Erzählverfahren bevorzugt; sie tragen zur allmählichen Angleichung an das international Vertraute an:

»Auch die Literatur der DDR folgt den in der Weltliteratur zu beobachtenden Grundtypen des historischen Romans, nämlich dem ausgesprochenen [...] Heroen-Roman, wo *eine* reale Gestalt der regionalen, der nationalen oder der Weltgeschichte den Mittelpunkt bildet, die Fabel prägt. Andererseits jener Typ, wo bedeutende Personen aus der wirklichen Geschichte zwar notwendig ihren Platz haben, aber Denkweise und Aktion von historisch Namenlosen beziehungsweise der *Massen* das Bestimmende sind.« (Neubert 1987, S.74)

Hervorzuheben sind insbesondere die preußenkritischen Romane von Zuchardt (den *Spießrutenlauf*, 1954, nahm Rowohlts Jahrhundertbibliothek 1989 ins Programm auf). Erfolgreich sind, zum Teil bis heute und zwar gesamtdeutsch, Hans Lorbeers Trilogie über die Luther- und Müntzer-Zeit, Rosemarie Schuders Romanbiographien großer Persönlichkeiten und die Orientromane von Johannes Tralow; als einzigen gegenwartskritischen Roman nennt Rosellini (1981) Schwedes aus christlich-humanistischer Sicht verfaßten Roman *Der Widersacher* (in den 80er Jahren s. Volker Ebersbach: *Der Schatten eines Satyrs* 1985, oder Gerd Trommer: *Saturnin. Verschwörer für Rom* 1989). Stefan Heyms Romane erschienen zuerst in amerikanischer Sprache, der *Lassalle*-Roman wurde als nichtgeglückt bezeichnet (Reso 1976, S.256). Loest lebte bereits in der BRD, als sein *Völkerschlachtdenkmal* erschien. So markiert wahrscheinlich erst Christa Wolfs Autobiographie *Kindheitsmuster* bzw. die Erzählung *Kassandra* den neuen Ton in der Gattungsgeschichte des historischen Erzählens (vgl. auch die »Was-wäre-wenn-Haltung« in Heinz-Jürgen Zierkes *Ich war Ferdinand von Schill*; dazu Langermann 1986).

Johannes Bobrowski

Ein früher Klassiker des Genres stammt von Johannes Bobrowski; er greift Traditionen auf, gibt ihnen aber eine neue, bedeutende Wende. Scotts »Tales of My Landlord« klingen in *Levins Mühle. 34 Sätze über meinen Großvater* (1964) an. Am östlichsten Rand eines Reiches, das soeben, 1870/71, aus Blut und Eisen geschmiedet wurde, ereignen sich im ethnisch und national gemischten Kreis ›Dorfgeschichten‹, die über Herkunft, Struktur und Zukunft einer politischen wie geistigen Verfassung erzählen. Ein egoistischer Mühlenbesitzer, der »Großvater« des Erzählers, terrorisiert mit nationalistischen Praktiken die vermeintlich Schwachen, Juden, Polacken, Kossäten und Zigeuner, muß aber erfahren, daß gerade dadurch etwas »Neues« entsteht: die Solidarität der Unterdrückten, die tatkräftig – »Uij uij uij« (*Levins Mühle*, S.256) – aufräumen; mit den Worten Johann Vladimir Geethes:

> »Etwas ganz Neues. Und wir verfluchtige Hundezucht können verdammtnochmal sagen, wir sind zum Deiwel noch eins dabeigewesen. Donnerschlag.
> Do stu piorunów!« (S.258)

Abermals geht es um die ersten Regungen zur Selbsthilfe, nun jedoch mit anderen Vorzeichen: »Müssen denn erst die Menschen selber mit diesem Neumühler Dreck aufräumen, ja? Ohne Kreisgericht?« (S.215) Um diesen Prozeß des Aufwachens rankt sich die Liebesgeschichte zwischen Levin und Marie (und ist vielleicht eine kleine Fontane-Allusion).

Bobrowskis Ich-Erzählung ergibt keine Kindheitsgeschichte aus der Enkelperspektive, sondern kommt einem erzählerischen ›Abarbeiten‹ gleich, das in die Absage an jegliche Verwandtschaft mit »meinem Großvater« mündet; »wir haben ihn aufgegeben.« (S.290) Zwar ist dieser Erzähler nicht so in seine Geschichte verwickelt wie Pilenz in *Katz und Maus*, dennoch macht er sich seine Arbeit nicht leicht: »Es ist vielleicht falsch, wenn ich jetzt erzähle, wie mein Großvater die Mühle weggeschwemmt hat« (S.5) – so beginnt die Suche des Erzählers nach den ›passenden Sätzen‹. Die Erweiterung des ›niederländischen‹ Genrebilds zum historischen Prozeß – »So sieht Geschichte aus!« (S.249) – erfolgt in einem vielschichtigen, zeitüberblendenden Erzählen, das zeigt, wie alles, was dieser Großvater tut, »im Geiste seiner Ahnen« geschah, »nach ihrem Vorbild, auf seine gewöhnliche Weise, also schäbig.« (S.142) Eine Reihe von »Geistererscheinungen« oder auch »Balladen« rufen die Verkettung mit diesen Ahnen ins Bewußtsein und dienen einer Umerzählung dessen, was vielleicht aus Freytags *Ahnen* (bes. *Markus König*) in Erinnerung geblieben ist.

Der letzte der 34 Sätze – alles lapidare Sprachgebärden mit symptomatischem Wert – enthält das »Nein« eines skurrilen Künstlers auf die notorische Abwehr des nunmehr pensionierten Mühlenbeherrschers »Lassen Sie mich doch in Ruhe.« (S.295) Bobrowskis Roman ist eine poetische Fantasie über das Prinzip Hoffnung in der Geschichte, wie sie auch im fernsten Winkel spürbar wird:

»Wenn sie hier so zusammensäßen, alle vier, Weiszmantel, Habedank, Geethe, Willuhn, und zu bestimmen hätten, wie es weitergehen soll in Neumühl, in Malken, in Briesen – wie schnell kämen wir mit dieser ganzen Geschichte voran und gewiß ins reine.« (S.222)

Diese Fantasie erschließt Vergangenes, gilt aber der Gegenwart, sie feiert keine Zustände, sondern spürt Möglichkeiten wie Gefahren auf:

»Der Dreck liegt noch immer auf dem Ufer herum: Pfähle, Stangen, Bohlen, Bretter, Faschinen aus Strauchwerk, – verdreckt und verkommen, und mit diesem verkommenen Dreck sind wir bei unserer Geschichte, nach der wir immer auf der Suche waren mit all dem Gerede über meinen Großvater.« (S.42)

Literatur

Bobrowski, Johannes: Selbstzeugnisse und neue Beiträge über sein Werk [1967]. Berlin 1975.

Die Situation des historischen Romans nach der Wiedervereinigung Deutschlands faßt ein Kritiker anläßlich der lebhaften Debatte um Helmut Kraussers *Melodien* so zusammen:

»Es ist kein Zufall, daß fast alle Historienromane der letzten Jahre, einerlei, ob (und wie gut) sie aus dem Französischen, Englischen, Italienischen übersetzt oder auf deutsch geschrieben sind, den gleichen Tonfall haben, den gleichen monströsen Umfang. Sie haben keine Grenze mehr und keinen inneren Zwang, der ihnen ihre Form diktiert. Sie lassen sich beliebig ausdehnen, verlängern, auffüllen mit Geschichtsmaterial, mit Recherchen und Reprisen, mit Eingelerntem und Abgelesenem. Sie sind geschichtslos, weil sie weder in der Gegenwart noch in der Vergangenheit spielen, sondern in einem Zwischenreich der reinen Spekulation, und sie sind leblos, weil ihre Kunst die bloße Künstlichkeit ist.« (Kilb 1993, S.39)

Namensregister

170

Angaben zum Autor

Hugo Aust ist Professor am Seminar für deutsche Sprache und ihre Didaktik an der Universität Köln. Bei J. B. Metzler sind erschienen: *Literatur des Realismus.* SM 157, 1981; *Novelle.* SM 256, 1990

Sammlung Metzler

Printed in the United States
By Bookmasters